GUIA ILUSTRADO ZAHAR

Religiões

PHILIP WILKINSON

Tradução:
Maria Luiza X. de A. Borges

Revisão técnica:
Roberto Cortes de Lacerda

ZAHAR

“CONHECENDO O DEUS... ESTAMOS LIVRES DE TODOS OS GRILHÕES.”

Svetasvatara Upanishad, V

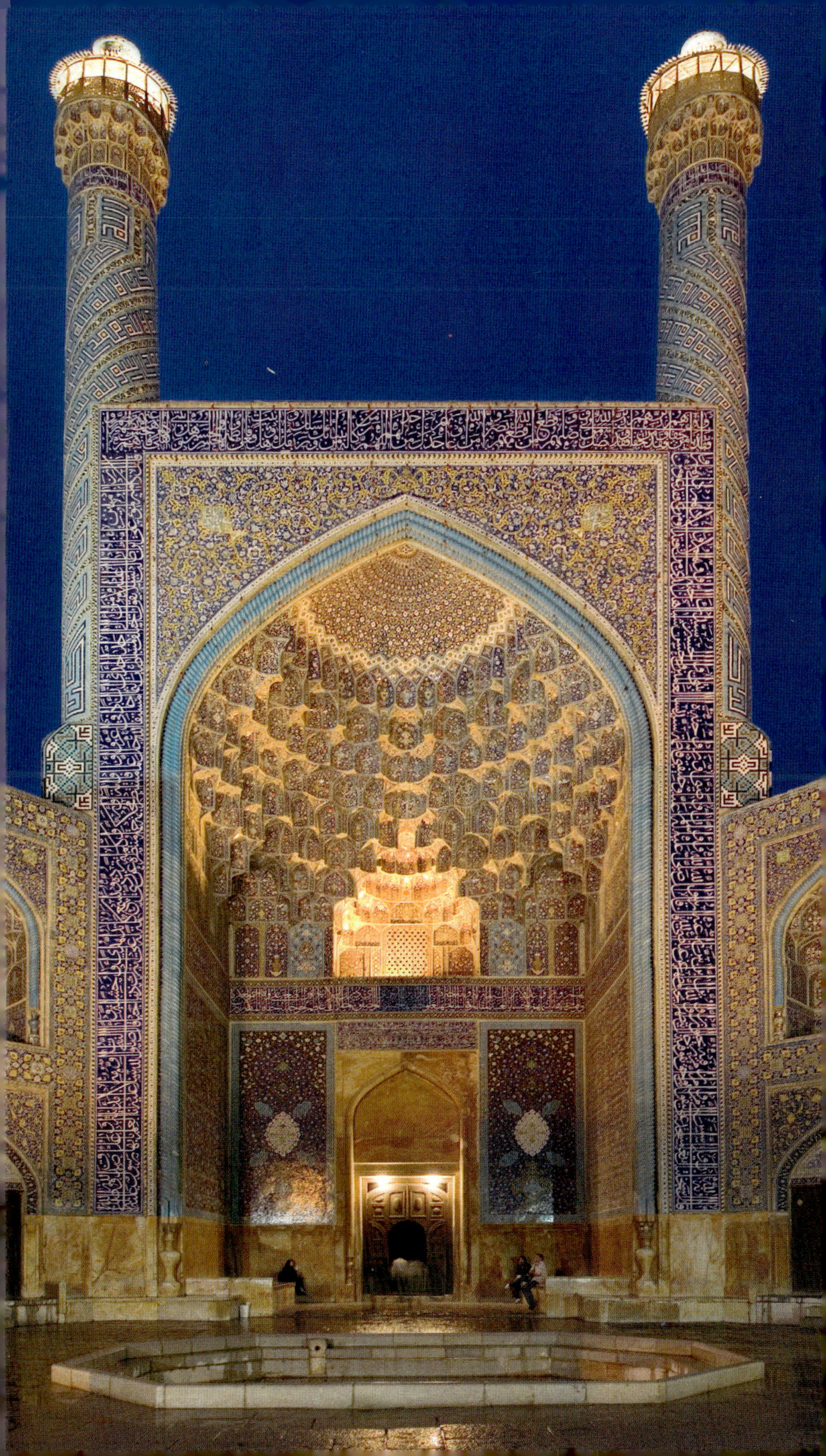

Um livro Dorling Kindersley
www.dk.com

Edição executiva Debra Wolter • Edição executiva de arte: Karen Self • Controle de produção: Sophie Argyris • Gerência de produção: Tony Phipps
Direção de arte: Bryn Walls • Direção editorial: Jonathan Metcalf

Produzido para DK por Cobaltid

cobaltid

Edição: Marek Walisiewicz, Kati Dye, Jamie Dickson, Louise Abbott • Edição de arte: Paul Reid, Darren Bland, Claire Dale

Título original: *Eyewitness Companions: Religions*

Jorge Zahar Editor Ltda.
rua México 31 sobreloja
20031-144 Rio de Janeiro, RJ
tel.: (21) 2108-0808 / fax: (21) 2108-0800
editora@zahar.com.br
www.zahar.com.br

Grafia atualizada respeitando o novo Acordo Ortográfico da Língua Portuguesa

Preparação: Geísa Pimentel Duque Estrada

Revisão tipográfica: Eduardo Farias, Taísa Fonseca

Composição: Susan Johnson

Reprodução em cores: GRB, Itália
Impresso e encadernado na China por Leo Paper Products

CIP-BRASIL. CATALOGAÇÃO NA FONTE
SINDICATO NACIONAL DOS EDITORES DE LIVROS, RJ

Wilkinson, Philip, 1955-
W676g Guia ilustrado Zahar: religiões / Philip Wilkinson; tradução Maria Luiza X. de A. Borges; revisão técnica Roberto Cortes de Lacerda. – Rio de Janeiro: Zahar, 2011.
il. color.

Tradução de: Eyewitness companions: religions, 1st American ed
Glossário
Contém índice
ISBN 978-85-378-0671-5

1. Religiões. II. Título. III. Título: Religiões.

09-4365 CDD: 200
CDU: 2

SUMÁRIO

A RELIGIÃO DESEMPENHA UM IMPORTANTE PAPEL NAS VIDAS DE MILHÕES DE PESSOAS NO MUNDO. A FÉ EM DEUS OU EM DEUSES LHES DÁ UM SENSO DE PROPÓSITO E SIGNIFICAÇÃO. CRENÇAS, DOUTRINAS E TEXTOS SAGRADOS LHES DÃO ORIENTAÇÃO MORAL. LÍDERES RELIGIOSOS OFERECEM INSTRUÇÃO E PODEM SE TORNAR MODELOS.

As religiões dão um sentido de finalidade moral e um foco para a expressão espiritual, mas os sistemas de crenças do mundo têm também muitos resultados "incidentais". As fés organizam e empreendem toda sorte de trabalho filantrópico, socorrendo pobres, curando doentes e defendendo desfavorecidos. A religião inspirou algumas das mais esplêndidas pinturas, esculturas e músicas do planeta, e também notáveis igrejas, mesquitas e templos.

Muitas vezes a religião ocupa o centro do palco mundial na política, na diplomacia e até na guerra. De fato, templos, igrejas e mesquitas são com frequência o centro de comunidades, provendo educação, bem-estar e serviços sociais para os mais necessitados. Apesar da natureza mutável de nosso tempo, a religião permanece no cerne de nossas vidas.

Crucifixo da Europa medieval, onde imagens de Cristo substituíram deuses locais como objetos de culto.

RAÍZES COMUNS

As crenças do mundo variam desde as antigas religiões primais até movimentos religiosos recentes; daquelas, como o islã, que creem num único Deus até as que, como o hinduísmo, cultuam muitas divindades. Este livro começa com o capítulo "O que é religião?" que aborda traços comuns entre as religiões, como as doutrinas, histórias de Deus ou de deuses, sistemas de ética, padrões de culto e rituais, e objetos ou lugares sagrados. Examinando-os, começa-se a perceber as semelhanças entre as diversidades de nossa experiência religiosa.

GUIA PARA AS CRENÇAS

O corpo principal deste livro estuda as religiões com mais adeptos e que exerceram maior influência ao longo da história. Às religiões primais segue-se o grupo das crenças monoteístas (judaísmo, islã, cristianismo e zoroastrismo) que floresceram no Oriente Médio e só depois se espalharam por todo o globo. Em seguida, as quatro principais religiões indianas (hinduísmo, budismo, jainismo e siquismo) e um trio de sistemas de credos orientais (confucianismo, taoismo e xintoísmo).

Segue-se uma seleção dos numerosos movimentos religiosos surgidos nos últimos 100 anos, aproximadamente, e que continuam a demonstrar o assombroso potencial da humanidade para explorar o significado da vida e da crença.

O livro termina com um "quem é quem" de figuras religiosas e uma seção de referência que permite ao leitor uma consulta ágil de figuras-chave (divindades, profetas e outras), fatos notáveis e estatísticas sobre religiões.

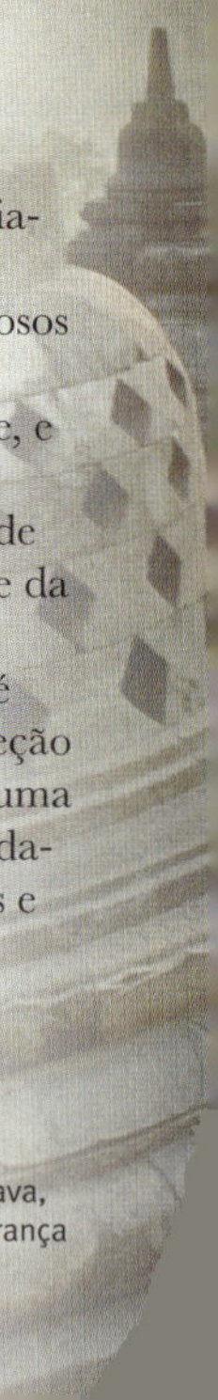

Borobudur, monumento budista do séc.IX em Java, na Indonésia, é uma grandiosa evidência da herança antiga da fé.

O QUE É RELIGIÃO?

Oriundas de quase todos os cantos do globo, as religiões são tão diversas quanto as culturas nele existentes. Isso torna difícil definir religião, em especial porque ela envolve conceitos intangíveis: Deus, a finalidade da vida, vida após a morte etc. Porém, vários fios comuns a todas as crenças do mundo fazem da religião o que ela é.

Quase todas as culturas conhecidas têm algum tipo de religião. De fato, o culto de Deus ou de deuses é tão comum que alguns arqueólogos, ao descobrirem uma estrutura ou objeto antigo que não compreendem, em geral lhe atribuem uma finalidade ritual ou religiosa. Além de ser quase universal, a religião teve enorme impacto sobre a cultura humana. Muitas das maiores construções do mundo, das catedrais medievais aos templos maias, são religiosas. Extensa parte da literatura – da *Divina comédia* de Dante às obras do famoso poeta sufista Rumi, sem mencionar as escrituras sagradas das grandes religiões do planeta – tem inspiração religiosa.

Cálice medieval, destinado a conter o vinho no rito católico romano da missa.

IMPORTÂNCIA DURADOURA

Por lidar com as grandes questões da vida – bem e mal, causas primeiras e propósitos finais –, a religião é importante para as pessoas. Os crentes apegam-se à sua fé e alguns se dispõem até a morrer por ela. Em culturas em que o Estado tentou exterminar ou desestimular a religião, como nos regimes comunistas que floresceram no séc.XX, houve quem continuasse a participar de cultos mesmo sob o risco de contrariar um Estado cruel. Ainda hoje, quando para muitos a ciência oferece um conjunto de respostas mais exato e promissor para os problemas da vida, as pessoas persistem em sua fé. Muitas das principais religiões, entre as quais o cristianismo no mundo em desenvolvimento e o islã no mundo todo, estão se expandindo e ganhando mais adeptos. Na vida atual, a religião continua a ter o papel destacado que sempre teve.

DIVERSIDADE RELIGIOSA

Por séculos as pessoas observaram o fenômeno da fé e tentaram responder à pergunta "O que é religião?", chegando a uma surpreendente diversidade de respostas. Para Matthew Arnold, escritor inglês do séc.XIX, ela é "moralidade tocada pela emoção". Quase na mesma época, o teólogo alemão Friedrich Schleiermacher chamou-a de "um sentimento de absoluta dependência", enquanto o cardeal inglês John Henry Newman encontrou sua essência em "autoridade e obediência". O antropólogo inglês Sir James Frazer, mais famoso pela obra *O ramo de ouro* (1890), sobre religião comparada, falou dela como um modo de apaziguar as forças que "controlam o curso da natureza ou da vida humana". Karl Marx, teórico social e político do séc.XIX, via a religião com desconfiança e, citando o escritor inglês Charles Kingsley, chamou-a de "o ópio do povo", mas viu também algo de positivo nela ao descrevê-la como "o coração do mundo sem coração".

Em muitas culturas, a essência da religião é a relação entre os homens e um ou mais deuses. Mas nem todos os sistemas de crenças que chamamos de religião têm deuses. Muitos budistas não cultuam uma divindade, e o jainismo

Sacerdote taoista ora para expulsar maus espíritos de um estabelecimento comercial em Taipei, observado por devotos.

(importante e influente religião indiana) não tem um Deus. Outro fio que une várias religiões é a moralidade: ensinar as pessoas a serem boas. Mas algumas religiões, como a dos gregos antigos, centram-se em divindades amorais, e outras crenças, como muitas religiões primais, acham mais importante venerar devidamente os deuses do que levar uma vida honrada. A maioria delas tem figuras de autoridade ou chefes rituais que orientam e instruem. Mas certos grupos, entre os quais alguns protestantes cristãos como os quacres, rejeitam a ideia do sacerdócio e sustentam que todos os crentes podem ter acesso ao divino.

A um exame atento, porém, as religiões mundiais são por vezes menos díspares do que aparentam. Parece haver uma nítida divisão entre os credos monoteístas (em especial o cristianismo, o islã e o judaísmo) e aqueles, como o hinduísmo, que reconhecem muitos deuses. Mas os hindus veem sua multidão de deuses como aspectos de uma realidade suprema, e mesmo os chineses têm uma divindade suprema, o Imperador de Jade ou Soberano do Céu. Ainda assim, é difícil generalizar sobre sistemas de crenças. Para entender por quê, basta comparar o xintoísmo, com seus inúmeros espíritos ou *kami*, e o judaísmo, com

Muçulmanas oram numa mesquita em Timor Leste durante o 'Id al-Fitr, cerimônia que encerra o ramadã, o mês do jejum (*p.138-41*).

Estátua de Maria no morro das Cruzes em Schaulen, na Lituânia. O lugar é um centro de peregrinação cristã na região báltica da Europa setentrional.

seu Deus único; ou o islã, com sua proibição de imagens de Deus, e o hinduísmo, com seu culto de imagens de divindades.

OS TEMAS COMUNS

Hoje, em vez de buscarem uma frase que procure resumir todas as religiões, os estudiosos tentam uma abordagem mais abrangente. Veem as religiões como sistemas de crenças que exibem sete ou oito características essenciais que se combinam em cada fé. As sete apresentadas neste livro baseiam-se nas características-chave arroladas pelo filósofo e teólogo britânico Ninian Smart em livros como *The Religious Experience of Mankind* (1969). A primeira delas é a doutrina, um corpo de princípios e ensinamentos básicos. A segunda, a mitologia, inclui histórias sobre os deuses e a história da religião. A seguir, vem o conceito de experiência religiosa, o modo como o ser humano pode encontrar o divino, muitas vezes em estados exacerbados de consciência. A quarta é a instituição religiosa, que pode ser uma vasta organização global como a Igreja Católica ou uma instituição pequena mas organizada como um mosteiro budista. A quinta, o conteúdo ético da religião: o conjunto de instruções práticas que dizem aos adeptos como viver suas vidas, e que abrange tanto a dimensão emocional da religião enfatizada por Matthew Arnold como uma orientação mais ampla sobre o modo correto de

Máscara multicolorida usada outrora por xamãs da tribo Tsimshian no Alasca.

fazer as coisas. A sexta delas é o ritual, a gama de cerimônias desde o sacrifício solene até a alegre celebração de festas religiosas. Por fim, os objetos e lugares sagrados: coisas inanimadas, construções ou cenários naturais dotados de algum significado espiritual. Juntas, estas sete características designam o que é comum às várias religiões do mundo.

GRANDES QUESTÕES

Através de seus vários elementos comuns, a religião trata de algumas das maiores questões da humanidade. Grandes no sentido cósmico, abrangendo a criação do mundo, o sentido da vida, o significado do sofrimento e da dor e o reino do sobrenatural. Grandes também por afetarem todas as pessoas, no que se refere a comportamento e ética. As crenças das religiões primais dizem respeito à vida diária e à sobrevivência: o culto dos deuses propicia o crescimento das plantações ou o sucesso na caça. Sistemas de crenças muito desenvolvidos, com suas escritas e argumentos teológicos complexos, podem parecer distantes dessas crenças primais, mas não são. Toda crença mira o absoluto na esperança de tornar melhor a vida na Terra.

Laksmi, a deusa hindu da riqueza, da sorte, do amor e da fertilidade, derrama moedas sobre o mundo num retrato colorido como de costume.

“A DEUS, TUDO É POSSÍVEL.”

Mateus 19:26

COMUNIDADES RELIGIOSAS

Todas as crenças são também, de algum modo, tanto individuais quanto coletivas. O crente pode orar ou cultuar em casa, ou meditar sozinho. Para o budista, essa meditação solitária pode ser a mais importante das atividades religiosas, e para alguns cristãos é a prece individual que mais os aproxima de Deus. Mas é comum também uma aproximação (no culto coletivo, na instrução religiosa ou no trabalho pela comunidade) que permite às pessoas compartilharem sua fé. A maioria das religiões oferece aos adeptos oportunidades regulares para se reunir e muitas enfatizam a noção de comunidade religiosa. Termos como “igreja” ou “sinagoga” designam tanto os grupos de devotos quanto os prédios onde se prestam cultos. Pessoas religiosas agindo em grupo têm sido muitas vezes uma força poderosa para o bem no planeta, ajudando doentes e necessitados, participando da educação e prestando serviços comunitários que, mesmo hoje, são negligenciados pelo governo em muitos lugares. Os aspectos coletivos da religião ganham ênfase em épocas especiais como em grandes festividades anuais, ou em momentos marcantes da vida como o nascimento, a maioridade, o casamento e, a seu tempo, a morte.

A DIFUSÃO DAS CRENÇAS

As crenças de influência mais abrangente surgiram em várias partes da Ásia antes de se espalhar pelo mundo. A Ásia ocidental, o subcontinente indiano, a China e o Japão foram sementeiras férteis para importantes religiões. Cada uma dessas áreas produziu crenças com temas característicos, da ênfase no monoteísmo na Ásia ocidental ao desenvolvimento do conceito de carma na Índia.

Diferentes fatores levaram à fundação das principais religiões do mundo. Um foi a presença de uma rica tradição religiosa nativa capaz de se expandir para além da tribo ou área em que primeiro se desenvolveu. O hinduísmo, p.ex., tem raízes em conceitos surgidos há milhares de anos no que é hoje o Paquistão – como a crença em vários deuses e práticas centradas no uso da água para limpeza ritual –, que foram elaborados e combinados com outras ideias e divindades, até formarem esse sofisticado sistema de crenças atual.

RAÍZES NA ANTIGUIDADE

Na China, um sistema politeísta antigo acabou por influenciar o taoismo, o budismo e a religião popular chinesa. No Japão, o xintoísmo nasceu de crenças tradicionais em múltiplos espíritos. Outro fator que favoreceu o desenvolvimento de religiões foi o surgimento de líderes religiosos, profetas e mestres, venerados como

Mapa que mostra as regiões geográficas onde surgiram as principais religiões, com as datas aproximadas de sua fundação ou revelação inicial.

porta-vozes de Deus ou intérpretes de textos e ideias sagrados. Os ensinamentos de Jesus Cristo, ou as palavras de Deus tal como reveladas ao profeta Maomé, inspiraram seguidores na Ásia ocidental e na Península Arábica.

A PALAVRA ESCRITA

Um último fator foi o desenvolvimento da escrita: depois que ideias e doutrinas foram registradas, uma religião deixou de depender da liderança ou ensinamento de um grupo, podendo se difundir graças aos textos sagrados distribuídos por viajantes. Os adeptos dos fundadores das religiões do mundo logo começaram a converter outros em suas regiões e além. Ideias religiosas foram ainda difundidas por missionários, migrantes, mestres, soldados ou comerciantes, e fomentadas por progressos educacionais, conquistas políticas e o desenvolvimento do comércio global. Tudo isso levou o cristianismo e o islã muito além de seus locais de origem. As rotas comerciais também ajudaram a difundir o budismo. E credos como o judaísmo e o siquismo se propagaram não por trabalho missionário, mas graças a migrações, muitas vezes forçadas, de povos perseguidos. O processo continua. Em nossa era moderna da comunicação de massa, a difusão de ideias religiosas e a criação de redes de fé ganhou novo ímpeto.

O Alhambra, em Granada, palácio do séc.XIII dos soberanos muçulmanos do sul da Espanha. Os cristãos reconquistaram a área em 1492.

A deusa japonesa Kannon veio do bodisatva indiano masculino Avalokitesvara depois que o budismo avançou para o leste.

RELIGIÃO E DOUTRINA

Os princípios básicos de qualquer religião são as doutrinas, que os crentes são ensinados a compreender e aceitar. Entretanto, por envolverem às vezes conceitos de difícil alcance, estão também abertas a interpretação, o que por si só leva os credos a mudar e a se diversificar.

FONTES DE DOUTRINA

As doutrinas religiosas provêm tanto de escrituras, os textos sagrados de cada fé, como do processo contínuo de leitura e interpretação desses textos. As doutrinas são portanto inseparáveis do contexto mitológico da religião. A mitologia de uma religião (*p.22-3*), registrada nas escrituras, encerra um corpo de histórias sobre Deus ou os deuses. As descrições dos seres divinos e de suas ideias morais e éticas são elas mesmas doutrinárias. Assim, os muçulmanos encontram sua crença no Deus Uno do Corão. Esse livro, que eles creem ser composto pelas próprias palavras de Deus, contém instruções éticas e morais que, segundo o islã, vêm diretamente d'Ele. Outro exemplo é o hinduísmo, cujos fiéis leem um de seus mais importantes textos sagrados, o Bhagavad-gita, tanto pela descrição de Krisna (uma encarnação do deus Visnu muitas vezes cultuada por si mesma) como pela exposição da doutrina do darma, a lei espiritual que governa a conduta de cada pessoa (*p.172-3*).

A doutrina sique encontra-se no Adi Granth, que contém os ensinamentos do Guru Nanak e nove outros gurus siques.

Outras doutrinas, porém, não provêm diretamente das escrituras, mas do modo como sacerdotes, eruditos e outros as interpretaram mais tarde. Elas organizam as histórias contidas nas escrituras e lhes dão um arcabouço intelectual. Um corpo de narrativas religiosas muitas vezes fornece um conjunto vasto e inspirador de histórias, mas também suscita dificuldades filosóficas e levanta muitas questões. O pensamento doutrinário trata dessas questões e tenta explicá-las e deslindá-las, tornando a religião mais rigorosa, mais focada e estruturada para seus adeptos.

INTERPRETAÇÃO DA DOUTRINA

As religiões monoteístas têm uma longa história de debate doutrinário e vastas literaturas que registram os modos como rabinos (no judaísmo), sacerdotes (no cristianismo) e imames (no islã) leram, explicaram ou interpretaram as escrituras. Muitos de seus textos buscam guiar os crentes nas minúcias da vida, mas também abordam as grandes

> "ADOTE A MELHOR DOUTRINA HUMANA POSSÍVEL."
>
> Platão, *Fédon*

questões doutrinárias. P.ex., num sistema de crença monoteísta, há um Deus onipotente, o que suscita a questão: se Deus é todo-poderoso, por que permite o mal no mundo? Esta questão gerou longos debates sobre o livre-arbítrio, com teólogos cristãos concluindo, p.ex., que Deus nos dá liberdade de ação para fazermos escolhas morais. Claro que conclusões como esta têm de funcionar no contexto das escrituras, as quais para muitos crentes vêm diretamente de Deus. Assim, grupos específicos de pessoas orientadas por Deus são muitas vezes responsáveis pela formação de doutrinas. Os muçulmanos xiitas esperam dos imames conselhos doutrinários comunicados por Deus; os católicos ouvem a orientação moral do papa; os judeus respeitam os pronunciamentos eruditos e doutrinários dos primeiros rabinos.

UNIDADE E DIVISÃO

As doutrinas visam a unir os fiéis e a dar-lhes um conjunto coerente de crenças em que se apoiar. Como vimos, concebê-las requer debate e interpretação das escrituras, o que pode gerar divergências religiosas. Discordâncias e divisões podem suscitar desafios e problemas dentro de uma fé, mas estimulam um processo interminável de desenvolvimento e renovação. Como resultado, novas religiões e movimentos religiosos surgem a todo momento para aceitar o desafio da doutrina e dar aos fiéis novas perspectivas na vida e na fé.

Monges budistas no complexo do templo Angkor Wat no Camboja, importante centro religioso desde o séc.XII.

RELIGIÃO E MITOLOGIA

Mitologia é uma coleção de histórias sobre Deus ou deuses, versando em particular sobre as origens do cosmo e da humanidade e os papéis do divino. A mitologia de uma religião sustenta suas crenças, explica como é o mundo e fornece lições morais aos adeptos.

A TRADIÇÃO ORAL

Nas religiões primais as mitologias foram transmitidas de boca em boca provavelmente por milhares de anos. Em geral elas indicam que as culturas com tradição oral viviam muito próximas da natureza. As divindades primais assumem muitas vezes uma forma animal e os lugares sagrados tendem a ser sítios naturais, como rochas e fontes, particularmente em sistemas de crenças que precisam explicar aspectos da paisagem. Ademais, muitas divindades primais personificam fenômenos como o Sol ou a chuva, de que a humanidade depende para alimentar-se e sobreviver. Embora hoje muitas estejam registradas, essas antigas narrativas orais permanecem vivas com os que as recitam de memória, alterando-as talvez ligeiramente ao recontá-las, de modo que a tradição de sua fé continua a evoluir.

Na religião primal dos astecas, Quetzalcoatl, o deus do vento, separou a Terra e o céu e criou os primeiros seres humanos.

Padmapani é um de diversos bodisatvas que guiam os budistas maaianas rumo à iluminação.

MITOS DE MUITOS DEUSES

As religiões mundiais, em contrapartida, registram suas mitologias em textos sagrados: narrativas, hinos, poemas, epopeias e outros escritos que as definem e difundem. Uma fé relativamente "jovem", como o siquismo, pode ter um corpo bastante pequeno e bem definido de escritos sagrados, mas a maioria das religiões tem uma biblioteca inteira deles, muitos contando histórias de Deus ou dos deuses. Vários mitos do hinduísmo estão encerrados em dois dos mais longos poemas épicos da história da literatura, o Ramayana e o Mahabharata. A religião chinesa, com incontáveis divindades, também reuniu um vasto corpo de mitos; assim como sistemas de crenças não necessariamente "centrados num Deus", como o budismo. Os textos budistas contam as histórias de Buda e dos inúmeros bodisatvas, indivíduos piedosos que ajudam outros no caminho para a iluminação. Essas mitologias complexas permitem explicar um traço de muitas religiões orientais: a capacidade de se diversificar constantemente, de assumir novas formas mas preservando algo do original.

HISTÓRIAS DO DEUS UNO

As religiões monoteístas também têm ricas tradições de narrativas. As que falam dos primeiros reis e profetas judeus, p.ex., contam a história de como os judeus desenvolveram sua nacionalidade e identidade, e oferecem ampla orientação ética, moral e jurídica. O cristianismo e o islã utilizaram essas narrativas ao desenvolver seus próprios sistemas monoteístas de crença. E contam suas próprias histórias também. A tradição islâmica encerra histórias sobre a vida e as ações do profeta Maomé, com ideias morais que complementam as do Corão, que os muçulmanos creem ser a palavra do próprio Deus. De modo similar, os cristãos suplementam as palavras de Jesus. Os relatos contidos nas epístolas de são Paulo, p.ex., tratam de questões morais prementes, como o valor dos laços de amor e do casamento, e mostram como a Igreja cristã primitiva pôde sobreviver em condições árduas e finalmente florescer.

A deusa grega Atena era associada ao heroísmo e à castidade.

EXPERIÊNCIA RELIGIOSA

Uma ideia comum a todas as religiões é que os devotos podem, de algum modo, experimentar o absoluto, ou Deus. Essa experiência é mais claramente reconhecível como um estado de consciência exacerbado – êxtase, transe, exaltação ou serenidade – que transcende o cotidiano.

FUNDADORES, PROFETAS E HERÓIS

Na origem de muitas religiões encontra-se uma revelação ou visão mística. O Buda, meditando sob uma árvore, alcançou um estado transcendente que lhe permitiu ver sua solução para o problema do sofrimento no mundo. O profeta Maomé teve a revelação da religião do islã ao receber as palavras de Deus hoje reunidas no Corão. Os profetas do Antigo Testamento relataram experiências diretas e transformadoras de Deus, as quais são um elemento essencial da religião dos judeus. A luz cegante de Krisna domina o herói hindu Arjuna no Bhagavad-gita, enchendo-o de pasmo e devoção. Fatos como esses parecem lançar luz sobre Deus e acompanhar novas percepções da realidade, abrindo novas direções de pensamento e crença.

Um iogue budista pode entrar em transe e experimentar profunda revelação mística, como ocorreu com o Buda.

LÍDERES E VISIONÁRIOS

As experiências religiosas não são privilégio dos fundadores e primeiros profetas das religiões. Muitas fés são ricas em

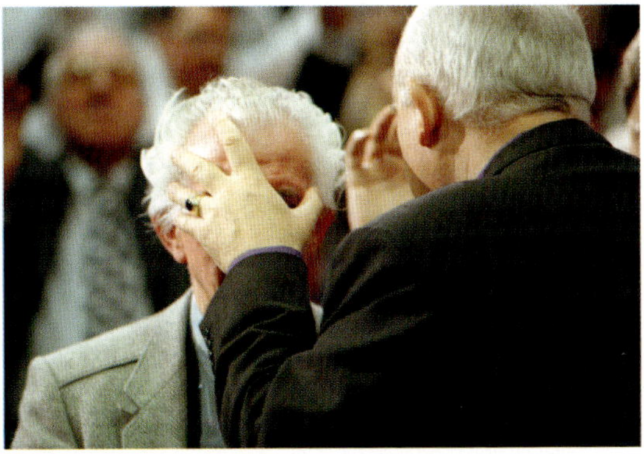

Cristãos pentecostais edificam sua fé em torno de experiências religiosas, como a de falar línguas e a da cura espiritual.

histórias sobre como a experiência religiosa afetou também os primeiros seguidores de um sistema de crenças. Há um exemplo famoso na história do cristianismo primitivo. O livro dos Atos relata como, após a crucificação de Jesus, o Espírito Santo visitou os apóstolos no primeiro Pentecostes. Eles ouviram um som como de um vento forte, e depois línguas de fogo pousaram sobre cada um deles; então, "cheios do Espírito Santo", começaram a falar línguas desconhecidas. Estrangeiros de várias nacionalidades estavam reunidos ali perto. Assombrosamente, cada um ouviu os apóstolos na própria língua. Os adeptos de Jesus interpretaram esse evento notável como um sinal de Deus da renovação espiritual – o nascimento de uma religião cristã, distinta do judaísmo – possibilitada pelo Espírito Santo.

Experiências semelhantes, aparentemente inexplicáveis exceto em termos de intervenção divina, ocorrem nas histórias de outras religiões pelo mundo. Representam renovações da fé, casos de profecia e confirmação tangível da ação benévola de Deus, ou de muitos deuses, no mundo mortal.

Joana d'Arc deixou-se guiar pelos santos ao lutar pela França no séc.XV.

SEGUIDORES E DEVOTOS

O mundo dos profetas, santos e personagens históricos parece distante, mas também hoje muitas pessoas religiosas vivem a experiência de um estado inspirado ou exaltado. Em religiões primais, a batida rítmica de tambores e a dança contínua podem levar a um estado em que os participantes sentem ou até veem a divindade que estão cultuando. A participação em qualquer serviço religioso que envolva música intensa, incenso, dança ou elementos semelhantes pode induzir os devotos à experiência religiosa de contemplar o absoluto ou aproximar-se de Deus. Essas percepções não requerem que o ritual envolva elementos estéticos. Devotos em cultos evangélicos cristãos mais despojados têm por vezes a experiência de "falar línguas", tal como no primeiro Pentecostes descrito nos Atos. E um iogue ou um budista ao meditar pode sofrer uma transformação espiritual, um transe, semelhante à percepção do absoluto. Mas a experiência religiosa não se limita a esses momentos dramáticos. A fé profunda dos cristãos de que a oração lhes permite comunicar-se com Deus, ou o olhar calmo, mas significativo, trocado entre a imagem da divindade e o devoto no hinduísmo, e momentos similares durante o culto em outras religiões podem todos aproximar o crente comum da realidade última que ele busca em sua fé.

INSTITUIÇÕES RELIGIOSAS

São os grupos de pessoas que se reúnem para liderar uma fé. Uma religião pode ter um único líder, à frente de uma administração altamente organizada; pode ainda ser governada menos formalmente, ou consistir em várias igrejas com líderes locais.

SACERDOTES E MESTRES

Os papéis dos líderes religiosos variam de uma fé para outra. Alguns são eruditos, pessoas que estudam os textos sagrados e ajudam outros a lê-los e interpretá-los; alguns, mestres ou gurus, atraem seguidores e os inspiram e instruem na fé; outros exercem uma função sacerdotal, presidindo sacramentos e rituais. Em muitas religiões, o líder pode também atuar como guia espiritual, conselheiro, ou até curandeiro, ou exercer muitas tarefas ao mesmo tempo. Os rabinos judeus são mestres e líderes espirituais, mas, embora ordenados, não são sacerdotes. Os padres e ministros cristãos ensinam e celebram rituais e sacramentos, além de fazerem todo tipo de trabalho pastoral, dando conselhos espirituais e visitando os doentes. As religiões indianas produziram muitos gurus notáveis, mas também podem ter sacerdotes, como os membros da classe hindu dos brâmanes.

Em muitas religiões, a fé é centrada na instrução de um guru específico, que no budismo, p.ex., pode ser um mestre, o chefe de um mosteiro ou alguém dotado de extraordinário carisma ou penetração espiritual.

TIPOS DE ORGANIZAÇÃO

Sacerdotes, xamãs, mestres, conselheiros e outros líderes religiosos operam dentro de uma ampla variedade de estruturas organizacionais. A Igreja Católica,

p.ex., possui uma organização altamente estruturada, vertical, com uma hierarquia definida de papa, cardeais, bispos e padres (*p.104*). Outras, como o cristianismo ortodoxo, compõem-se de várias Igrejas independentes, cada qual com hierarquia única. Há fés organizadas mais livremente. O hinduísmo, p.ex., não tem nenhum credo unificador, nem uma hierarquia global; contudo, em alguns países fora da Índia, ele está sob a égide de instituições, como o Conselho Nacional de Templos Hindus da Grã-Bretanha, que aproxima as congregações, trabalha pela comunidade hindu e fornece informação sobre a religião a não hindus. Outras religiões,

Esse templo bahaísta em Illinois, EUA, é um símbolo público da fé como uma instituição.

notadamente algumas Igrejas protestantes reformadas, enfatizam a organização local.

Os "novos" movimentos religiosos que se multiplicaram nos últimos cem anos têm uma organização bastante centralizada, pois muitos começaram com a visão de um fundador particular. Com o tempo, esta se traduziu em liderança espiritual e moral e manteve-se após a morte do fundador. Os movimentos religiosos resultantes de trabalho missionário costumam ser muito institucionalizados, com ramificações no mundo submetidas a uma administração central. Publicações podem ser decisivas para seu êxito, e credos como a Ciência Cristã e as Testemunhas de Jeová puseram jornais e outras mídias no cerne de suas missões muito bem-sucedidas.

O papa Bento XVI, chefe da Igreja Católica (*esq.*), ao lado do patriarca ecumênico Bartolomeu, chefe da Ortodoxia oriental. [*cf. p.106*].

ÉTICA

A ideia de que devemos tentar viver uma vida melhor é comum a todas as religiões. Os textos sagrados e os ensinamentos posteriores estão cheios de instruções morais de líderes precursores, de profetas e do próprio Deus, formando um rico arcabouço de valores éticos.

AS RELIGIÕES ORIENTAIS

No cerne das religiões orientais está a instrução moral. Confúcio, p.ex., desejava acima de tudo ensinar as pessoas a viver, e os escritos e ditos a ele atribuídos são repletos de orientação moral. Valores como a bondade são centrais no confucianismo, que ensina seus seguidores a basear suas relações nas de uma família ideal, harmoniosa.

Caixa de coleta de igreja de 1684, entalhada com texto que promove a ética cristã da caridade.

Outras religiões orientais descrevem com clareza a ética que os devotos devem seguir. Um dos sentidos do termo Tao (*p.251*) é "o caminho moral". O Nobre Caminho Óctuplo (*p.190-1*) do budismo instrui as pessoas a cultivar o comportamento correto nas áreas da compreensão, pensamento, fala, ação, meio de vida, esforço, diligência e concentração. Esse Caminho e suas metas éticas abrangem desde a ocupação diária até os ritos sagrados, desde o melhor tipo de trabalho até a melhor maneira de meditar. O conceito de carma sustenta várias religiões orientais (em particular o budismo, o hinduísmo, o siquismo e o jainismo). É a noção moral de causa e efeito, segundo a qual boas ações numa vida podem gerar benefícios, e um renascimento melhor, na vida seguinte. O carma sustenta muitos princípios éticos, desde o compromisso sique com a comunidade até a filosofia jainista da não violência. Tais preceitos mostram que mesmo um credo rigoroso como o jainismo (*p.224-33*), com relativamente poucos adeptos, tem muito que ensinar aos outros, sejam quais forem suas crenças.

AS RELIGIÕES MONOTEÍSTAS

No judaísmo, no cristianismo e no islã, os preceitos morais emanam de Deus. Os judeus almejam seguir a lei de Deus, tal como exposta na Torá, considerando também as interpretações da Torá feitas por eruditos e rabinos posteriores. Os muçulmanos seguem as instruções éticas expostas no Corão, que consideram a palavra de Deus tal como revelada ao profeta Maomé. Os cristãos seguem os ensinamentos de Jesus Cristo, registrados nos Evangelhos.

Muçulmano de Bangladesh ora durante o bairã, celebração que marca o fim do ramadã, mês de jejum e de ênfase especial na caridade (*p.138-41*).

Judeus e cristãos seguem os Dez Mandamentos, ensinamentos morais entregues por Deus ao profeta Moisés.

"AMA A TEU PRÓXIMO COMO A TI MESMO."

Marcos 12:31

Como Jesus viu a si mesmo e sua ética seguindo e completando de certo modo as palavras e mandamentos da Torá (que reúne os cinco primeiros livros do Antigo Testamento), os cristãos também levam em conta a orientação ética contida no texto judaico.

Todos esses textos sagrados contêm instruções muito específicas sobre como viver uma vida ética, moral, e crentes modernos enfrentam o desafio de uma leitura que os torne aplicáveis aos nossos dias. Esse desafio levou, sobretudo no cristianismo e no judaísmo, a variadas ramificações da religião, com visões ligeiramente diversas da ética e da crença. Assim, o judaísmo ortodoxo ensina os fiéis a obedecer rigorosamente aos mandamentos da Torá, mas o judaísmo da Reforma (movimento iniciado no séc. XIX para modernizar a fé judaica) interpreta as leis da Torá de modo condizente com as realidades da vida moderna e dá forte ênfase à opção moral do indivíduo.

A CAUSA COMUM

Todas as religiões salientam tanto a compreensão dos ensinamentos éticos quanto a sua prática. As pessoas que vivem inteiramente de acordo com sua fé inspiram grande respeito. Entre a diversidade dos pontos de vista éticos, sobressaem dois preceitos. O primeiro é a noção de reverência pelo absoluto e o respeito pelas intuições morais que isso pode gerar. O segundo é a "regra de ouro" ética, comum a todas as fés: trate os outros como você gostaria de ser tratado.

RITUAL

Há um elemento comum aos rituais de todas as religiões: os rituais que pulsam no ritmo regular da vida humana permitem aos crentes conectarem-se com o absoluto – em estágios específicos do desenvolvimento, em certas épocas do ano ou como parte do culto regular.

RITOS DE PASSAGEM

Na maior parte do mundo, a religião orienta os rituais de ciclo de vida que marcam as transições fundamentais na vida de uma pessoa: nascimento, maioridade, casamento e morte. O antropólogo belga Arnold van Gennep, o primeiro a descrever esses rituais cientificamente no livro *Os ritos de passagem* (1909), deu-lhes o nome pelo qual os conhecemos hoje. Em geral os ritos de passagem vinculam marcos pessoais importantes a uma transformação religiosa. A cerimônia serve para assinalar o ponto de transição na vida da pessoa e fortalecer o vínculo entre ela e sua fé. Assim, rituais de nascimento, como o batismo de bebês, envolvem quase sempre ou uma cerimônia de denominação, ou um rito para assinalar o ingresso na comunidade religiosa (e muitas vezes ambas as coisas). Os rituais de maioridade em geral celebram o "renascimento" da pessoa na comunidade religiosa adulta. Um menino judeu de 13 anos, p.ex., torna-se bar mitzvah ou "filho do mandamento" numa cerimônia especial. Em muitas fés há rituais que assinalam outros eventos importantes como a nomeação ou ordenação de um sacerdote, e acontecimentos especiais na vida religiosa de uma pessoa, em qualquer idade, como o rito cristão da confirmação.

Queima-se incenso em rituais católicos. A fumaça simboliza preces elevando-se ao céu.

FESTIVIDADES ANUAIS

Todo calendário anual inclui festas religiosas. Elas podem assinalar datas importantes na história da religião, como o nascimento de um deus ou profeta (os cristãos, p.ex., celebram o nascimento de Cristo em 25 de dezembro), ou marcar o fim de um período de jejum, como o bairã, que celebra o fim do ramadã no ano muçulmano, ou o início de um novo ano. Às vezes são eventos solenes que lembram mártires ou tempos trágicos. Mas há também festas alegres, como a festa judaica do Pessach, que reúne comunidades inteiras.

CULTO REGULAR

Os rituais de culto regulares proporcionam ao devoto uma ligação formaliza-

Um estudioso judeu segura um rolo da Torá enquanto lê textos sagrados. O judaísmo é rico em rituais que atestam a sinceridade e o compromisso dos devotos.

da com Deus ou com o absoluto. Observâncias religiosas regulares, executadas de determinada maneira, em certos momentos, e num lugar sagrado específico, podem envolver prece, canto, meditação ou outros rituais. Ao cultuar dessa forma prescrita, o fiel, além de entabular uma espécie de conversa com Deus, demonstra seu compromisso para com Ele. Religiões como o judaísmo, o islã e o siquismo enfatizam esse compromisso porque nelas há de fato um mandamento divino de cultuar ou orar regularmente.

A forma que o culto assume ilustra a seriedade com que é visto dentro da fé e a profundidade do compromisso da parte do fiel. O culto pode, p.ex., ser frequente: os muçulmanos oram cinco vezes por dia e os judeus praticantes, três vezes. Pode também ter uma qualidade estética: música ou preces eloquentes, e trajes como mantos ou vestes elaboradas para a pessoa que conduz o culto.

Para católicos ou cristãos ortodoxos, tais elementos são parte essencial do culto, tornando sua observância tão digna de Deus quanto possível. Alguns credos, porém, têm visão quase oposta. Uma reunião quacre pode ocorrer numa sala simples em virtual silêncio, e um budista deve esvaziar sua mente por completo ao meditar.

No aniversário de Ganexa, (ou Ganesa), deus hindu da sabedoria e do sucesso, com cabeça de elefante, estátuas suas são mergulhadas no mar.

LUGARES E OBJETOS SAGRADOS

São venerados e muitas vezes estão associados a divindades específicas, líderes religiosos ou ocasiões especiais na história de uma fé. Grandes templos ou monumentos assinalam esses lugares, mas um simples santuário junto a uma estrada usado para contemplação espiritual pode ser sagrado.

SÍTIOS NATURAIS

Em muitas religiões, os lugares sagrados são sítios naturais onde se destacam montanhas altas, rios largos ou velozes ou grandes rochas. Com o tempo, esses aspectos naturais notáveis se associam a divindades ou histórias religiosas particulares. Para os gregos antigos, p.ex., os deuses viviam no alto do monte Olimpo. Há também montes sagrados no budismo, no xintoísmo e na religião popular chinesa. Rios, em especial o grande rio Ganges, são importantes no hinduísmo, e muitos hindus desejam morrer perto dele, para que, depois de cremados, tenham as cinzas lançadas em suas águas.

SÍTIOS HISTÓRICOS

Outros sítios sagrados são relevantes para a história de uma religião. A cidade de Jerusalém, cenário de eventos importantes nas histórias do judaísmo, do cristianismo e do islã, é sagrada para os três credos. Os devotos costumam dedicar também especial reverência aos lugares onde nasceram líderes religiosos e profetas. O local de nascimento de Jesus, em Belém, e o do Buda, em Lumbini, no Nepal, estão entre os sítios mais reverenciados.

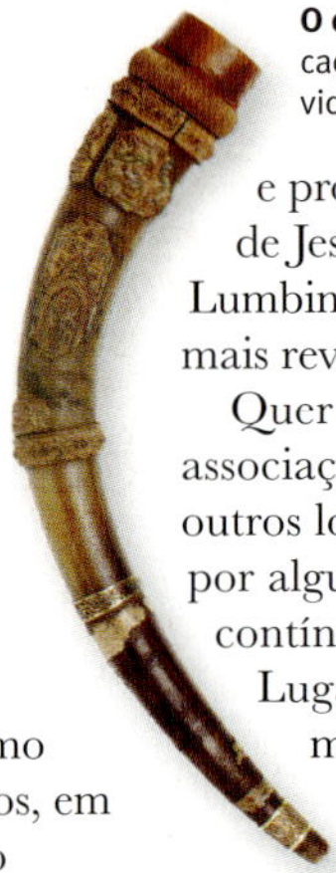

O chifre de santo Humberto, o padroeiro da caça, ilustra como elementos tradicionais das vidas das pessoas estão ligados à religião.

Quer tenham ou não uma associação específica, igrejas, templos e outros locais de culto são consagrados por algum ritual formal e pelo uso contínuo que deles fazem os fiéis. Lugares cultuados por centenas ou milhares de anos tendem a continuar atraindo pessoas. E, seja ele um lugar projetado com a máxima simplicidade, como um budista na Tailândia rural, ou com a magnificência de uma suntuosa catedral católica, tende a simbolizar a fé dos que cultuaram ali ao longo dos anos.

PEREGRINAÇÃO

Visitar lugares sagrados é uma atividade comum à maioria das religiões, e fundamental para algumas. Todo muçulmano almeja fazer a peregrinação à cidade santa de Meca (no oeste da Arábia Saudita) ao menos uma vez na vida. Essa peregrinação, conhecida como o Hajj, é um dos cinco Pilares do Islã – deveres essenciais que todo muçulmano deve cumprir (*p.134-7*). Budismo, hinduísmo e cristianismo têm também

Acredita-se que as primeiras estupas, estruturas sagradas em forma de sino, abrigaram as cinzas do Buda.

fortes tradições de peregrinação. Em geral, o devoto deve fazer a peregrinação de uma forma preestabelecida, p.ex. vestido de determinado modo ou executando rituais particulares. Fazer a peregrinação corretamente enfatiza a santidade da iniciativa e demonstra o quanto o fiel tem em comum com inúmeros outros que o precederam. Seja numa expedição solitária a um santuário budista ou numa enorme peregrinação coletiva, como a Hajj, a viagem do peregrino é sempre muito comovente, ou mesmo transformadora, tão poderosa é a combinação de lugar e espiritualidade.

O monte Tai na província de Shandong (China), uma das cinco montanhas sagradas para a fé taoista. Crê-se que seus espíritos governam o destino humano.

OBJETOS SAGRADOS

Certos objetos também podem ser sagrados e tornar real ou tangível a ligação do devoto com um guru, profeta ou deus. Um objeto associado a uma pessoa ou divindade aparentemente distante de nossas vidas e experiência cotidiana pode conferir realidade e substância a esse ser, ajudando-nos a compreender algo de seu caráter.

Sabe-se que relíquias de homens virtuosos e santos são reverenciadas pelos cristãos, especialmente os católicos (o Sudário de Turim, o pano com que Cristo teria sido sepultado, é o exemplo perfeito). Mas algumas relíquias são também importantes em outros credos. O templo do Dente em Kandy (Sri Lanka) abriga o que teria sido o dente do Buda, tornando-o um concorrido local de peregrinação. E para alguns, um simples objeto, como uma cruz que pertenceu a um líder ou mestre religioso, assume um poder sagrado.

DISTRIBUIÇÃO ATUAL DAS FÉS

A longa história das principais religiões do mundo, associada às convulsões dos dois últimos séculos, criou complexos padrões de distribuição das fés. Hoje, muitos ocidentais seguem religiões "orientais"; credos como o islã e o cristianismo fizeram rápidas incursões no mundo em desenvolvimento; religiões primais ainda atraem seguidores em sociedades industriais adiantadas; e algumas pessoas não têm fé alguma.

Nos últimos 500 anos, as Américas foram transformadas pelo colonialismo e pelo surgimento de novas nações. Hoje a América do Norte é dominada pelo cristianismo protestante, com expressivas populações católicas em áreas como o México e fés tribais ainda fortes em partes do extremo norte.

As Américas do Sul e Central, fiéis à influência de Espanha e Portugal, são redutos do cristianismo católico, com religiões primais sobrevivendo na bacia amazônica e alhures. A Europa tem forte herança cristã (protestante

no norte, católica no sul e na Europa central, ortodoxa no leste), com minorias emergentes de outras religiões, do islã ao hinduísmo.

CULTURAS EM MOVIMENTO

A África do Norte, a maior parte da Ásia ocidental exceto Israel, e grande parte da Ásia central são muçulmanas, enquanto a África subsaariana abriga inúmeras novas Igrejas cristãs e mesquitas muçulmanas, ao lado de fés tradicionais. A Índia ainda é predominantemente hindu, mas há grupos consideráveis de adeptos de outras fés, como os siques no Punjab. O Sudeste Asiático é uma colcha de retalhos, com o budismo na Tailândia e no Laos e o islã na Indonésia. O budismo ainda domina em muitas comunidades chinesas, enquanto no Japão ele floresce ao lado do xintoísmo e de várias novas religiões locais. Embora a fé lide com o absoluto, o mapa desses padrões de distribuição é dinâmico, estando em permanente mudança.

As áreas coloridas do mapa indicam as fés da maioria dos crentes em cada área, mas na maior parte do mundo minorias expressivas seguem outras religiões.

AS RELIGIÕES PRIMAIS

ALGUMAS DAS RELIGIÕES mais peculiares do mundo pertencem a povos com um modo tradicional de vida "tribal". Não há uma designação universalmente aceita para elas (muitas sociedades tribais não têm sequer uma palavra para religião), mas a expressão "religião primal" é empregada para fés enraizadas em cultura nativa.

Define-se "religião primal" como um "sistema de crenças anterior às grandes religiões mundiais". Como essas religiões se desenvolveram antes que seus seguidores soubessem escrever, suas crenças e tradições foram transmitidas oralmente, em alguns casos durante milhares de anos ou por inúmeras gerações. Ainda há adeptos entre os povos indígenas de partes das Américas do Norte e do Sul (em especial o norte do Canadá e a bacia amazônica), na África subsaariana, na Austrália e em partes do norte e do leste da Ásia.

Talvez sejam as fés mais antigas praticadas hoje, mas isso e o modo de vida tribal de muitos dos adeptos não significam que elas sejam rústicas. Ao contrário, tornaram-se sistemas de crenças complexos, talhados para as necessidades de seus seguidores.

IDEIAS COMUNS

As religiões seguidas por povos tão distintos quanto os inuítes da América do Norte e os aborígines australianos são variadas, mas com amplas similaridades. Os adeptos vivem quase sempre

"PROCURA PELOS DEUSES ONDE QUER QUE SOPRE O VENTO."

Poema asteca

isolados e privados das comodidades modernas. Enfrentam rigores climáticos, escassez de comida e desastres naturais como enchentes e terremotos. As religiões primais dão suporte aos povos indígenas para lidar com esses problemas. Seus milhares de espíritos ou divindades ajudam a explicar as poderosas forças naturais do cosmo, oferecendo meios de viver em harmonia com elas. Suas práticas religiosas se destinam sobretudo a cultuar ou agradar esses espíritos, para prevenir desastres ou obter ajuda ou misericórdia quando ocorrerem problemas.

Outro tema comum entre religiões primais é que os espíritos moldam as vidas e os destinos dos indivíduos. Os espíritos se encontram presentes em cerimônias que marcam fases importantes da vida como o nascimento, a maioridade e a morte. Essas cerimônias são presididas pelos mais versados na prática religiosa: xamãs capazes de "viajar" até o mundo dos espíritos, ou anciãos imbuídos dos costumes dos

Adeptos de religiões primais usam artefatos, como essa boneca da fertilidade em Angola (África), para invocar a ajuda dos espíritos.

deuses, e que mantêm grande parte de seu conhecimento em rigoroso segredo.

UM FUTURO GARANTIDO

Entre os sécs.XVI e XIX, quando as potências europeias começaram a colonizar grande parte do mundo, as religiões primais ficaram ameaçadas. Mas na era pós-colonial os povos indígenas defenderam suas identidades e religiões. Entre 200 e 300 milhões de pessoas ainda têm modos de vida tribais no planeta. Muitas delas consideram suas crenças vitais, não apenas para a sobrevivência de culturas tradicionais mas para a própria vida daqueles que habitam lugares povoados pelos espíritos de seus ancestrais e por divindades que, acreditam, geraram a sua terra.

Ruínas da cidade e do complexo do templo em Palanque, México, um centro da cultura e religião maia do séc.IV ao VIII d.C.

ORIGENS E HISTÓRIA

As origens das religiões primais são tão remotas que é impossível precisá-las. Os arqueólogos atribuem caráter religioso a muitos resquícios do passado, como pinturas em cavernas, menires e círculos de pedra, mas não se sabe ao certo que crenças inspiraram sua criação.

Muito já se pensou sobre os primórdios das religiões primais, mas eles remontam a tempos tão distantes, e a povos que não deixaram registros escritos, que não há como comprovar as teorias levantadas. Sir James Frazer (1854-1941), em seu livro *O ramo de ouro*, traçou uma evolução desde o uso da mágica até a verdadeira religião, na qual devotos usam rituais para apaziguar os deuses ou ganhar-lhes as boas graças. Para alguns antropólogos, as crenças começaram com a ideia de um poder espiritual impessoal antes que se desenvolvesse a noção de deuses ou espíritos pessoais. Outros, como o psicanalista Sigmund Freud (1856-1939), recorreram a crenças como o totemismo (conjunto de crenças ligado a seres ou objetos sagrados associados a grupos de parentesco) para explicar as religiões primais. Outros ainda, decididos a encontrar vínculos com fés monoteístas posteriores, e em especial com o cristianismo, insistiram na presença de um Deus supremo por trás da miríade de espíritos tradicionais.

Esmerada talha maori de um deus criador polinésio, de Whakarewarewa, na Nova Zelândia.

Tais teorias nos dizem mais sobre os teóricos que sobre as origens da religião. Pouco se sabe ao certo sobre as primeiras religiões, exceto que alguns povos primitivos tinham uma rica cultura material (da arte rupestre a círculos de pedra), provavelmente usada em grande parte para fins religiosos, e profundo interesse pelo mundo natural, o céu e o ritual.

ANCESTRAIS

Muitas das mais antigas religiões incorporam crenças sobre ancestrais. As gerações passadas têm importante papel nas crenças africanas, americanas e australianas tradicionais. Na religião aborígine australiana, p.ex., os ancestrais são tidos como criadores no centro das crenças de cada tribo e essenciais para a identidade das pessoas. Já em tribos da África, os cultos dos ancestrais têm enorme efeito sobre a vida diária porque, ao definir linhagens, influenciam aspectos essenciais da existência, como com quem uma pessoa deve casar ou que bens ou terra deve herdar.

UMA LONGA PRÉ-HISTÓRIA

É tentador pensar que as religiões das antigas sociedades tribais ficaram inalteradas por milênios. A falta de registros escritos reforça essa ideia, mas o provável é que tenham sido instáveis e complexas. Assim, na África ocidental, diferentes tribos ganharam e perderam poder com a ascensão e a queda de monarquias, tal como a monarquia Asante de Gana. Reis poderosos às vezes adaptavam a religião para reforçar seu poder, mas os adversários podiam discordar usando cultos rivais. Do mesmo modo, na África central, profetas religiosos atacavam as ações de líderes políticos que abusavam de seu poder. A religião podia se adaptar, e as influências definidoras podiam mudar, embora as evidências concretas desse processo continuem sendo raras.

DA ERA COLONIAL AOS TEMPOS MODERNOS

As religiões tradicionais foram perseguidas quando os colonizadores europeus dominaram grande parte da África, da Austrália e das Américas. Nos sécs.XVI e XVII, nas Américas Central e do Sul, missionários católicos acompanharam os conquistadores da Espanha e de Portugal. Na África e na Austrália, o ataque às crenças primais exacerbou-se no séc.XVIII, quando países europeus, da Grã-Bretanha à Bélgica, desenvolveram colônias ali. Líderes coloniais estimularam os missionários cristãos a converter os nativos, enquanto políticos ocidentais se apossavam de terras com espaços sagrados. As crenças primais sofreram ampla pressão.

Desde então, a difusão de ideias científicas e o uso de tecnologia moderna tenderam a marginalizar crenças tradicionais sobre como os deuses ajudam as plantações a crescer ou que rituais devem ser executados antes da caça. A ascensão de novas Igrejas cristãs, em especial na África (*p.122-3*), foi outro importante fator de mudança. Curiosamente, as religiões tradicionais sobreviveram em muitos lugares. A rede de relações entre o homem e o mundo natural que elas corporificam nas religiões africanas continua relevante como sempre. E a preocupação da religião aborígine australiana com lugares sagrados ajudou os nativos a defender seu direito à terra. As religiões primais têm poderosa ressonância ainda hoje.

Mastros totêmicos, alguns com 185 anos, são exibidos no Totem Heritage Center and Nature Park em Ketchikan, no Alasca.

CRENÇAS ESSENCIAIS

No cerne da maioria dos sistemas de crenças primais estão numerosos espíritos ou divindades a que se atribui enorme influência sobre a vida na Terra. Esses espíritos vivem em toda parte, e sua associação com a natureza assinala o estreito vínculo entre povos tribais e a terra que habitam.

Há certas noções comuns a muitas religiões primais: a crença de que não estamos sós neste planeta, de que temos íntima relação com a terra e o mundo natural, e o sentimento de que o ser humano precisa de alguma ajuda ou orientação de poderes superiores. Essas noções são alimentadas pela ideia, comum às religiões primais de todos os continentes, de que o cosmo é povoado por incontáveis espíritos. Esse tipo de religião baseada no espírito é por vezes chamado no Ocidente de "animismo" (de *anima*, alma em latim).

UM PANTEÃO REPLETO

Os muitos espíritos ou divindades são seres diversos, tanto em suas funções como em sua relação com os homens. Alguns se parecem com os deuses de outras religiões, controlando um ou mais aspectos do cosmo. Ogum, p.ex., é a divindade do trabalho em metal dos iorubás na Nigéria; Kukailimoku é o deus havaiano da guerra. Outros espíritos, embora menos poderosos ou menos específicos em seus poderes, exercem considerável influência sobre a vida humana; muitos são benévolos, mas alguns são maus ou travessos, e os devotos precisam aplacá-los com preces e oferendas. Ademais, algumas culturas têm um deus superior ou um espírito criador. Essas divindades, embora importantes na visão dos crentes, são

***Tikis* no Parque Nacional de Pu'uhonua O Honaunau,** (Lugar de Refúgio), no Havaí. Essas grandes esculturas humanoides assinalam lugares sagrados da cultura havaiana.

Uma multidão observa a cerimônia fetichista voduísta no Benim. As crenças voduístas se difundiram no Novo Mundo e inspiraram a religião vodu do Haiti.

muitas vezes figuras arredias, que só se comunicam com os homens através dos outros espíritos.

O MUNDO DO MITO

As crenças das culturas tradicionais sobre o modo como os espíritos criaram o mundo, seus vários poderes e suas relações com a humanidade estão consignadas sobretudo em mitos. Essas histórias transmitidas oralmente por gerações são muitas vezes longas e complexas. Além de narrarem eventos capitais como a criação, contam como as pessoas adquiriram as habilidades necessárias para sobreviver, muitas das quais – como caçar, ou usar o fogo, e técnicas da cerâmica ou da construção de casas – teriam sido dádivas dos espíritos. Os mitos que falam desses dons têm, pois, enorme importância para a definição da identidade de um povo. Embora transmitidas pela palavra, são histórias assombrosamente complexas e variadas. Uma única cultura pode reconhecer milhares de espíritos, e ninguém conhecerá todos.

ENCONTROS COM OS ESPÍRITOS

Muitas pessoas tomam conhecimento dos espíritos ao ouvir seus mitos de um xamã ou contador de histórias. Mas o contato com o mundo dos espíritos pode ser mais pessoal, e por vezes mais assustador. Os espíritos estão em toda parte. Cada rocha ou árvore grande, cada fonte ou queda-d'água pode ter seus espíritos. Não lhes faltam portanto oportunidades para fazer sentir sua presença.

Às vezes as pessoas atribuem seus sonhos aos espíritos, e podem visitar uma feiticeira ou um feiticeiro para que os interprete. Muitas religiões primais também têm rituais que estimulam estados exacerbados ou extáticos, durante os quais as pessoas podem ter visões ou falar na língua dos espíritos, o que também requer interpretação. A possessão por um espírito pode exigir a ajuda de um xamã. Cada um desses diferentes encontros com os espíritos reforça a crença dominante nas religiões primais de que a humanidade não é o único habitante da Terra.

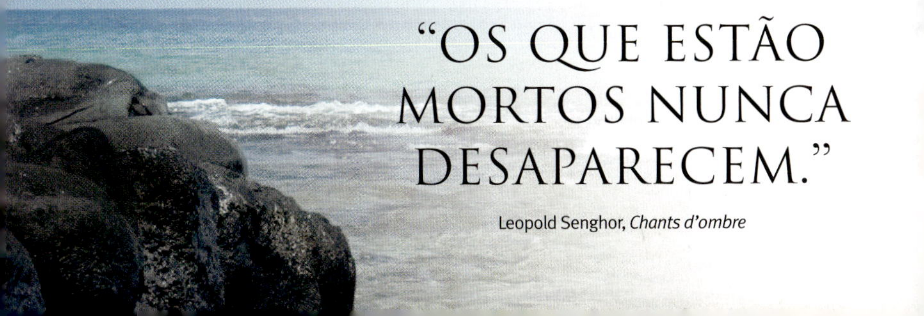

"OS QUE ESTÃO MORTOS NUNCA DESAPARECEM."

Leopold Senghor, *Chants d'ombre*

O povo dogom da República do Mali (África ocidental) tem uma religião complexa que envolve o culto dos ancestrais. Membros de um grupo chamado sociedade Awa são responsáveis pela realização de vários rituais dogons, muitas vezes usando máscaras cujos significados só os iniciados conhecem.

PRÁTICAS E FESTAS

O ritual é muito importante nas religiões primais, com cerimônias destinadas a agradar aos espíritos e obter ajuda em todo tipo de atividade humana, da agricultura à guerra. Ritos de passagem, em especial para marcar ingresso na maioridade, também são comuns.

Muitos rituais e outras práticas religiosas unem uma tribo ou sociedade. Em vários grupos tribais, se uma pessoa adoece, o grupo todo pode se reunir para participar de danças ou cantos destinados a libertar o espírito possessor e curá-la. Se o paciente não se curar e morrer, outros rituais devem ser executados para assegurar uma relação positiva entre toda a tribo e o mundo dos espíritos. Um sacerdote ou xamã (*p.48-9*) pode executar tais rituais, mas em muitos lugares o resto da comunidade também participa deles.

Os rituais podem também acompanhar momentos importantes da vida ou do ano. Em sociedades insulares tradicionais, como a Melanésia na Oceania, costuma-se executá-los antes de viagens marítimas ou para dar boas-vindas a um negociante em visita. Os povos agrícolas têm ritos associados ao plantio e à colheita. Caçadores-coletores como os aborígines da Austrália celebram "rituais de crescimento" para assegurar alimento abundante numa estação. A maioria dos povos tem rituais religiosos para a iniciação de um novo soberano. Essas cerimônias estimulam uma complexa rede de relações entre pessoas, entre indivíduo e tribo, e entre tribo e espíritos, da qual a sociedade depende.

MÁSCARAS RITUAIS

Para muitos povos tribais, como os iorubá da Nigéria ocidental, as máscaras desempenham um papel central nos rituais. Elas são mais que um adereço do traje cerimonial. Feitas com muito esmero, às vezes em segredo, por um hábil artesão, e cuidadas com reverência, permitem a quem as usa "tornar-se" o espírito invocado no ritual. A máscara iorubá Epa (*esq.*), cujo nome vem do deus entalhador Epa, é feita numa única peça de madeira e pode ter até 1,5m de altura.

TIPOS DE RITUAL

Oferecer algo valioso – um sacrifício – aos espíritos ou deuses é comum em muitas religiões primais. Em algumas culturas, como a do México antigo ou a dos kui de Orissa, na Índia, há registros de sacrifícios humanos (especialmente de prisioneiros de guerra), outrora oferecidos aos deuses. Na Nova Zelândia, os maoris em geral não praticavam esse tipo de sacrifício ritual, mas devotos ofereciam o coração da primeira pessoa morta numa luta ao deus da guerra Tumatuaenga.

"O DEUS GOSTAVA DE MÚSICA, OU PELO MENOS DE BARULHO."

E. E. Kellet, *A Short History of Religions*

Outros tipos de ritual primal envolvem xamãs, que são possuídos por um espírito e entram num estado de exaltação no qual, segundo se diz, são capazes de curar ou prestar auxílio à sociedade (*p.48-9*). Alguns desses rituais visam a resolver problemas específicos, como uma doença ou uma seca. Às vezes, são parte de uma cerimônia religiosa regular, p.ex. para marcar a passagem das estações ou saudar a chegada do ano-novo.

Ademais, alguns adeptos cumprem vários ritos religiosos em segredo, guardando-os com cuidado dos intrusos. Muitas sociedades tradicionais têm um senso profundo do sagrado, que deve ser protegido da "profanação" por outras tribos ou povos.

Um rapaz xhosa usa pintura facial para participar de uma cerimônia de iniciação na vida adulta.

MAIORIDADE

Além de celebrar datas como nascimentos, casamentos e mortes, os ritos de passagem têm grande importância na transição da infância para a vida adulta nas religiões primais. Em muitas tribos, os jovens se submetem a um prolongado ritual ao chegar à maioridade. Em geral passam algum tempo isolados do resto da sociedade, enquanto anciãos da tribo os visitam para lhes ensinar suas responsabilidades como adultos, podendo lhes revelar segredos sobre sua religião. Encerrado o ensinamento, os jovens passam por um ritual de reintrodução na sociedade. Esses ritos de passagem são um evento fundamental nas vidas dos participantes e asseguram que a religião permaneça no cerne de uma cultura, mediante a transmissão dos valores e tradições do passado a cada nova geração.

Aborígines executam danças tradicionais num encontro de anciãos tribais em Groote Eylandt no golfo de Carpenteria (Austrália).

O XAMÃ

Inspirado pelos deuses, um xamã é alguém capaz de fazer viagens espirituais ao Céu e ao Inferno e de controlar ou encarnar espíritos. Ele usa seus poderes para curar e proteger, decidir disputas e derrotar inimigos. O xamanismo permeia os sistemas de crença tradicionais de muitos povos, em especial no norte da Ásia, mas também nas Américas do Norte e do Sul.

Máscara de xamã inuíte. O xamã usa a máscara para "se tornar" o espírito durante o ritual.

Nos sistemas de crenças primais da Sibéria e das Américas do Norte e do Sul, o cosmo é povoado por inúmeros espíritos, os quais podem ser divindades da natureza que residem em coisas como animais ou árvores, ou almas de ancestrais humanos. Alguns espíritos são benévolos, outros maus, mas todos podem exercer forte influência sobre a vida humana. É comum os xamãs terem uma relação especial com determinado espírito que os ajuda e com o qual por vezes se diz que são "casados". Invocando e controlando os espíritos, os xamãs buscam ajudar seus semelhantes em suas vidas diárias. Em decorrência, tendem a ser vistos como as pessoas mais importantes de suas comunidades. Tornar-se um xamã envolve um longo aprendizado e uma iniciação complexa. Em geral um rapaz

Xamã batendo tambor durante um ritual em Tuva, na Sibéria. Segundo o sistema de crenças da região, o tambor representa o universo.

Um xamã mongol queima oferendas para os espíritos na clareira de uma floresta.

ou moça aprendiz de xamã passa um longo tempo isolado do resto da comunidade, quando então pode jejuar e evitar contato sexual. Xamãs experientes ensinam ao noviço ritos e deveres, do xamã, bem como o que agrada e desagrada aos espíritos e a música ou os cantos para invocá-los.

INSTRUMENTOS DO XAMÃ

Vários rituais e técnicas são usados para atingir estados de exaltação espiritual ou inspiração. Cerimônias envolvendo música são especialmente comuns. Instrumentos de percussão, como chocalhos e, em particular, tambores, são fundamentais na música xamanística. Para muitos xamãs, o tambor é a peça mais vital do equipamento, pois creem que sua batida ritmada invoca os espíritos.

Na Sibéria, os xamãs veem o tambor como o animal (uma rena ou um cavalo) que montam em sua viagem para outros mundos. E, por causa de seu formato, em geral raso e redondo, é tido como um escudo que apara os golpes dos espíritos malévolos que podem encontrar no outro mundo.

Outra peça importante é a máscara. Usar um traje ou máscara do tipo certo, feitos com o cuidado e os rituais devidos, é uma forma de atrair os espíritos e, em algumas culturas, permite ao xamã "transformar-se" no espírito, ou ser possuído por ele. Povos de culturas xamanísticas tratam máscaras e tambores com grande reverência. Têm muito respeito também por substâncias alucinógenas como certos cogumelos (*p.288*) e outras plantas que há séculos são usadas para induzir estados de transe. É comum os xamãs verem essas substâncias como mestres que ensinam ao usuário meios de alcançar os espíritos.

RELIGIÕES PRIMAIS

A crença primal tradicional é parte importante da identidade de alguns povos nativos nas Américas do Norte e do Sul, na África, Ásia e Oceania, mesmo em lugares onde a colonização significou que modos de vida tradicionais foram abandonados há muito.

AS AMÉRICAS

Vários · Pré-histórica · Menos de 100.000

Apesar da invasão e da colonização por diversos povos europeus, as religiões primais sobrevivem em partes das Américas do Norte e do Sul.

AMÉRICA DO NORTE

As religiões tradicionais da América do Norte são tão variadas quanto sua paisagem e seu clima. Ao longo dos séculos, a religião desempenhou ali um papel tão vital que os povos nativos não precisam sequer distingui-la por um termo próprio – não têm nenhuma palavra que signifique "religião". As várias espécies de animais, as árvores e a terra, tudo está impregnado pela visão religiosa.

Na maioria das culturas norte-americanas há um deus supremo que preside o cosmo, mas em geral trata-se de um ser distante, e os devotos interagem com o sagrado através de divindades mais acessíveis. A mais conhecida delas é ao mesmo tempo um trapaceiro, capaz de mudar de forma, e um herói da cultura – a criatura que dá à humanidade os instrumentos básicos da vida, do fogo à água. Dependendo do lugar, é conhecida como Corvo, Lebre ou Coiote. Algumas culturas, em especial as das planícies, que outrora dependeram da caça, têm uma divindade chamada o Senhor ou a Senhora dos Animais. Muitos veneram o Pássaro do Trovão, que traz as tempestades. Outras reconhecem os Gêmeos Heróis, que em algumas tribos são deuses da guerra.

Mais próximos dos homens estão seus espíritos guardiões. Para entrar em contato com eles, as pessoas participam de um ritual chamado busca da visão,

Um xamã peruano conduz um ritual com folhas de coca perto de Cuzco. As folhas são usadas para induzir um estado de transe.

em geral na puberdade. A pessoa jejua e ora até ter uma visão do espírito que a protegerá por toda a vida. Algumas pessoas têm espíritos guardiões especialmente poderosos, que lhes conferem a capacidade de curar os outros. Em geral elas se tornam xamãs (*p.48-9*) e participam de rituais de cura, por vezes destinados a retirar dos corpos dos doentes objetos supostamente inseridos neles por espíritos malévolos. Outra maneira de entrar em contato com o mundo sobrenatural é através de seres chamados *kachinas*, que segundo os hopis levam chuva vivificante e outros benefícios aos que neles acreditam.

Chocalho do Corvo usado por xamãs da tribo norte-americana dos haidas. O Corvo era um deus trapaceiro.

AMÉRICAS DO SUL E CENTRAL

Nelas, várias civilizações seguiram religiões tradicionais que reconheciam muitos deuses diferentes. Na maioria delas, três deuses eram fundamentais. Eles são mais conhecidos por seus nomes astecas: Quetzalcoatl (a serpente emplumada que era o deus criador), Huitzilopochtli (deus da guerra e do sol nascente) e Tlaloc (deus da chuva e da agricultura). Os astecas faziam sacrifícios humanos a Huitzilopochtli, acreditando que isso lhes daria vitória na guerra e a garantia de que o Sol continuaria a se erguer sobre sua civilização. Também para os incas do Peru, que cultuavam muitos deuses, o deus do Sol desempenhava papel vital. Quando espanhóis e portugueses conquistaram as Américas do Sul e Central, impuseram o cristianismo católico, substituindo a fé em muitos deuses por uma que reverenciava muitos santos e adorava um só Deus. O catolicismo também substituiu o sacrifício cruento dos astecas pelo sacrifício simbólico da missa.

Moça apache em sua Dança do Nascer do Sol, ou iniciação formal à vida adulta.

ÁFRICA

Vários · Pré-histórica · 63 milhões

As religiões primais da África em geral incluem um criador e muitas divindades menores, algumas das quais atuam como agentes do criador e outras são independentes.

Figura vermelha feita de materiais naturais usada pelo povo nte'va para evitar doenças.

TEMAS FUNDAMENTAIS

As tradições africanas têm várias histórias para explicar a origem da doença e da morte. Muitas vezes elas versam sobre o fim de uma "idade de ouro" de ordem e felicidade. Um mito do Zaire, p.ex., conta como o deus supremo e os homens viviam juntos na mesma aldeia celestial. Mas os homens brigaram e Deus os exilou na Terra. Aqui eles construíram uma torre alta para alcançar o Céu. Fizeram então uma festa ruidosa no alto da torre para comemorar, mas Deus não gostou do barulho e demoliu a torre, separando para sempre o Céu e a Terra.

Figuras trapaceiras também são comuns. Elas ajudam a humanidade a enfrentar as agruras da vida. Na África ocidental, o trapaceiro é uma aranha, que gera a água; entre os boxímanes, os louva-a-deus roubam fogo dos deuses.

Em todas as culturas africanas tradicionais é vital observar os rituais corretos para agradar aos deuses. Entre os mais comuns estão sacrifícios de animais (frangos, ovelhas, cabras e outros animais domésticos) e o uso de música (para curar, estimular a fertilidade ou celebrar). Além dos rituais de ciclo de vida, como casamento e ritos fúnebres, têm grande importância os ritos de iniciação que assinalam a passagem da infância para a vida adulta. Produzir cicatrizes ou marcas corporais, ou circuncidar, representa um compromisso com as responsabilidades adultas.

Sangomas sul-africanos, curandeiros e líderes rituais supostamente escolhidos por seus ancestrais para ter um aprendizado tradicional.

ASIA

Vários · Pré-histórica · Desconhecido

Embora a Ásia abrigue muitos credos organizados e influentes, como o siquismo na Índia (*p.208-23*) e o confucianismo na China (*p.238-49*), seus povos preservaram também o conhecimento das religiões primais de seus países. Podemos vislumbrar os espíritos dessas fés primais tanto em sistemas de crenças posteriores como o xintoísmo (*p.262-71*) quanto nas práticas de xamanismo da Ásia setentrional e central.

Os xamãs naxis provêm sobretudo das províncias de Yunnan e Sichuan, na China. Sua religião é chamada dongba.

CRENÇAS ANTIGAS

Em muitas partes da Ásia, as religiões primais foram absorvidas nas ricas tradições das fés surgidas mais tarde no continente. Assim, na Índia, divindades primitivas foram absorvidas no vasto panteão de deuses e deusas hindus; na China, a multidão de espíritos tradicionais, ancestrais, e deuses acabou se combinando com as ideias promovidas no confucianismo e no taoismo para criar a vibrante religião politeísta conhecida como religião popular chinesa, ainda florescente em comunidades chinesas no mundo todo (*p.256-7*). No Japão, o xintoísmo incorporou crenças numa multidão de espíritos, ou *kami*, importantes na religião japonesa durante séculos, bem antes que o xintoísmo se tornasse uma religião.

XAMANISMO

Até recentemente, crenças tribais sobreviveram de modo independente em comunidades isoladas na Ásia central e setentrional. A Mongólia e em particular a Sibéria são a pátria do xamanismo: nele o xamã, pessoa que, inspirada por um deus, comunica-se com ou visita o mundo dos espíritos (*p.48-9*), ocupa lugar central.

Em alguns locais, esse mundo é visto como uma montanha alta. Os xamãs podem subir até o pico, onde moram os deuses, ou descer a partir da base da montanha, para entrar no mundo ínfero, lar das almas dos mortos.

Nas condições severas da Ásia central e setentrional, a experiência e a visão do xamã são consideradas vitais para uma vida bem-sucedida. O clima e a topografia da região tornam difícil encontrar comida, mas um xamã em contato com o mundo dos espíritos pode localizar os melhores lugares para caçar ou pescar, e também usar seus poderes espirituais para curar doentes e facilitar a jornada dos moribundos, levando-os deste mundo para o reino dos espíritos.

Alguns povos xamanísticos do norte da Ásia creem que o mundo é carregado no dorso de um animal gigantesco, descrito como uma tartaruga, um touro ou um peixe. Os terremotos ocorrem quando o animal se move. No centro da Terra existe uma Árvore Cósmica que se eleva até o reino dos deuses. Para os adeptos dessas crenças antigas, a religião se estende até o centro do cosmo.

OCEANIA E AUSTRÁLIA

Vários · Pré-histórica · Menos de 9.000 (Austrália e Nova Zelândia)

As ilhas e povos dispersos da Oceania, da Micronésia à Nova Zelândia, e os aborígines australianos, têm grande variedade de religiões tradicionais. Os sistemas de crenças dos ilhéus tendem a se centrar no mar, e os dos grupos indígenas australianos voltam-se mais para a atuação de pessoas, divindades e a terra.

POLINÉSIA

A religião tradicional na Polinésia é dominada por divindades que regem diferentes aspectos da vida. Fenômenos meteorológicos como a chuva e o raio têm especial importância para os ilhéus, que viajam por mar, o que faz dos deuses que os controlam forças proeminentes.

Guerreiros hulis das montanhas de Papua Nova Guiné executam uma dança ritual vestindo trajes tradicionais numa reunião tribal.

Os deuses vivem no mundo celeste, mas visitam a Terra com frequência, e muitas práticas religiosas, como a construção de recintos sagrados, destinam-se a atraí-los. Estátuas e máscaras são muito importantes, porque as pessoas creem que os deuses são atraídos por imagens que os representam. Rituais, de sacrifícios a cânticos, são destinados a evocar os deuses, agradá-los e mandá-los de volta para o céu. Os devotos realizam essas cerimônias em várias ocasiões, sobretudo antes de iniciar viagens por mar ou expedições de pesca.

Entre os deuses, os mais importantes são o criador Ta'aroa e o trapaceiro e herói da cultura Maui, que roubou o fogo para que os homens pudessem cozinhar, tornou o Sol mais lento para alongar o dia e pescou muitas das ilhas polinésias com seu anzol. Alguns

A Serpente Arco-Íris do mito aborígine australiano é associada à fertilidade, embora algumas tribos a considerem também a criadora da paisagem.

creem ser ele o ancestral de toda a humanidade.

MELANÉSIA

As várias ilhas da Melanésia partilham a crença em deuses e espíritos, estes últimos incluindo tanto fantasmas quanto almas de ancestrais. Na cultura melanésia é importante tratar os mortos corretamente; os ritos fúnebres podem incluir luto prolongado, remoção dos mortos num estrado, e reunião de ossos. Depois que a comunidade executou esses e outros ritos, o morto ainda não se afastou por completo e pode reaparecer como um fantasma ou ser venerado num santuário para os ancestrais.

Em muitas cerimônias melanésias as máscaras têm importante papel. Elaboradas com casca de árvore, folhas e penas, em geral são confeccionadas ritualmente e em segredo; ritos especiais atraem um espírito para a máscara e o afastam quando a cerimônia termina.

AUSTRÁLIA

Cada tribo aborígine australiana tem sua própria mitologia, destinada em grande parte a explicar como os deuses do passado (chamado pelos estrangeiros de Época da Fantasia) deram forma à terra. Alguns desses mitos são próprios de um local e povo específicos, mas muitos se sobrepõem numa teia mitológica pela Austrália.

Essa teia existe numa dimensão espiritual também: as divindades da Época da Fantasia, os espíritos ancestrais e as pessoas de hoje estão interconectados tanto por rituais religiosos como por seus laços com a terra. Na Época da Fantasia, divindades poderosas andaram pela terra criando seus traços característicos como rochas, montanhas, morros, rios, fontes e lagos. Muitas histórias bastante complexas contam como isso ocorreu, e os lugares nomeados nas narrativas têm uma significação secreta. Assim, uma história explica como um peixe primal criou as curvas do rio Murray e os charcos próximos, movendo sua cauda enquanto o deus Ngurunderi o perseguia. Depois de agarrá-lo, o deus o cortou em fatias e distribuiu os pedaços pelos lagos que cercam a foz do Murray, gerando as diferentes espécies de peixes que ali vivem e fornecem alimento.

Segundo outros mitos, divindades como a Serpente Arco-Íris, o Canguru ou o Lagarto criaram a paisagem. Atribui-se a essas divindades o estabelecimento de costumes sociais e religiosos, que são reativados durante os rituais. Elas definiram também a organização de clãs e trouxeram para a Terra os elementos necessários à vida, da comida ao fogo. Assim, além de impregnar a paisagem natural que as encarna, algumas divindades estão presentes em todos os aspectos da vida.

Certas culturas do Pacífico atribuíam poder divino a artefatos europeus levados por exploradores.

AS RELIGIÕES MONOTEÍSTAS

ORIGINÁRIAS DO ORIENTE MÉDIO, as fés centradas num único Deus se espalharam pelo mundo. Apesar do domínio da ciência e do pensamento racional na vida moderna, as crenças, a ética, a moral e a perspectiva geral das fés monoteístas perduram. O judaísmo, o cristianismo e o islã preservam sua enorme influência, dos EUA à África.

A taça do *kiddush* é usada numa tradicional bênção judaica feita com vinho ou suco de uva.

Muitos dos credos mais antigos do mundo, como o hinduísmo, a religião popular chinesa e as religiões primais, concebem um cosmo com várias divindades. Diferentes deuses e deusas desempenham diferentes funções e muitas vezes cada um é responsável por uma parte do universo, do Sol às tempestades e do amor à guerra. Ao longo da história, porém, várias culturas perceberam limitações nesses sistemas de crenças. Se há inúmeros deuses, onde está a autoridade ou realidade suprema? A resposta, para muitos povos, é uma fé monoteísta, na qual um único Deus é a fonte do cosmo, da realidade, da bondade e da verdade.

Embora não sejam as únicas religiões baseadas na crença num Deus único, três grandes fés monoteístas, o judaísmo, o cristianismo e o islã, tiveram especial influência sobre o mundo todo.

A PÁTRIA DO MONOTEÍSMO

Os três grandes monoteísmos têm muito em comum. Todos se originaram no Oriente Médio e compartilham vários patriarcas e profetas importantes como Abraão (*p.295*) e Moisés (*p.297*). Todos enfatizam a relevância da oração. Todos se fundam numa revelação específica de Deus. E são religiões organizadas que também valorizam a experiência individual da fé e de Deus. Das três, o judaísmo foi a primeira a ser revelada. Os judeus creem que os ensinamentos de sua fé, consignados na Torá (*p.68-9*), foram revelados por Deus a Moisés no monte Sinai há mais de 3.000 anos. Embora o judaísmo não tenha um credo formal, a essência de sua fé está nessa obra, e leituras e interpretações da Torá guiaram os judeus através de suas vidas desde então.

O cristianismo surgiu há 2.000 anos no mundo judaico. Baseia-se nos ensinamentos de Jesus e na Bíblia cristã, composta dos textos sagrados judaicos e do Novo Testamento, que descreve a missão de Jesus e a obra de seus seguidores. O islã foi revelado ao profeta Maomé no séc.VII d.C., quando ele recitou palavras de Deus, depois registradas como

A história bíblica de Jonas e a baleia foi pintada muitas vezes através dos tempos. Essa é uma pintura europeia medieval.

o Corão, que é a essência do islã. Mas os muçulmanos também respeitam os líderes religiosos judeus anteriores, de Abraão a Jesus, que veem como profetas. Assim as três fés, embora distintas, partilham uma tradição. Por isso, seus adeptos são por vezes chamados de "povos do livro".

INFLUÊNCIA GLOBAL

Foi imensa a influência dos monoteísmos na história humana. Até hoje, num mundo cada vez mais secularizado, ela é generalizada. O cristianismo, que se difundiu por grande parte do mundo ocidental, formou e dominou a perspectiva ética da Europa e América do Norte, onde ainda mantém enorme influência, bem como em muitas outras áreas do globo, como a África.

O islã influencia o modo de vida na maior parte do Oriente Médio, desde países devotadamente muçulmanos, como a Arábia Saudita, até Estados essencialmente seculares, como a Turquia.

O judaísmo, embora numericamente muito menor, também tem ampla influência na vida e no pensamento em todo o mundo. As três fés monoteístas, cada uma a seu modo, exibem extraordinário vigor.

A Hagia Sophia em Istambul tem 1.500 anos. Originalmente uma igreja, tornou-se uma mesquita e hoje é um museu.

JUDAÍSMO

O judaísmo é a religião do povo judeu. Durante grande parte de sua história os judeus foram forçados a viver exilados de sua pátria, criando um modo de vida próprio em outras partes do mundo e levando consigo a sua fé. Por isso, os seguidores do judaísmo espalham-se hoje pelo mundo, muito além do Estado judaico de Israel.

A mais antiga das três religiões monoteístas originárias do Oriente Médio (as outras são o cristianismo e o islã), o judaísmo tem uma história que remonta a patriarcas, como Abraão, que teriam vivido por volta de 2000 a.C. Um deles foi Moisés, que levou os judeus de volta do exílio no Egito para a "Terra Prometida" e recebeu as tábuas da lei de Deus no monte Sinai. Segundo Moisés e seus seguidores, os judeus foram escolhidos por Deus para receber sua orientação na forma da Torá ("ensinamento"), um termo que pode designar o Pentateuco (os cinco primeiros livros da Bíblia hebraica) ou todas as leis judaicas. Desde esses primórdios, os judeus acreditavam num só Deus onipotente e onisciente, e que a Torá é a revelação imutável desse Deus para Moisés. No milênio seguinte, os judeus sofreram muitos reveses e desventuras: ataques de impérios como o Babilônio e o Romano; exílio e diáspora na Idade Média e mesmo mais tarde; massacres no séc. XIX; e a catástrofe do Holocausto no séc.XX. Mas houve também sucessos, desde o desenvolvimento da filosofia e da fé judaica pelos primeiros rabinos até a fundação do moderno Estado de Israel em maio de 1948. Ao longo de sua história o judaísmo se diversificou, mas todos os judeus praticantes acreditam num só Deus, oram regularmente e cultuam numa sinagoga. Também compartilham inúmeros costumes – desde a observância de leis alimentares à realização de cerimônias como o bar e o bat mitzvahs, quando um menino ou uma menina chega à puberdade. Essas práticas unem os judeus numa única comunidade. Acima de tudo, eles creem no primado da Torá, que exalta os valores centrais do judaísmo: a santidade da vida, a importância da justiça, o ideal de generosidade e a necessidade da educação.

Judeu soprando um *shofar*, instrumento feito em geral de chifre de carneiro usado em importantes rituais judaicos.

ORIGENS E HISTÓRIA

A história do judaísmo tem início no distante e vasto período coberto pela Bíblia hebraica. A fé é definida pelos primórdios de sua história e pela obra dos primeiros estudiosos e rabinos, mas foi moldada pelos problemas e tragédias mais recentes enfrentados pelo povo judeu.

PRIMÓRDIOS

Ninguém sabe ao certo como ou quando o judaísmo surgiu, mas segundo a Bíblia duas figuras foram cruciais para a sua origem. A primeira delas foi Abraão (*p.295*), o patriarca dos judeus, que migrou da Mesopotâmia (o atual Iraque) para a terra de Canaã no Mediterrâneo oriental. A fome impeliu os descendentes de Abraão de lá para o Egito, onde viveram como escravos. Mais tarde seu líder Moisés (*p.297*) os levou de volta para Canaã, que Deus prometera aos judeus no tempo de Abraão. No caminho, Moisés recebeu de Deus as tábuas da lei no monte Sinai. Esse evento, que teria ocorrido no séc.XIII a.C., marcou o início da aliança, ou relação especial com Deus, que é a essência do judaísmo.

A tábula de pedra antiga mostra um israelita cortando trigo com uma pequena foice manual.

SOBERANOS ESTRANGEIROS

Após um período de autonomia sob reis como Davi e Salomão, em 586 a.C. o reino judaico de Judá, no sul de Canaã, foi conquistado pelos babilônios, no reinado de Nabucodonosor. Eles destruíram o Templo em Jerusalém e levaram muitos judeus para o exílio em Babilônia. Ali, alguns começaram a escrever os primeiros livros da Bíblia para preservar sua história e tradições.

Nos séculos seguintes a esse período, o povo judeu foi dominado por vários soberanos estrangeiros. Em 538 a.C. os persas, tendo conquistado Babilônia, permitiram que os judeus voltassem para

ESTRELA DE DAVI

No séc.XVIII, os judeus adotaram esse símbolo, uma estrela de seis pontas feita da interseção de dois triângulos, como um meio de identificação. Suas origens são obscuras. Alguns dizem que sua forma representa o escudo de Davi, o segundo rei de Israel; outros, que seus triângulos aludem à letra hebraica *daleth*, a primeira do nome de Davi. Uma interpretação comum é que os seis triângulos exteriores representam os dias de trabalho na semana e o hexágono interno simboliza o sabá, dia de repouso.

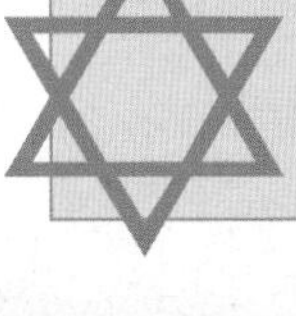

O rio Jordão, que os israelitas cruzaram seguindo Josué, forma hoje uma fronteira natural entre Israel, Síria e Jordânia.

casa. Sob o jugo grego, no séc.II a.C., os judeus, liderados por Judas Macabeu, se rebelaram. Vitoriosos, edificaram o Segundo Templo em Jerusalém e estabeleceram uma nova dinastia reinante judaica. Mas em 63 a.C. essa dinastia e o templo foram derrubados pelos romanos, que começaram a governar representados por reis-clientes. Um deles, Herodes o Grande (37-4 a.C.), reconstruiu o Segundo Templo com luxo, mas, quando os romanos puseram seus próprios funcionários para governar a província da Judeia, os judeus se rebelaram de novo. Contudo suas forças foram esmagadas e o Segundo Templo foi destruído em 70 d.C. Cada vez mais, os judeus abandonaram a ambição política em favor do saber, e grupos como os fariseus produziram muitos eruditos notáveis, como os famosos rivais Hillel, um liberal judeu, e Shammai, que interpretava a lei judaica no sentido mais estrito.

A PERSEGUIÇÃO AOS JUDEUS NA EUROPA CRISTÃ

Em 392 d.C., o cristianismo tornou-se a religião oficial do Império Romano. Depois, por muitos séculos, os judeus foram perseguidos pelas comunidades cristãs, sendo expulsos de vários países, forçados a se converter ao cristianismo e excluídos dos empregos mais bem pagos. Muitos viviam em guetos, e tornaram-se comerciantes

O Segundo Templo em Jerusalém, terminado em 516 a.C., foi destruído mais tarde pelos romanos.

Em Auschwitz, na Polônia, erguia-se o campo de concentração onde milhares de homens e mulheres judeus foram assassinados pelos nazistas.

e agiotas, os dois ofícios que podiam exercer impunemente. Outros permaneciam na pobreza mas tornavam-se sábios notáveis. Um deles foi Maimônides (1135-1204), filósofo e médico cujos escritos sobre lei judaica, filosofia e medicina tiveram uma influência que ultrapassou as fronteiras do mundo judaico. Dois diferentes grupos de judeus se desenvolveram à margem da sociedade europeia: os asquenazes concentravam-se na Alemanha, Polônia e Rússia; os sefardis viviam na Espanha, mas foram expulsos em 1492 e estabeleceram-se na África setentrional, Itália, Império Otomano e Países Baixos. Durante toda a Idade Média, os judeus suportaram uma vida de perseguição na Europa cristã, mas muitos enriqueceram com o comércio e se beneficiaram porque sua vida de viagem e exílio lhes permitia participar na diplomacia internacional. Ademais, os judeus expulsos da Espanha levaram sua erudição e conhecimento do árabe para a Itália, ajudando a estimular o Renascimento.

ALÍVIO E REFORMA

Os sécs.XVIII e XIX foram tempos melhores para muitos judeus. Sob a influência do pensamento mais aberto do Iluminismo, vários Estados europeus lhes devolveram determinados direitos, embora alguns ainda os forçassem a se converter ao cristianismo. Entre os que continuaram firmes em sua fé estavam grandes pensadores judeus, alguns dos quais, como o rabino alemão Abraham Geiger,

"DEIXA O MEU POVO PARTIR, PARA QUE ME SIRVA."

Êxodo 9:1

deram impulso ao movimento da Reforma, atualizando a liturgia judaica e adaptando a fé ao mundo moderno. Querendo viver em paz com seus vizinhos gentios, os judeus da Reforma abandonaram as leis que atrapalhavam esse convívio; passaram também a dar menos importância a um esperado retorno à pátria judaica. A Reforma provocou várias reações. Alguns judeus a rejeitaram, retornando aos valores tradicionais do judaísmo ortodoxo. Outros aderiram ao Judaísmo Conservador (*p.83*). E no séc.XIX um movimento começou a defender um retorno à pátria judaica. Conhecido como sionismo, em alusão ao nome bíblico de Jerusalém (Sião), dominou os pensamentos e as esperanças de muitos judeus no fim do séc.XIX e em todo o séc.XX.

Tel Aviv, próspera cidade litorânea, representa mais a face moderna que a histórica do Estado israelense.

ANTISSEMITISMO

Embora nos sécs.XVIII e XIX os judeus tivessem mais liberdade que nos anteriores, um novo horror surgia. No fim do séc.XIX, o preconceito contra eles desviou-se de sua religião e passou a visar sua raça. Os antissemitas condenavam todos os judeus, independentemente do ramo do judaísmo que seguiam ou da parte do mundo que habitavam. Isso se converteu em tragédia com a ascensão do nazismo, o Holocausto e a tortura de milhões de judeus na Europa. Mais de 60 anos após o fim da II Guerra Mundial, judeus e não judeus ainda tentam compreender o que aconteceu nesse terrível período da história.

FUNDAÇÃO DO ESTADO DE ISRAEL

Em 1948, o Estado de Israel foi fundado e por fim os judeus puderam retornar à sua pátria. Muitos se alegraram com a possibilidade de construir uma sociedade justa e de adorar a Deus na terra que lhes fora prometida milênios antes. Com um começo árduo, estabelecendo-se num terreno difícil sob os olhares de vizinhos hostis, os judeus edificaram uma nação forte. Mas os problemas, desafios e tragédias perduram, em especial nas relações de Israel com seus vizinhos árabes.

THEODOR HERZL

Em 1894, o julgamento em Paris de Alfred Dreyfus, capitão judeu do exército francês injustamente acusado de traição, revelou a extensão do antissemitismo na Europa. Após cobrir o caso, em 1896 o jornalista judeu húngaro Theodor Herzl (1860-1904) produziu um panfleto, *O Estado judaico*, em defesa da criação de um Estado judaico na Palestina. Essa obra e o primeiro Congresso Sionista em 1897 levaram à criação de um movimento sionista.

O trabalho diplomático de Theodor Herzl lançou as bases para a criação do Estado de Israel após a II Guerra Mundial.

CRENÇAS ESSENCIAIS

A essência do judaísmo é que existe uma aliança, ou pacto, entre Deus e seus adeptos. Essa aliança estabelece certas instruções que os judeus devem seguir. O judaísmo diz respeito, portanto, tanto ao modo como as pessoas vivem suas vidas como a conceitos do sobrenatural.

O DEUS UNO

Para os judeus há um só Deus, a fonte de toda bondade e moral. Ele é tão santo que até seu nome, tradicionalmente representado pelo tetragrama YHWH, era considerado sagrado demais para ser pronunciado. Assim, escritores judeus e rabinos usavam expressões como ha-Shem ("o Nome") e Adonai ("meu Senhor") para se referir a ele sem cometer blasfêmia.

O judaísmo vê Deus como o absoluto por trás de todo o cosmo e vida. Ele é um ser transcendente, que existe num plano diverso do da vida na Terra. Não pode, portanto, ser retratado em imagens ou descrito em palavras, mas é possível citar suas qualidades, as mais importantes das quais são os atributos complementares da justiça e da misericórdia. Embora distante, Deus está sempre presente para os judeus, podendo se comunicar de várias maneiras, em especial através da lei entregue a Moisés e das revelações feitas aos profetas hebraicos.

ABRAÃO E A ALIANÇA

Um dos principais personagens do Gênesis (o primeiro livro da Bíblia hebraica) é Abraão. Embora ele e sua mulher Sara fossem velhos e sem filhos, Deus lhes prometeu numerosa descendência, que formaria uma grande nação numa terra chamada Canaã, se tivessem fé em Deus. Milagrosamente, Abraão e Sara geraram um filho, Isaac, que veio a ser pai de Jacó. Esses três homens são vistos como os fundadores do judaísmo. Abraão, ou "o amigo de Deus", é para os judeus um modelo de fé, coragem, sacrifício e obediência a Deus.

CRENÇAS MESSIÂNICAS

Os profetas e rabinos esperavam o dia em que um Messias viria fundar o reino de Deus na Terra. Essa crença messiânica continua forte no judaísmo ortodoxo, cujos seguidores creem que um Messias reinará um dia em Jerusalém, onde reerguerá o Templo (*p.62*). Outros ramos do judaísmo dão menos ênfase à crença messiânica, concentrando-se nos modos como os mandamentos de Deus devem ser obedecidos.

Nas sinagogas judaicas, um armário decorado chamado Arca guarda os rolos da Torá.

OS MANDAMENTOS

Os cinco primeiros livros da Bíblia hebraica (equivalentes ao Antigo Testamento cristão) expõem e esclarecem o pacto judaico. O segundo, o Livro do Êxodo, explica como se espera que os judeus obedeçam a Deus. Conta como Moisés conduziu os judeus do cativeiro no Egito até Canaã, a "terra prometida". No caminho, Moisés recebeu de Deus a Torá, as palavras da lei. Escritas sobre tábulas de pedra, elas foram depois guardadas na chamada Arca da Aliança. Ao aceitar essas leis, os judeus firmaram um pacto com Deus. O Deuteronômio, o quinto livro da Bíblia, enfatiza que a aliança se aplica a todos os judeus, em toda parte. Frisa que há um só Deus a quem os judeus devem amar e seguir. Isso é explicitado, no Capítulo Seis, numa passagem conhecida como o Shemá ("ouça", em hebraico), que começa assim: "Ouve, ó Israel: Javé nosso Deus é o único Javé! Portanto, amarás a Javé teu Deus com todo o teu coração, com toda a tua alma e com toda a tua força."

A passagem exorta os judeus a guardar essas palavras em seus corações, ensiná-las a seus filhos e falar sempre delas. Instrui-os também a obedecer aos mandamentos e a viver segundo os valores do judaísmo. A ordem de ensinar as palavras às crianças é importante por estabelecer a ideia da transmissão das crenças do judaísmo de uma geração para outra. A educação, ainda profundamente valorizada no judaísmo, sempre esteve no cerne da fé.

Uma menorá, ou candelabro de sete braços, simboliza a luz eterna da Torá.

VIVER A ALIANÇA

A Torá contém 613 instruções, regulando desde comida e roupas até rituais e festas. Os judeus ortodoxos as seguem fielmente, expressando sua fé e devoção através de sua maneira de viver. Adeptos de outros ramos do judaísmo as interpretam de modo mais flexível, mas ainda as veem como a pedra angular de sua fé. É na cerimônia do bar mitzvah (*p.78*), quando o menino chega à maioridade (o equivalente para meninas é o bat mitzvah), que o indivíduo promete seguir os mandamentos de Deus.

Crianças marcham com miniaturas de rolos da Torá na festa de Shavuot, que celebra o dia em que Deus deu a Torá a Moisés.

A BÍBLIA HEBRAICA E O TALMUDE

A essência do judaísmo está contida em seus textos mais importantes: os cinco primeiros livros da Bíblia hebraica, conhecidos coletivamente como a Torá. Mas o judaísmo sempre foi centrado na palavra de Deus e na erudição, e não surpreende que tenha produzido um grande corpo de escritos: não só os outros livros da Bíblia como também uma vasta obra de comentário e interpretação: o Talmude.

A TORÁ

A palavra hebraica *Torah* é em geral traduzida como "lei", embora possa significar também "instrução". Contendo a história dos primeiros judeus e os mandamentos de Deus para o seu povo, ela é o texto mais sagrado do judaísmo. Toda sinagoga tem um exemplar da Torá, escrito à mão em hebraico num rolo que é mantido num armário chamado Arca, o ponto focal da sinagoga (*p.66, Il.*). Cada rolo é escrito com grande cuidado, pois o texto nunca muda e deve ser transcrito com exatidão. O texto é sagrado demais para ser tocado com a mão. A pessoa que lê a Torá de uma sinagoga usa um ponteiro especial, *yad*, com uma mão de metal na ponta, para seguir as palavras. Isso assegura que o texto não fique danificado. Caso isso ocorra, o rolo é declarado inútil e enterrado num cemitério judaico dentro de um vaso de barro.

Os Manuscritos do Mar Morto, uma relíquia internacionalmente famosa, incluem textos primitivos da Bíblia hebraica, cruciais também para o cristianismo.

O resto da Bíblia hebraica consiste nos escritos dos profetas (os Navi'im) e outros textos reunidos (os Ketubim). Os Navi'im têm especial importância, pois são as palavras dos profetas que reconduziram os judeus à sua religião quando estavam extraviados e os ajudaram quando estavam no exílio. Os Ketubim incluem livros de história, lamentação e os Salmos que, importantes, são usados nos serviços da sinagoga.

Estátua de Maimônides, filósofo do séc.XII e famoso intérprete da Torá.

O TALMUDE

Desde os primeiros tempos, os rabinos discutiram e interpretaram as palavras da Torá. De início as interpretações eram transmitidas oralmente, mas em 170 d.C. o corpo de comentários já crescera tanto que os judeus começaram a registrar o que os rabinos diziam. Esse registro tornou-se conhecido como a Mixná. Também ela gerou muitas interpretações, e estas tornaram-se conhecidas como a Gemara. A Mixná e a Gemara juntas compõem um livro de comentários chamado Talmude. Com cerca de 2,5 milhões de palavras, abrange temas diversos como folclore e preces, rituais e remédios. Cerca de um terço desse material é *halakhah*, ou lei; o resto são as histórias, lendas e máximas conhecidas como a *aggadah*. Com sua imensa extensão e enorme diversidade, o Talmude aborda todos os aspectos da vida humana.

Para proteger a Torá dos danos que os dedos poderiam causar, o leitor usa um ponteiro chamado *yad* para acompanhar o texto.

O monte Sinai, no Egito, é um lugar de peregrinação espiritual para muitos judeus modernos. Foi ali que, ao regressar à Terra Prometida, Moisés recebeu de Deus a lei judaica. A aliança feita entre Deus e seu povo é a pedra angular do judaísmo.

ÉTICA, MORAL E LEI

O judaísmo tem centenas de mandamentos, mas os judeus não veem sua fé como legalista. Como os ensinamentos da Torá e do Talmude são muito práticos e cobrem todos os aspectos da vida, os judeus estão conscientes de sua religião e de sua ligação com Deus em tudo que fazem.

O AVOT

Uma das partes mais conhecidas do Talmude é a obra chamada de Pirkei Avot ("Capítulos dos Pais"), ou apenas Avot. Ela formula alguns dos ensinamentos morais fundamentais do judaísmo e estabelece três exigências básicas. Primeiro, os ensinamentos da Torá sobre religião e moral expressam o que Deus requer dos judeus como a base para uma vida boa. Segundo, Deus exige culto, não só mediante comparecimento regular à sinagoga, mas também mediante ações praticadas na vida diária. Terceiro, a bondade verdadeira tem suprema importância.

A caixa de coleta *tzedakah* evoca o requisito da caridade imposto aos judeus.

Deve ser uma bondade ativa: todos os judeus devem ajudar os outros, em especial os fracos, os velhos e os doentes. Os princípios do Avot e o texto da Torá fornecem um vasto corpo de instrução ética. Só a Torá contém 613 mandamentos, sendo 248 instruções positivas e 365 ordens negativas que começam com "Não deves...". Os judeus ortodoxos tentam seguir esses mandamentos com o maior rigor possível, mas em outros ramos da fé eles recebem interpretação mais flexível. Isso se aplica em especial ao judaísmo da Reforma (*p.82*), que tem fortes raízes na Alemanha do séc.XIX e agora é amplamente praticado nos EUA. Esse ramo do judaísmo deixa a interpretação moral e ética das leis da Torá, inclusive que práticas religiosas observar, a cargo de cada devoto. Ainda assim, vários valores básicos, respeitados por todos, emergem dos ensinamentos.

Deus visita Abraão (o pai dos israelitas) quando ele está doente – um sinal para que todos os judeus tenham uma vida de caridade e compaixão.

AJUDAR OS OUTROS

Um valor fundamental é a caridade. Numa ampla escala, muitas organizações judaicas fazem trabalho filantrópico no mundo todo, e os judeus depositam dinheiro na caixa de coleta todas as semanas, antes do início do sabá. Mas a caridade vai além da doação de dinheiro. Os judeus são estimulados a ajudar os outros de todas as maneiras. Deus visitou Abraão (o pai do povo judaico) quando ele estava doente, e isso é visto como um sinal para estimular os homens a prestar ajuda prática aos necessitados.

Sendo um povo que teve de sobreviver por séculos em condições hostis, muitas vezes longe da pátria, os judeus valorizam a hospitalidade. Desde Abraão, acolheram estrangeiros e viajantes e deram assistência a vadios e mendigos. Valores como esses contribuem para um evoluído senso de responsabilidade social entre os judeus, sintetizado no mandamento "Ama teu próximo como a ti mesmo."

JUSTIÇA

Equidade e justiça sempre foram importantes no judaísmo. Cedo em sua história os judeus desenvolveram um sistema legal em que uma corte suprema, o Sanedrim, julgava disputas e interpretava as instruções da Torá. Outros tribunais, chamados Bet Din ("casa de julgamento"), distribuíam justiça em nível local, e uma vasta literatura reúne os julgamentos dos rabinos que os presidiram.

Essa herança legal perdura ainda hoje, com o tribunal Bet Din resolvendo questões religiosas, concedendo divórcios e decidindo que alimentos se devem comer (*p.74-5*). Isso reforçou o senso de justiça no pensamento judaico e estimula os judeus a serem justos com os outros em disputas legais específicas, nas transações

Jovens judeus costumam frequentar a *yeshiva*, um grupo de estudos religiosos, para aprender a ler, interpretar e compreender a Torá.

"FOI-TE ANUNCIADO, Ó HOMEM, O QUE É BOM."

Miqueias 6:8

financeiras e comerciais e também em suas vidas diárias.

RESPEITO À VIDA

Tendo Deus criado o homem à sua imagem, os judeus creem firmemente que devem respeitar e tratar com dignidade os homens de outras raças e religiões. O respeito à vida estimula o cuidado com o próximo e tempera a justiça com a moderação e a misericórdia. Essa benevolência e esse respeito estendem-se também ao resto da criação divina, inclusive os animais.

A FAMÍLIA E O LAR

Os valores judaicos são práticos e devem ser adotados na vida diária. Isso fica muito claro no caso do lar e da família. Deus ordena a seu povo que case e procrie. Ter uma família é portanto uma bênção, e os pais são muito respeitados; em contraste com outras religiões, como o cristianismo católico, o judaísmo não atribui um valor especial aos celibatários. Espera-se dos pais que criem os filhos bem e de acordo com sua fé, ensinando-lhes a religião com sua ética.

O papel e o status das mulheres variam no judaísmo. O Talmude ordena que os maridos tratem suas esposas como iguais, mas nas sociedades judaicas tradicionais mulheres e homens têm papéis diferentes. A esfera das mulheres é em geral o lar, mas o papel de dona de casa nunca é visto como inferior, pois é no lar que os judeus cultivam e transmitem seus valores. No judaísmo da Reforma a mulher ocupa papel mais amplo, e algumas de suas comunidades têm até rabinos mulheres.

COMIDA

O judaísmo é singular quanto ao número e aos detalhes de suas regras alimentares. Suas leis são observadas

O lar é o lugar central para a vida judaica. Nele as famílias se reúnem para comemorar as datas importantes do seu calendário, como o Pessach.

***Delicatessen* judaica** em Londres que vende comida kosher, preparada segundo regras religiosas.

Tais leis lembram aos judeus que alimento e alimentação estão inextricavelmente associados a Deus. Cada refeição, sendo preparada segundo as leis de Deus, é análoga a uma cerimônia religiosa.

pelos ortodoxos e por muitos judeus conservadores (*p.83*), mas não são obrigatórias no judaísmo da Reforma. O alimento deve ser kosher, i.e., próprio para ser comido segundo as leis judaicas. Os alimentos kosher incluem carne de animais que têm cascos fendidos e ruminam, como as vacas, e de aves domésticas, como os frangos. Carne de porco, mariscos e aves de rapina são proibidos. Não só o animal, mas também o modo de preparo da carne, deve ser kosher. Um açougueiro judaico profissional (chamado *shohet*) deve ser um judeu religioso, praticante, e matar os animais aceitáveis da maneira prescrita na lei. Depois os judeus devem preparar a comida segundo certas regras: a carne e os laticínios, p.ex., devem ser mantidos separados.

EDUCAÇÃO

A Torá atribui alto valor ao conhecimento, e ter uma boa educação sempre foi importante no judaísmo. A razão fundamental disso é que um judeu precisa ser capaz de ler hebraico para compreender e interpretar a Torá, e o judaísmo precisa também de rabinos instruídos para dar continuidade à tradição milenar do debate moral e da interpretação. Além disso, a correta compreensão da Torá permite que os judeus saibam viver uma vida boa, tornando a educação fundamental para a moral e para a vida cotidiana. Muitos judeus esperam que seus filhos tenham boa formação escolar e ingressem nas profissões liberais. Advogados, médicos e, acima de tudo, eruditos estão entre as pessoas mais respeitadas na sociedade judaica.

A ESTRUTURA DO JUDAÍSMO

Os primeiros rabinos eram homens cultos, que atuavam como líderes espirituais e conselheiros sem nada receber por isso. Mais tarde, tornaram-se líderes religiosos remunerados, pregando, ensinando e fazendo julgamentos judiciais. Lugares com muitas comunidades judaicas escolhem um rabino principal e um corpo de representantes, como o Conselho de Representantes dos Judeus Britânicos. Ramos do judaísmo têm corpos próprios, como a União Mundial para o Judaísmo Progressista.

O rabino é hoje o líder espiritual de uma comunidade judaica. Dirige o culto, prega, educa e aconselha.

PRÁTICAS E FESTAS

Os judeus têm um dos mais ricos calendários religiosos. Celebram desde festas alegres como a Simchat Torá até dias santos solenes como o Yom Kippur, que, com seu foco na expiação e no arrependimento, é uma ocasião de jejum e prece.

PRECE PRIVADA

A prece está no centro da prática judaica. Os judeus praticantes oram de manhã, de tarde e de noite, e há orações extras para o sabá e as festas. Podem rezar com suas próprias palavras ou recitar trechos do livro de orações judaico, o *siddur*, que contém preces e bênçãos. Ao orar, os homens cobrem a cabeça com um pequeno barrete chamado quipá ou *yarmulka*. Cobrem-se também com um *tallit* (xale de oração) e, para as preces matinais, usam os filactérios (*tefillin*), que são duas caixinhas onde se guarda o texto do Shemah, do Livro do Deuteronômio (*p.67*). Uma caixa é usada na testa, para fazer o devoto pensar em sua fé; a outra é presa ao braço, aproximando a fé de seu coração. A Bíblia instrui os judeus a atar a lei a seus corpos dessa forma, e também a escrevê-la no batente das portas de suas casas. Para tal, os judeus praticantes usam a mezuzá, uma caixinha que contém o Shemah e transforma a casa num lugar sagrado.

Um devoto usa os *teffilin* – caixinhas com passagens de texto sagrado – para manter as escrituras próximas ao corpo.

A SINAGOGA

No centro da vida judaica está a sinagoga, palavra que etimologicamente significa "reunião"; se dez homens judeus se reuniam num lugar, dizia-se que ali havia uma sinagoga, e preces comunais podiam ser feitas. Esse quórum de dez, chamado *minyan*, é necessário numa sinagoga antes que as preces possam começar. Até hoje, nas sinagogas ortodoxas, o *minyan* deve compreender dez homens, mas no judaísmo da Reforma ele pode incluir mulheres.

Além de uma reunião, a sinagoga é também um prédio que deve ser usado para culto e estudo. A ideia da sinagoga como um local de instrução onde se pode aprender hebraico ou discutir interpretações da Torá continua importante na fé judaica.

Em geral as sinagogas são prédios retangulares, com a Arca, que contém os rolos da Torá, numa ponta. Têm também o *bimah* (plataforma elevada onde a Torá é lida em voz alta), assentos para os anciãos que organizam o culto, um púlpito e placas com os Dez Mandamentos escritos em hebraico.

"E NO SÉTIMO DIA DESCANSARÁS."

Êxodo 23:12

Não há pinturas ou estátuas porque a Torá proíbe ídolos.

Interior de uma sinagoga russa, com o local sagrado, ou Arca, para os rolos da Torá. Eles são retirados e lidos durante os serviços.

O SABÁ

Clímax da semana judaica, vai do pôr do sol da sexta-feira ao de sábado. Em casa, os judeus o assinalam acendendo velas e orando. Fora de casa, o respeito ao sabá varia de um ramo do judaísmo para outro. Essencialmente, porém, é uma ocasião para repouso, culto e convívio com a família ou a comunidade.

O culto na sinagoga envolve diversas atividades, seu conteúdo variando conforme o serviço ocorra num dia da semana, no sabá ou numa festa. Os salmos são importantes, e a congregação os lê em voz alta num livro de orações. O cantor (que conduz os cânticos e a leitura) entoa partes do Shemah. A Amidá, prece de 19 bênçãos, é recitada no todo ou em parte. Pode haver também leituras da Torá. As preces de encerramento incluem o Kaddish, antiga prece em aramaico para louvar a Deus e pedir sua bênção.

O *siddur*, ou livro judaico de orações, contém preces ocasionais e bênçãos para todos os dias

CICLO DE VIDA

Os judeus marcam o início de uma nova vida dando ao bebê um nome hebraico além de seu nome comum. O nome das meninas é anunciado na sinagoga no sabá após seu nascimento, ou numa cerimônia especial de denominação. O dos meninos, oito dias após o nascimento, dia de sua circuncisão. Esta, um sinal da aliança entre Deus e a humanidade, é

Meninos judeus se preparam para o bar mitzvah. Eles aprendem fundamentos do hebraico, para que possam ler a Torá na cerimônia.

conhecida como B'rit Milah, ou selo da aliança. Tradicionalmente, uma pessoa habilitada, o *mohel*, realiza a operação, embora possa ser feita por um médico.

Aos 13 anos, o menino é considerado bar mitzvah, "filho do mandamento". Isso significa que ele é responsável por observar todos os mandamentos e ritos da religião e pode ser contado como parte do *minyan* na sinagoga. A maioridade é celebrada na cerimônia do bar mitzvah durante a qual o menino é chamado para ler a Torá, além de poder discursar. Muitas congregações promovem também cerimônias de bat mitzvah para meninas, consideradas maiores aos 12 anos. No fim da vida, os costumes fúnebres variam – e, embora o enterro seja uma tradição, hoje muitos judeus são cremados. Há um período de luto, tradicionalmente de sete dias, em que os enlutados recitam o Kaddish, uma prece em louvor a Deus.

FESTAS E DIAS SANTOS

O ano judaico é marcado por várias festas e dias santos solenes que lembram eventos importantes da história judaica, enfatizam crenças fundamentais e reúnem os judeus numa série de celebrações. No Rosh Hashanah (Ano-Novo), os judeus lembram a criação divina e celebram a renovação da aliança de Deus com Israel. Num serviço especial, o *shofar* (chifre de carneiro) é soprado. Dez dias depois, no Yom Kippur, o solene Dia da Expiação, os judeus jejuam e pedem perdão por seus pecados. O Pessach lembra o momento em que Moisés libertou os judeus do cativeiro

"O SENHOR TE ABENÇOE E TE GUARDE."

Números 6:24

no Egito. Eles fazem uma refeição comemorativa e leem a história do Êxodo num livro chamado Hagadá. O Sukkot (Festa dos Tabernáculos) comemora a viagem do Egito à Terra Prometida, quando os judeus tiveram de morar em *sukkots* (tendas, cabanas ou tabernáculos). Hoje eles constroem seus próprios *sukkots* e neles fazem as refeições ou dormem por sete dias. Logo após vem o Simchat Torá (Regozijo da Torá), quando os rolos da Torá são retirados da Arca e carregados pela sinagoga ou pelas ruas, e um novo ciclo de leituras começa. O Shavuot (Festa das Semanas) é a festa da colheita, celebrada sete semanas após o Pessach. Casas e sinagogas são enfeitadas, comem-se frutas do verão e fazem-se leituras especiais da Torá. O Hanukkah (Festa das Luzes) celebra a vitória judaica sobre os selêucidas (governantes da Síria e vizinhanças) em 170 a.C. Os judeus o comemoram dizendo bênçãos, cantando músicas especiais e acendendo uma vela da menorá de oito braços a cada noite, até que as oito sejam acesas.

O *ketubah* é o contrato de casamento judaico. A cerimônia, celebrada pelo rabino, pode se realizar em qualquer lugar (em casa, na sinagoga ou ao ar livre).

Um jovem judeu piedoso examina um *etrog* (cidra) em busca de imperfeições. A fruta deve ser perfeita para ser usada em celebrações religiosas.

RAMOS DO JUDAÍSMO

Perseguição e adversidade, em especial nos sécs.XIX e XX, levaram os judeus a reinterpretar sua fé de várias maneiras. As variedades de judaísmo vão do chassidismo místico ao judaísmo da Reforma, que procura adaptar a lei judaica ao mundo moderno.

JUDAÍSMO ORTODOXO

Canaã · *c.* séc.XIII A.C. · 3 milhões

De todos os ramos do judaísmo, são os judeus ortodoxos (que muitas vezes se autodenominam "judeus praticantes") que têm as tradições mais ricas. Na raiz de sua fé está a crença de que a Torá (*p.68-9*) contém as verdadeiras palavras de Deus.

O judaísmo ortodoxo cultiva práticas tradicionais, como o uso do xale de oração, do *shofar* (chifre de carneiro) e do *siddur* (livro de orações).

POVO DA TORÁ

O judaísmo ortodoxo estava mais enraizado na Europa oriental, sobretudo na Polônia e na Rússia, mas as perseguições levaram muitos deles a se mudar para os EUA. Mais tarde foram para Israel, também, e o judaísmo ortodoxo é a religião oficial do país. Os judeus ortodoxos procuram viver segundo as instruções da Torá. O texto influi no modo como se vestem, no que comem, em sua vida familiar e nas leis da herança. A rigorosa obediência à Torá lhes dá as ricas tradições que os distinguem de outras comunidades. Isso se aplica em especial aos judeus "ortodoxos orientais", com raízes na Europa oriental. Os homens usam roupas pretas e, de acordo com as instruções do Levítico, deixam crescer suas costeletas e barbas. Em séculos passados, na Europa, esses judeus se viram excluídos do resto da sociedade. Hoje, ainda resistentes à mudança, seu modo de vida contrasta com o dos não judeus e o de outros judeus à sua volta, mas eles optam por permanecer separados para viver em conformidade com a lei de Deus.

Judeus ortodoxos se preparam para a festa do Sukkot, que evoca a viagem dos judeus do Egito para a Terra Prometida, quando dormiam em tendas.

CHASSIDISMO

Mezhbizh (hoje na Ucrânia) *c.* 1740 4,5 milhões

A palavra *hasid* significa "piedoso", e o judaísmo chassidista é um ramo do judaísmo ortodoxo que enfatiza a relação mística com Deus. Os chassidim creem que as palavras da Torá são em certo sentido realinhamentos das letras que compõem o nome de Deus, YHWH. Um verdadeiro chasside afasta-se do mundo, medita e estuda a Torá para compreender esses realinhamentos e se tornar um Baal Shem ("Mestre do Nome"). Uma crença essencial do chassidismo é que Deus é ao mesmo tempo o centro do cosmo e infinito. Esses conceitos podem ser de difícil compreensão para os de fora, mas a natureza visceral, centrada em Deus, desse ramo do judaísmo é inequívoca. Os adeptos dedicam-se à meditação, balançam enquanto oram, e seu culto por vezes inclui a dança. Até a relação sexual é vista como aproximando as pessoas de Deus, pois permite a conjunção com o divino.

Crianças leem o Talmude em voz alta numa escola religiosa num bairro judaico chassídico em Nova York, EUA.

JUDAÍSMO NEO-ORTODOXO

Alemanha Final do séc.XIX 300.000

O movimento neo-ortodoxo foi uma decorrência da perseguição aos judeus no Ocidente. Enquanto alguns judeus continuavam em suas comunidades ortodoxas e outros as abandonavam, incorporando-se à cultura do lugar onde viviam, a nova ortodoxia forneceu um caminho intermediário. Os adeptos podiam seguir os ensinamentos da Torá e também se acomodar ou se adaptar às exigências do mundo moderno. Eles consideram vital que os judeus atuem como um exemplo para o resto do mundo, sendo pois essencial que tenham algum envolvimento com não judeus. Algumas das raízes da nova ortodoxia estão no Movimento Lubavitch, que surgiu na Rússia dentro do chassidismo (*acima*) no séc.XVIII e mais tarde se transferiu para Nova York. O mais influente líder recente desse movimento, o sétimo rabino de Lubavicher, Menahem Mendel Schneerson (1902-1994), propagou seu trabalho religioso por toda a comunidade judaica mundial. Trabalhando ardorosamente até a morte, Schneerson criou projetos educacionais e uma editora num esforço para converter judeus seculares ao judaísmo praticante.

JUDAÍSMO DA REFORMA

Pittsburgh, Pensilvânia 1885 1,1 milhão

Muito popular nas sociedades em rápida mudança do Ocidente, teve origem em esforços para atualizar a liturgia e o culto na Europa. No séc. XIX houve várias tentativas, em especial na Alemanha, Grã-Bretanha e EUA, de reformar a liturgia judaica e conciliar o pensamento judaico com novos avanços na filosofia e na ciência.

Após a fundação de sinagogas da Reforma na Europa ocidental, o passo decisivo veio em 1885 em Pittsburgh, EUA, quando rabinos da Reforma divulgaram seu programa: o judaísmo é uma religião progressista compatível com a razão e que só reconhece leis morais que "elevam e santificam nossas vidas", rejeitando aquelas que "não se adaptam às ideias e hábitos da civilização moderna".

Assim os judeus da Reforma levam em conta as descobertas científicas e os modos de vida modernos e são em geral menos rigorosos em suas práticas que os ortodoxos. Eles tendem a ver a Torá não como as palavras de Deus, mas como obra de diferentes autores que podem ter sido inspirados por ele. Abandonaram muitas das antigas leis dietéticas e adotaram novos costumes, como a ordenação de mulheres como rabinos. Aboliram também algumas partes antiquadas da liturgia, como a oração pela restauração do sacrifício animal no Templo. Em suma, tendem a dar mais ênfase às escolhas morais individuais e menos à interpretação literal da Torá.

Sinagoga do judaísmo da Reforma em Little Rock, Arkansas, EUA. Embora iniciado na Europa, o movimento floresceu nos EUA.

Uma mulher rabino acende velas rituais com uma menina judia. O judaísmo da Reforma promove a igualdade de sexos no ofício religioso.

JUDAÍSMO CONSERVADOR

Cidade de Nova York, EUA 1887 900.000

Quando o movimento da Reforma surgiu, no fim do séc.XIX (*p.82*), muitos judeus acharam que ele renegava demais os dogmas tradicionais de sua fé. Assim, em 1887, vários rabinos fundaram o Seminário Teológico Judaico para criar um ramo da fé que preservasse o conhecimento do judaísmo histórico tal como expresso na Bíblia e no Talmude.

VALORES TRADICIONAIS

Essa forma de judaísmo, hoje conhecida como judaísmo conservador, aceita o progresso humano, mas sem abandonar as leis bíblicas. Ela identifica o povo judeu com as leis de sua fé e oferece modos de adaptá-las, cada geração agregando suas ideias. Propõe também aos judeus um modo de preservar suas origens adaptando-se aos costumes mutáveis do Ocidente, e de dar mais ênfase à autoridade bíblica que à escolha moral individual salientada no judaísmo da Reforma.

Muitas decisões de rabinos conservadores foram rejeitadas por judeus ortodoxos (*p.80*), mas o movimento teve ampla aceitação, em especial nos EUA, onde cerca de um terço dos judeus praticantes pertence a sinagogas conservadoras.

RECONSTRUCIONISMO

Cidade de Nova York, EUA Anos 1920-1940 120.000

O movimento reconstrucionista foi fundado por Mordecai Kaplan (1881-1983), um americano nascido na Lituânia que foi rabino ortodoxo antes de adotar as ideias do judaísmo conservador (*acima*) e por fim tomar um novo rumo.

Kaplan e seus seguidores reconstrucionistas enfatizam o senso de etnicidade dos judeus. As leis da Torá só lhes parecem úteis se tiverem algum propósito claro para o seu povo ou a humanidade como um todo. Elas requerem, portanto, constante reinterpretação.

Algumas das mudanças efetuadas no judaísmo reconstrucionista são bastante radicais. O livro de orações do sabá, p. ex., não inclui nenhuma ideia da natureza "eleita" do povo judaico, e não aguarda a chegada de um Messias particular. Em vez dessas doutrinas, o movimento tenta trabalhar por um mundo e pessoas melhores. Sua perspectiva foi descrita não só como humanista mas também, em seu empenho pelo progresso, como sobretudo americana.

O professor Mordecai Kaplan (*centro*), líder do movimento do judaísmo reconstrucionista nos EUA e fundador do Seminário Teológico Judaico.

Dominus·meus·et deus meus

CRISTIANISMO

De início uma seita menor surgida numa pequena porção do Império Romano há dois milênios, o cristianismo tornou-se uma das principais religiões do mundo. Enormemente influente na Europa e nas Américas, cresce com rapidez no mundo em desenvolvimento, em especial na África, onde milhares de novas Igrejas foram fundadas nas últimas décadas.

Os cristãos são seguidores dos ensinamentos de Jesus Cristo. Sustentam que ele é o Filho de Deus, que trará a salvação e a vida eterna para os que se arrependerem de seus pecados e crerem nele. A mensagem de Jesus contida no Novo Testamento, especialmente nos quatro Evangelhos que descrevem sua vida e missão, é de amor e perdão. Os cristãos são exortados a amar o próximo, perdoar-lhes as más ações, ajudar os necessitados e, acima de tudo, serem perfeitos como o próprio Deus. Sua fé está ao alcance de quem quiser segui-la, seja qual for sua condição social ou financeira ou origem étnica. Eles cultuam regularmente e a maioria participa de ritos ou sacramentos. Na cerimônia mais importante, a eucaristia, os fiéis reencenam a última ceia de Jesus com seus discípulos: bebem vinho e comem pão que representam (e para alguns cristãos de fato se tornam) o sangue e o corpo do próprio Cristo.

Em sua longa história, o cristianismo se diversificou, tomando formas muito diferentes e variadas: da Igreja Católica Romana, com sua hierarquia de papa, bispos e padres e seus rituais, às muitas Igrejas protestantes, que pretendem ser mais centradas na Bíblia e que, em certos casos, dispensaram o sacerdócio, afirmando que todo crente pode ter contato direto com Deus. Essa diversidade inclui a Igreja Ortodoxa, com ricas igrejas cheias de ícones dourados, e os quacres, que cultuam em construções modestas. A diversidade cristã gera por vezes discussões sobre a doutrina, mas esta é a grande força da fé e uma das razões pelas quais ela criou raízes no mundo todo. Esse sucesso reflete a insistência de Cristo de que a fé deveria estar aberta para todos.

O nascimento de Cristo é uma das cenas mais reproduzidas na arte. Esse painel do séc.XV é do altar de são Tomé na igreja de São João, em Hamburgo, Alemanha.

ORIGENS E HISTÓRIA

A história do cristianismo tem mais de 2.000 anos. A mensagem de Cristo, que pode ser interpretada em todos os níveis, da fé simples à teologia complexa, permitiu à religião diversificar-se amplamente, em especial desde a Reforma, iniciada no séc.XVI.

A PRIMEIRA EUCARISTIA

Segundo os Evangelhos, os quatro livros do Novo Testamento que contam a história de sua vida, Jesus Cristo pregou com um pequeno grupo de 12 seguidores, conhecidos como seus discípulos ou apóstolos. Ao perceber que seu tempo na Terra chegava ao fim, Jesus reuniu esses homens para uma refeição, conhecida como a Última Ceia, e identificou o pão e o vinho como seu corpo e sangue. Disse aos discípulos que partissem e comessem o pão e bebessem o vinho em sua memória. Ao fazê-lo, instituiu o rito da missa ou eucaristia, que para a maioria dos cristãos está no centro de seu culto. Desse momento em diante, o cristianismo se tornou uma religião independente.

A biblioteca de Celso em Éfeso, na Turquia atual, é parte de um local decisivo para o desenvolvimento do cristianismo no séc.I d.C.

CRISTÃOS PRIMITIVOS

Os primeiros seguidores dos ensinamentos de Jesus referiam-se a si mesmos como "discípulos" ou "irmãos"; só se tornaram conhecidos como cristãos, seguidores de Cristo ("o ungido"), algumas décadas depois. De início eram poucos, vistos como uma seita dentro do

IMPERADOR CONSTANTINO

De início, os romanos viram nos cristãos uma ameaça a seu domínio. No séc.IV, porém, o imperador Constantino teve de disputar a supremacia com um rival. Antes da batalha, teve uma visão que lhe prometeu a vitória se suas tropas carregassem um estandarte cristão. Elas o fizeram, Constantino venceu e converteu-se ao cristianismo. Em 313, com o Edito de Milão, ele concedeu direitos civis aos cristãos. Daí em diante a fé cristã se espalhou pelo Império Romano, tornando-se a principal religião da Europa.

judaísmo e perseguidos pelos intolerantes governantes romanos da Palestina.

RAÍZES NO MEDITERRÂNEO

Sob a influência do grande missionário Paulo, a fé cristã logo começou a se espalhar pelo mundo gentio (não judaico). Paulo era um intelectual judeu que perseguira os primeiros cristãos. Mas, numa viagem a Damasco, teve uma visão de Jesus, ficou momentaneamente cego e se converteu à nova fé. Em meados do séc.I d.C., Paulo viajou pelo Mediterrâneo pregando, fundando igrejas cristãs e escrevendo cartas para os fiéis. Hoje essas cartas fazem parte da Bíblia. Graças em grande parte ao trabalho de Paulo nos primeiros anos, o cristianismo foi se enraizando no Mediterrâneo e em 313 d.C. já se estabelecera por todo o vasto Império Romano.

UMA FÉ DIVIDIDA

Roma tornou-se o centro da hoje chamada Igreja Católica Romana, e o papa, instalado na cidade, o seu líder supremo. Os papas, cuja linhagem remonta ao apóstolo Pedro, afirmam ter um vínculo direto com os discípulos mais próximos de Jesus. O cristianismo expandiu-se também para o leste, até cidades como Constantinopla (atual Istambul, na Turquia). Essas comunidades cristãs orientais eram lideradas por patriarcas que discordavam de Roma em certos aspectos da doutrina. Aos poucos, criou-se uma divisão entre as Igrejas ocidental e oriental, que chegou ao auge em 1054, quando as igrejas orientais, agora conhecidas como Igrejas Ortodoxas, se separaram da Igreja Católica Romana. Ambas continuaram muito influentes,

A Última Ceia de Cristo, pintada por Leonardo da Vinci, adorna a parede do refeitório na igreja de Santa Maria delle Grazie em Milão (Itália).

A CRUZ

A cruz parecia a princípio um símbolo improvável para a fé cristã, dada sua ligação com a crucificação e morte de Jesus. Seu simbolismo, contudo, é anterior ao cristianismo e reúne a universalidade neste mundo (ao apontar para os quatro pontos cardeais) e nos reinos espirituais (ao unir Céu e Terra por meio de seu eixo vertical). Hoje a cruz constitui um poderoso símbolo do sacrifício feito por Jesus para salvar a humanidade do pecado – a doutrina que reside no cerne da crença cristã.

a Igreja Católica no Ocidente e na Europa central, e a Igreja Ortodoxa em partes da Europa oriental, incluindo Grécia, Turquia e Rússia, e na Ásia ocidental.

Nos séculos seguintes à cisão, os papas continuaram poderosos nas esferas religiosa e política, muitas vezes governando extensos territórios na Itália e além, e afirmando seu poder sobre reis e imperadores da Europa.

REVOLUÇÃO RELIGIOSA

No séc.XVI, havia grande insatisfação com a rica Igreja Católica, que muitas vezes usava seu dinheiro para financiar atividades políticas e guerras.

Questionava-se a venda de indulgências, graças às quais uma pessoa, pagando à Igreja, passaria menos tempo no Purgatório (onde as almas devem se purificar para merecer o Céu). Vários eclesiásticos, entre os quais o monge alemão Martinho Lutero, o erudito francês João Calvino e o pregador tcheco Jan Hus, iniciaram um movimento por mudança. Os partidários desse movimento, conhecido como a Reforma, acreditavam que a Bíblia, como a palavra de Deus, tinha mais autoridade que a Igreja; que os fiéis não precisavam de uma hierarquia sacerdotal para chegar a Deus; e que a fé, não a afiliação à Igreja Católica, era a via para a salvação. Inicialmente o objetivo dos reformadores era modificar o catolicismo, mas logo começaram a fundar suas próprias Igrejas protestantes, as primeiras em muitos países da Europa, como a Holanda, a Alemanha e a Suíça, onde a prática do protestantismo é forte até hoje.

Para o reformador francês João Calvino (1509-1564) a humanidade era inerentemente pecaminosa e a Bíblia era a palavra de Deus e o padrão moral supremo.

DIVERSIDADE PROTESTANTE

Após a Reforma, várias diferentes Igrejas protestantes foram fundadas na Europa. Muitas, como os batistas e os quacres, ainda sobrevivem. Na Inglaterra, a Igreja se libertou do controle do papa no séc.XVI, mas permaneceu fundamentalmente católica em seu caráter e ritual. Os que queriam reformá-la foram perseguidos, e alguns, conhecidos como puritanos, emigraram para a América do Norte para poder cultuar livremente, levando assim o protestantismo para o Novo Mundo.

Os ideais e princípios dos reformistas do séc.XVI subsiste no calvinismo, uma abordagem à fé católica estrutural a diversas igrejas protestantes em todo o mundo.

A FÉ MODERNA

A Igreja Católica reagiu à Reforma protestante promovendo suas próprias mudanças, na Contrarreforma, e envolvendo-se mais em atividades missionárias pelo mundo. Os jesuítas, uma ordem católica romana fundada pelo espanhol Inácio de Loiola em 1540, levaram o catolicismo para a América do Sul, e no séc.XVII a Igreja Católica já recobrara sua força.

Os coros gospel surgiram entre cristãos afro-americanos que, durante o séc.XX, começaram a compor hinos com música inspirada no jazz e no blues.

"ALEGRAI-VOS, PORQUE VOSSOS NOMES ESTÃO INSCRITOS NOS CÉUS."

Lucas 10:20

Logo, porém, o cristianismo como um todo seria desafiado por desenvolvimentos na filosofia e na ciência, em especial o Iluminismo no séc.XVIII, as teorias do naturalista Charles Darwin no séc.XIX, e o permanente questionamento do conhecimento tido como verdadeiro no séc.XX. Os cristãos reagiram de várias maneiras. No séc.XIX, com o Renascimento Evangélico, um movimento para difundir o cristianismo na Europa e no exterior, missionários europeus viajaram para a África, a Índia e a América do Sul, muitas vezes seguindo colonizadores também europeus, para ensinar os nativos a ler e escrever e convertê-los à fé cristã. Os metodistas e o Exército da Salvação fizeram trabalho semelhante em seus próprios países, combinando ajuda prática aos necessitados com a mensagem cristã. Algumas outras Igrejas novas, como os mórmons e as testemunhas de Jeová, embora se considerem cristãs, alimentam crenças tão diferentes da ortodoxia cristã que não são aceitas como tais pelas Igrejas convencionais. Os desafios sociais do séc.XX suscitaram variadas respostas. A Igreja Católica, p.ex., manteve sua proibição aos contraceptivos, mesmo em face da epidemia de Aids, enquanto outras Igrejas tentaram se adaptar sem abandonar suas crenças essenciais. Muitos dos milhares de novos movimentos religiosos das últimas décadas têm raízes na fé cristã, das novas Igrejas africanas a movimentos evangélicos na América do Norte. Na essência, o cristianismo continua vibrante e diverso como sempre.

CRENÇAS ESSENCIAIS

Os cristãos creem num único Deus, eterno, onisciente e bom. No cerne da religião está o filho de Deus, Jesus Cristo, que oferece aos adeptos um caminho longe do pecado e, através de seus ensinamentos, um farto conjunto de conselhos e instrução.

A SANTÍSSIMA TRINDADE

Diferindo de outras religiões monoteístas como o islã e o judaísmo, o cristianismo vê Deus, que é de natureza única, como uma trindade de seres: Pai, Filho e Espírito Santo. Esse difícil conceito permite aos cristãos aceitar o paradoxo de que Deus é infinito (não podendo portanto ser percebido pelo homem, finito e limitado) mas pode também intervir em nossas vidas de modos que podemos perceber e entender. Ele pode influenciar a vida na Terra através do Filho, Jesus Cristo, que enviou para salvar a humanidade, e através do Espírito Santo, que pode descer sobre os fiéis e inspirá-los a agir ou dar-lhes eloquência para pregar.

Deus escolheu Maria, uma virgem, como mãe de seu filho Jesus Cristo para que ele pudesse salvar a humanidade do pecado.

PECADO ORIGINAL

No cristianismo, após criar o universo, Deus fez o homem à sua imagem. O Livro do Gênesis, na Bíblia, conta que o primeiro casal, Adão e Eva, vivia no Jardim do Éden. Ali crescia a Árvore do Conhecimento, cujo fruto Deus os proibiu de comer. Mas a serpente os tentou, e eles não resistiram. Após esse pecado original, Deus os expulsou do paraíso para viverem como pecadores. Essa "queda", para os cristãos, explica os horrores da vida, que provêm do pecado humano, e não de Deus.

A ENCARNAÇÃO

Após a queda, Deus deu aos seres humanos a chance de se redimirem enviando-lhes seu filho, Jesus Cristo,

A QUEDA DE ADÃO E EVA

A história de como Adão e Eva são tentados pela serpente a desobedecer a Deus e comer o fruto proibido, e por isso são expulsos do Jardim do Éden, é uma narrativa clara de como o pecado e o mal foram introduzidos no mundo. Mas também suscita questões: por que um Deus perfeito permitiu à sua criação comportar-se moralmente mal? Uma resposta é que, para ter uma vida plena de significado, o ser humano deve ser capaz de fazer escolhas morais, razão por que Deus nos deu o livre-arbítrio.

Adão e Eva viviam no paraíso. Ao comer o fruto da Árvore do Conhecimento, foram abandonados pela graça de Deus e passaram a viver num mundo de pecado.

"EU SOU O CAMINHO, A VERDADE E A VIDA."

João 14:6

para salvá-los do pecado. Antes da chegada de Jesus à Terra, descrita no Novo Testamento, o arcanjo Gabriel visitou a Virgem Maria para lhe dizer que ficaria grávida do filho de Deus (acontecimento chamado de Anunciação). Esse milagre, que permitiu ao Filho de Deus nascer como um ser humano, é conhecido como Encarnação, e para os cristãos fora predito em muitos dos escritos proféticos do Antigo Testamento.

A CRUCIFICAÇÃO E A RESSURREIÇÃO

Segundo os Evangelhos, após um período de trabalho missionário Jesus foi julgado e crucificado, mas no terceiro dia após a morte ergueu-se do túmulo e apareceu mais uma vez aos seus discípulos. Então, desapareceu da Terra e voltou ao Céu para se reunir com Deus Pai. Os cristãos creem que, seguindo os ensinamentos de Jesus e se arrependendo de seus próprios pecados, alcançarão a salvação, i.e., também eles gozarão da vida eterna com Deus após o fim de suas vidas terrenas.

INTERPRETAÇÕES

Desde o tempo dos primeiros cristãos, crentes e teólogos interpretaram os fatos descritos na Bíblia de diferentes modos. Muitos não acolhem literalmente a descrição da criação, que segundo a Bíblia ocorreu em sete dias, embora sustentem que Deus criou o mundo. Alguns veem a Ressurreição como um reaparecimento literal de Jesus na Terra, outros como um fenômeno mais espiritual. Mas, para todos os cristãos, ter fé em Jesus e seguir seus ensinamentos é a chave para a salvação. Para tal, buscam orientação na Bíblia, que creem ter sido inspirada por Deus e conter seus ensinamentos essenciais.

A Ressurreição de Jesus, quando ele reapareceu a seus discípulos, é celebrada no domingo de Páscoa.

A BÍBLIA

A Bíblia cristã, embora em geral encadernada num só volume, contém de fato muitos livros, escritos por vários autores em diferentes períodos da história. Seu conteúdo abarca de poesia a relatos históricos. Mas, apesar dessa diversidade, os cristãos acreditam que seus autores foram inspirados por Deus, e alguns se referem à Bíblia como a Palavra de Deus.

O ANTIGO TESTAMENTO

A primeira parte da Bíblia, o Antigo Testamento, é o equivalente da Bíblia hebraica judaica (*p.68*). Ela abrange a história do povo de Israel desde seus primórdios até as vésperas do tempo de Jesus. Para os cristãos, o Antigo Testamento contém histórias importantes, como a queda de Adão e Eva (*p.90*). Contém também as palavras de profetas como Elias, Isaías e Jeremias, que transmitem mensagens morais de Deus e, segundo muitos, preveem a vinda de Jesus.

São Jerônimo traduziu a Bíblia do grego e do hebraico para o latim no séc.IV d.C. Ele é retratado com frequência nesse trabalho.

O NOVO TESTAMENTO

Os primeiros quatro livros do Novo Testamento, os Evangelhos de Mateus, Marcos, Lucas e João, relatam a vida e a obra de Jesus. Marcos provavelmente foi o primeiro a escrever o seu, cerca de 30 anos após a crucificação; os de Mateus e Lucas seguiram-se pouco depois. Esses três livros são conhecidos como os Evangelhos Sinópticos ("que veem tudo com os mesmos olhos").

O texto de João é muito diverso e deve ter sido escrito de maneira independente, provavelmente no fim do séc.I. Em vez de se concentrar na vida de Jesus, enfatiza o significado de seus atos, morte e ressurreição.

Na Idade Média, antes da imprensa, monges transcreviam a Bíblia à mão, criando belos manuscritos, ricamente adornados com iluminuras.

Os outros livros do Novo Testamento tratam da história posterior dos discípulos. Os Atos dos Apóstolos contam como o Espírito Santo os visitou e como eles pregaram a mensagem cristã. Seguem-se vários livros em forma de epístolas, ou cartas, escritas por líderes da Igreja cristã primitiva, principalmente Paulo. O Novo Testamento termina com o Apocalipse, o relato de uma visão experimentada por João em que Jesus triunfa sobre o mal.

A TRADUÇÃO DA BÍBLIA

Os livros da Bíblia foram escritos em hebraico, aramaico, siríaco e grego; a partir do séc.IV, estudiosos, como são Jerônimo, os traduziram para o latim, língua usada pela Igreja em toda a Europa ocidental. Versões em línguas europeias modernas começaram a surgir no séc.XV, após a invenção da prensa tipográfica. Desde então apareceram novas traduções, conforme eruditos do mundo inteiro tentaram transmitir os significados dos textos bíblicos com mais exatidão.

ÉTICA, MORAL E LEI

O Novo Testamento está cheio de instruções sobre como os cristãos devem viver para ter um lugar no reino de Deus. São histórias que narram os ensinamentos de Jesus e cartas de líderes cristãos, como são Paulo.

Os judeus do período romano ansiavam pelo dia em que, como Deus prometera, um líder ou Messias apareceria para guiá-los e libertá-los da opressão romana, e se instauraria um reino virtuoso de Deus sobre a Terra.

O bom samaritano conquista um lugar no reino de Deus com seu ato de compaixão.

O MESSIAS

Os adeptos de Jesus (que de início eram judeus) acreditavam ser ele esse Messias, e se animaram ao ouvir dele que o reino de Deus estava próximo. A base da ética cristã surge no exato momento em que Jesus diz aos discípulos que se arrependam de seus pecados imediatamente, ou enfrentarão o julgamento divino. Após a Ressurreição, exorta os discípulos a continuar pregando essa mensagem e a conclamar todos os povos do mundo com a promessa de que, seguindo seu ensinamento, encontrarão um lugar no reino de Deus. Assim, desde o início, o cristianismo foi uma religião missionária, que saía em busca de convertidos. Jesus não se apresentou como o Messias que os judeus esperavam – um líder político ou militar, que derrotaria os romanos pela força –, mas como um pregador

pacífico de sua fé. Apesar disso, as autoridades romanas, temendo que pusessem em dúvida a legitimidade de seu governo, viram-no como um desordeiro que poderia causar instabilidade política.

PADRÕES RIGOROSOS

O Evangelho de Mateus contém um resumo dos ensinamentos de Jesus reunidos na forma de um sermão contínuo, conhecido como o Sermão da Montanha, por ter sido pronunciado sobre uma montanha (uma versão mais curta no Evangelho de Lucas é chamada o Sermão da Planície). O sermão resume a visão de Jesus sobre a lei judaica, estabelecendo para seus seguidores padrões mais rigorosos e enfatizando que buscassem a perfeição de Deus para alcançar seu reino. Entre outras coisas, deviam pôr Deus acima de dinheiro ou posses; nunca ser excessivamente críticos e nunca discriminar; e orar de maneira simples e sincera, de coração aberto.

O Sermão da Montanha provavelmente é constituído de relatos dispersos que o evangelista Mateus reuniu na forma de um único discurso.

As Missionárias da Caridade em Calcutá, Índia, continuam a obra de sua fundadora, madre Teresa, cuidando dos pobres e necessitados em nome de Deus.

MEMBROS DO REINO

Muitos ensinamentos de Jesus tomam a forma de parábolas, histórias que começam com a expressão "O Reino de Deus é como...". Jesus deixa claro que o reino não está reservado a pessoas de uma raça ou classe particular, mas aberto a todos que o mereçam por comportamento – como o bom samaritano, que, embora pertencesse a uma raça inimiga dos judeus, ajudou um homem ferido que outros haviam ignorado. O próprio Jesus se associava a pessoas tidas como inaceitáveis – coletores de impostos (vistos como colaboradores dos romanos), leprosos e pecadores. Jesus era sempre o primeiro a ver o potencial para o bem nas pessoas, e ensinou que todos que ouvem sua mensagem são bem-vindos no reino de Deus.

AS BEM-AVENTURANÇAS

Não eram sempre as pessoas obviamente piedosas ou boas, portanto, que entrariam no reino de Deus. A crença em Deus devia oferecer esperança e consolo para os pobres, destituídos, humildes e oprimidos, e os adeptos

O QUE FAZ UM SANTO?

Desde os tempos das primeiras Igrejas cristãs, alguns seguidores de Jesus se destacaram por sua santidade. Foram homens e mulheres que suportaram extrema dificuldade ou até foram mortos por sua fé, sofreram para viver uma vida boa ou tiveram revelações espirituais. Alguns cristãos creem que os santos podem operar milagres após sua morte, que suas relíquias estão associadas à cura e que têm o poder de ajudar os que estão na Terra.

Santo André foi santificado como um dos discípulos de Jesus. Cada santo é celebrado num dia especial. O dia de santo André é 30 de novembro.

"DEVEIS SER PERFEITOS COMO O VOSSO PAI CELESTE É PERFEITO..."

Mateus 5:48

deviam acolher os que viessem em paz, e não os que fizessem uso da violência. Jesus expressou essa filosofia da maneira mais clara e bela numa série de versículos nos Evangelhos de Mateus e Lucas conhecidos como as Bem-Aventuranças. Os versículos, que começam com "Bem-aventurados os pobres de espírito, porque deles é o reino dos Céus", mostram que a crença em Deus pode trazer recompensas aos que viveram bem e compensação para aqueles cujo tempo na Terra foi passado na pobreza, no sofrimento ou em outras agruras. Os destituídos, os humildes, os que têm sede de justiça, os misericordiosos ou puros de coração, os que são perseguidos e os que promovem a paz entre inimigos – a todos as Bem-Aventuranças prometem uma reversão da sorte e um lugar no reino de Deus como recompensa.

CONDUTA CRISTÃ

Jesus passou longo tempo ensinando a seus seguidores como deviam se comportar e, como no Sermão da Montanha, suas expectativas eram sempre altas. Seus ouvintes conheciam bem o velho mandamento "Não matarás", mas para Jesus isso não bastava: eles deviam renunciar também ao ódio. Sabiam que não deviam cometer adultério, mas não deviam sequer abrigar pensamentos lascivos. Deviam exercitar o perdão, mesmo quando parecia difícil. E, para ilustrar, narrou a parábola do filho pródigo, que partira e esbanjara sua herança, mas que fora recebido de volta incondicionalmente pelo pai. E, no que talvez fosse a maior exigência, em vez de revidar uma agressão com violência, os adeptos deviam "oferecer a outra face". Jesus resumiu todos esses ensinamentos na "regra de ouro": fazei aos outros o que quereis que eles vos façam. E expressou uma verdade similar na instrução "Ama teu próximo como a ti mesmo." Jesus criticou também os que adotam as aparências da fé mas o fazem sobretudo para causar boa impressão. Ensinou não haver nenhuma virtude na prece ou no jejum ostensivos, se os fazemos para nos exibir. O verdadeiro crente se concentra em recompensas celestes, não terrenas.

Os ensinamentos de Jesus exploram muitas facetas da vida normal. Ele defendeu o casamento, condenando tanto o divórcio quanto o adultério. Valorizou também a vida familiar, em especial as crianças. Ao mesmo tempo, permaneceu solteiro, tendo sua comunidade de adeptos como família.

DISCÍPULOS DE JESUS

Os cristãos que difundiram o ensinamento de Jesus no Mediterrâneo após sua morte e ressurreição foram especialmente influentes – sobretudo o grande missionário são Paulo. Para ele, a natureza humana é imperfeita: com frequência temos boas intenções, mas nossa natureza pecaminosa nos conduz ao erro. Jesus pode nos libertar, levando-nos da morte para uma nova vida. Em suas cartas às várias Igrejas cristãs primitivas, Paulo oferece também conselhos mais específicos. P.ex., exalta o casamento e, como os primeiros cristãos, vê o marido como o chefe do lar, enfatizando virtudes como a bondade e o autocontrole. Essa visão das relações humanas é, como muitos ensinamentos bíblicos, muito característica de seu tempo. Mas Paulo faz também observações mais gerais pertinentes em qualquer lugar ou tempo, e que inspiraram os cristãos desde então. Acima de tudo, declara, como Jesus, que todo comportamento deve emanar do amor. Disso resulta a ideia de que todas as pessoas devem se importar umas com as outras: os cristãos devem ajudar os outros, incentivá-los e orar por eles. Esses valores amorosos permanecem no âmago da ética cristã.

O Pai-Nosso inclui as palavras "Venha a nós o vosso reino/Seja feita a vossa vontade" – a doutrina de que o reino de Deus se oferece aos que o acatam.

Jesus mostrou-se digno de pregar a palavra de Deus e de alcançar um lugar nos Céus ao vencer a tentação do Demônio no deserto.

A sexta-feira da Paixão, quando Cristo foi crucificado, é celebrada em muitos países católicos com rituais elaborados. A imagem mostra milhares de fiéis no Equador em coloridas procissões para lembrar a crucificação de Cristo e se penitenciar por seus pecados.

PRÁTICAS E FESTAS

As Igrejas cristãs têm uma rica tradição de ritual e culto. No cerne desse culto estão os sacramentos, em que se incluem o batismo e a eucaristia. Os cristãos também usam preces, música, leituras da Bíblia e sermões para louvar a Deus e refletir sobre o significado de sua fé.

Desde os primórdios do cristianismo as preces têm papel essencial no culto e em todos os serviços; e, sendo o principal meio de comunicação com Deus, são fundamentais para a devoção particular dos fiéis. A oração era tão importante para Jesus que ele se empenhou em ensinar a seus seguidores a melhor maneira de orar a Deus. Disse-lhes não ser necessário rezar em voz alta ou de maneira ostensiva, como costumavam fazer muitos judeus na época, porque Deus, por ser onisciente, já sabia o que iriam dizer. Deveriam rezar em silêncio, sem alarde, e muitas vezes reservadamente. Como outros mestres judeus de seu tempo, Jesus ensinou aos discípulos uma oração especial, o Pai-Nosso, que desde então tem sido a principal prece nos cultos cristãos.

A cruz é comumente usada pelos cristãos como um sinal externo de devoção à sua fé.

MÚSICA E CULTO

Os salmos do Antigo Testamento eram os hinos de ação de graças, lamentos e canções de louvor do povo judeu, que os entoava no templo como parte de seu culto. Os cristãos também os adotaram em seu próprio culto desde o início de sua fé. Lucas afirma em seu Evangelho que os salmos servem como guias; e Paulo instou os cristãos de Éfeso a agradecer a Deus com "salmos, hinos e canções espirituais". Os monges e monjas primitivos procuravam dizer ou cantar todos os salmos todas as semanas em sinal de devoção. Muitos salmos destinavam-se a ser executados com acompanhamento musical, e hoje algumas confissões ou seitas protestantes cantam pouca coisa além deles. Com o tempo os cristãos acrescentaram ao culto seus próprios hinos devocionais, apreciados por sua linguagem direta e por suas melodias simples.

Em meados do séc.I d.C., a Igreja cristã adotou a prática do canto congregacional – todos os devotos juntos louvando a Deus em palavras e canções. A partir da Idade Média, o canto foi confiado sobretudo ao coro da igreja, embora a Reforma *(p.88)* tenha trazido de volta a prática generalizada dos hinos congregacionais, tradição que muitas Igrejas cristãs ainda mantêm.

Alguns ramos do cristianismo, como a Alta Igreja Anglicana, acrescentaram outras formas de música ao culto, como composições baseadas na Bíblia e em outros textos sagrados, às vezes

"ISTO É O MEU CORPO QUE É DADO POR VÓS."

Lucas 22:19

Missa celebrada na abadia de Keur Moussa, no Senegal. Esse ritual católico romano presta homenagem ao sacrifício de Jesus na cruz.

cantadas por um coro e não por toda a congregação.

A SAGRADA COMUNHÃO

O mais central e amplamente consolidado dos sacramentos cristãos (os ritos instituídos por Cristo) é o compartilhamento do pão e do vinho consagrados, conhecido em diferentes Igrejas como Ceia do Senhor, Sagrada Comunhão, eucaristia ou missa. Esse ritual é uma ratificação da última ceia que Jesus fez com os discípulos, na qual identificou o pão e o vinho com seu próprio corpo e sangue, e celebra o sacrifício que ele fez por seus seguidores.

Houve controvérsia no passado quanto à natureza exata do que ocorre durante a Sagrada Comunhão. Os católicos creem na doutrina da transubstanciação: que o pão e o vinho, quando consagrados, se transformam de fato no corpo e no sangue de Cristo.

A "presença real" de Cristo gerou a profunda devoção dos católicos ao sacramento da eucaristia. Mas nem todos os protestantes aceitam essa

Coral de meninos canta um hino durante uma cerimônia religiosa. O canto devocional é praticado pelos cristãos desde o século seguinte à crucificação.

doutrina. Alguns acreditam que o corpo e o sangue estão espiritualmente presentes, e outros que o ritual é apenas simbólico.

A PALAVRA DE DEUS

As cerimônias cristãs concentram-se na palavra de Deus tal como está na Bíblia. Fazem-se leituras (conhecidas como lições) dos textos e em muitas igrejas o padre ou ministro prega um sermão relacionado a um ou mais deles. Os sermões dão instrução moral, orientam como viver uma vida melhor e como interpretar a Bíblia. Para muitos cristãos, ler e refletir sobre os textos bíblicos é a mais importante atividade religiosa, e as lições e o sermão são o cerne do culto regular.

Jesus é batizado nas águas do rio Jordão, após o que Deus o aclama como seu filho.

CICLO DE VIDA

Os vários estágios da vida da maioria dos cristãos são marcados por cerimônias (a principal exceção são os quacres, que rejeitam qualquer forma exterior de culto). O primeiro sacramento, o batismo, assinala a admissão da pessoa na Igreja. A água benta é central no ritual, e uma vela acesa simboliza Cristo, a luz do mundo. Na maioria das Igrejas cristãs o batismo ocorre na infância. O padre derrama água na cabeça do bebê ou a usa para fazer o sinal da cruz na sua testa, uma prática comum em Igrejas cristãs desde o séc. IV d.C. As Igrejas batistas só batizam adultos e a cerimônia envolve imersão total na água. Muitas Igrejas realizam o rito de confirmação em que crianças mais velhas ou adultos já batizados confirmam sua condição de membro da Igreja e o compromisso assumido. Outros rituais de ciclo de vida são o casamento, centrado na troca de votos diante do padre ou ministro e perante Deus, e os ritos fúnebres, que podem envolver a cremação ou o enterro do corpo.

OS SACRAMENTOS

Na Igreja Católica, o batismo, a confirmação e o casamento, tal como a missa, são considerados sacramentos, manifestações exteriores e visíveis de graça interior e espiritual. Os outros sacramentos católicos são a ordenação dos sacerdotes, a unção (de pessoas, em geral enfermos ou moribundos, com óleo consagrado), e o processo de penitência, em que o fiel confessa seus pecados ao padre e este lhe dá o perdão em nome do Pai, do Filho e do Espírito Santo, e depois lhe prescreve a penitência a cumprir. As Igrejas protestantes reconhecem apenas o batismo e a eucaristia como sacramentos.

O ANO CRISTÃO

Para os cristãos o ano é marcado por muitas festas e dias santos que lembram eventos importantes na vida de Jesus, sua crucificação e ressurreição, e a

Durante a comunhão anglicana o ministro oferece aos fiéis pão consagrado, que representa o corpo de Cristo.

Na Igreja Católica a confirmação é feita por um bispo. Acredita-se que ela confere a graça divina e torna perfeita a união do fiel com a Igreja.

fundação da Igreja pelos discípulos. O ano cristão começa com o Advento, nas últimas semanas do ano, quando os fiéis se preparam para o Natal. Tradicionalmente, jejuava-se nessa ocasião, mas esta deixou de ser uma prática usual. No Natal, em 25 de dezembro, os cristãos comemoram o nascimento de Jesus com ceias, troca de presentes e uma missa ou culto especial. A quaresma, os 40 dias entre a quarta-feira de cinzas e a Páscoa, é um período de reflexão, estudo religioso e, por tradição, jejum, para relembrar o jejum de Cristo no deserto pouco antes da crucificação. Na Semana Santa, ápice do ano cristão, celebra-se a crucificação na sexta-feira da Paixão e depois a ressurreição de Jesus no domingo de Páscoa.

Outras festas importantes são o Dia da Ascensão, 40 dias após a Páscoa, que marca a subida de Jesus ao Céu, e o Pentecostes, dez dias após a Ascensão, que marca o surgimento da Igreja, quando o Espírito Santo desceu sobre os apóstolos como línguas de fogo. Alguns cristãos, sobretudo os católicos e os ortodoxos, também celebram dias associados a certos santos, e em especial à Virgem Maria.

“HOJE ESTARÁS COMIGO NO PARAÍSO.”

Lucas 23:43

RAMOS DO CRISTIANISMO

Das antigas Igrejas Ortodoxas às novas Igrejas no mundo em desenvolvimento, o cristianismo gerou uma multidão de ramos. Muitos surgiram durante o séc.XVI, com as mudanças explosivas da Reforma.

CATOLICISMO ROMANO

Roma, Itália · Séc.I d.C. · 1,1 bilhão

A Igreja Católica Romana, a maior e mais antiga das Igrejas cristãs, tem estrutura hierárquica *(abaixo)* e seus chefes, os papas, proclamam-se sucessores de são Pedro, fundador da primeira Igreja cristã em Roma no séc.I d.C. Em virtude dessa linhagem, conhecida como Sucessão Apostólica, que o vincula diretamente aos primeiros discípulos de Cristo, o chefe da Igreja Católica teria uma autoridade única: o papa é considerado infalível quando delibera solenemente em matéria de fé.

OS SACRAMENTOS

Os católicos celebram sete sacramentos: o batismo, ou admissão na fé; a confirmação, em geral por volta dos oito anos; a ordenação, ou admissão no sacerdócio; a missa, que reproduz na eucaristia o sacrifício de Cristo; o casamento; a penitência, que assegura o perdão dos pecados; e a unção dos doentes com óleo consagrado. O sacramento central é a missa, a que os católicos praticantes assistem pelo menos uma vez por semana e na qual se recebem o pão e o vinho consagra-

A HIERARQUIA CATÓLICA

O papa está à frente da Igreja Católica. Abaixo dele, em ordem descendente, os cardeais, os bispos e os padres. Os cardeais auxiliam o papa no governo da Igreja e elegem um novo papa dentre eles quando seu líder morre. Cada bispo governa uma área geográfica específica chamada diocese, ordena seus padres e preside à confirmação dos fiéis leigos das comunidades religiosas a ela pertencentes.

Os bispos católicos auxiliam o papa em assuntos como a lei eclesiástica. Para os católicos, os bispos descendem dos apóstolos de Cristo.

dos. Os católicos creem que o pão e o vinho são convertidos pelo ato da consagração no corpo e no sangue de Cristo, doutrina conhecida como transubstanciação.

Carregada em geral sobre um longo mastro, a cruz vem à frente da procissão, guiando o caminho dos devotos.

IGREJA E CULTO

Em uma igreja católica a atenção concentra-se no altar; os membros da congregação se ajoelham ou se curvam para ele ao entrar. Na igreja, há em geral uma capela da Virgem Maria para prece privada e contemplação e, nas paredes, estátuas de santos e imagens da via-crúcis (os passos de Jesus no caminho para a crucificação). Há também confessionários, onde os padres ouvem confissões dos fiéis. O culto católico é geralmente mais formal que o de muitas outras Igrejas cristãs. Usa-se incenso, há cânticos e procissões e a congregação acompanha os dizeres da missa num livro chamado missal.

ENSINAMENTOS ATUAIS

Nas últimas décadas, o ensinamento católico sobre certas questões gerou controvérsias. A Igreja condena a contracepção por criar um obstáculo no caminho da criação divina. Proíbe também o aborto, que equipara a assassinato porque a vida humana começaria no momento em que o óvulo é fertilizado pelo espermatozoide. Muitos católicos, porém, usam métodos anticoncepcionais, e a Igreja está sob crescente pressão para modificar suas ideias rígidas em face da epidemia mundial de aids.

As catedrais católicas, como a Notre Dame, em Paris, são muitas vezes obras assombrosas de arquitetura com um enorme altar como peça central.

IGREJAS ORTODOXAS DO LESTE

Constantinopla (Istambul) 1054 150–350 milhões

As Igrejas Ortodoxas da Europa oriental e da Ásia ocidental surgiram de uma cisão entre a Igreja Católica e as Igrejas do Império Bizantino em 1054, causada por uma divergência de ideias sobre a Santíssima Trindade (*p.90-1*). Os católicos acreditavam que o Espírito Santo procede tanto de Deus Pai quanto de Deus Filho, ao passo que para os bizantinos ele procedia apenas do Pai.

Toda igreja ortodoxa é dirigida por um patriarca que encabeça uma hierarquia de bispos e padres.

Além disso, a Igreja Católica tende a enfatizar a natureza pecaminosa da humanidade e a Igreja do Leste reconhece nossa bondade essencial; a primeira concentra-se no dogma, enquanto a segunda se dedica mais ao culto. Todas as Igrejas Ortodoxas celebram também os sete sacramentos (*p.104*), mas os chamam de mistérios.

RITUAIS E ÍCONES

O mistério central da fé é enfatizado pelo fato de grande parte do culto entre os ortodoxos do Leste ocorrer fora da vista da congregação, atrás de um biombo chamado iconóstase. Abrir a porta da iconóstase simboliza a revelação de Cristo ao povo.

As igrejas ortodoxas são famosas por seus ícones – imagens pequenas e estilizadas de Jesus, de Maria ou dos santos. Essas pinturas mostram como Deus agiu no mundo através dessas figuras.

Muitas igrejas ortodoxas gregas, como essa na ilha de Santorim, têm notáveis domos azuis.

IGREJAS ORTODOXAS ORIENTAIS

Vários · Várias · 36 milhões

Essas Igrejas, que incluem a Igreja Armênia *(abaixo)*, a Igreja Copta e as da Síria e Etiópia, compartilham a ideia de que Cristo tem uma só natureza (i.e., seus aspectos divino e humano são inseparáveis). A origem de todas as Igrejas Ortodoxas Orientais remonta aos primeiros séculos do cristianismo.

A Igreja Copta é a Igreja cristã nacional do Egito, com raízes no séc. III, embora os cristãos coptas também sustentem que ela foi fundada por são Marcos. São Pacômio (morto em 346 d.C.) criou os primeiros mosteiros cristãos no Egito, e o monasticismo ainda é um elemento forte da Igreja. A Igreja Ortodoxa Etíope foi fundada por volta de 340 d.C. como um ramo da Igreja Copta. Apesar disso, segue várias práticas de influência judaica, como a observação de um dia de repouso no sabá, a circuncisão e certas regras dietéticas.

A Igreja Ortodoxa Síria tem membros no sul da Turquia, no Irã, no Iraque e na Índia, e na própria Síria; seu chefe, o patriarca de Antioquia, reside em Damasco, capital da Síria. A língua usada no culto é o siríaco, e a liturgia é uma das mais ricas de todas as Igrejas cristãs.

IGREJA ARMÊNIA

Etchmiadzin, perto de Yerevan · c.294 d.C. · 4 milhões

A Armênia foi o primeiro país a adotar o cristianismo como religião oficial. São Gregório converteu seu soberano, o rei Tirirdates III no fim do séc.III. A Igreja Armênia estava unida às Igrejas Ortodoxas, mas por volta de 506 divergiu delas quanto à natureza de Cristo. Segundo ela, Cristo tem uma só natureza: seus aspectos divino e humano não podem ser separados. Até hoje mantém essa posição, uma façanha singular alcançada apesar da terrível perseguição movida pelo Império Otomano nos sécs.XIX e XX. Hoje, os cristãos armênios cultuam em sua própria língua, usando uma tradução da Bíblia do séc.V. Suas igrejas são simples e eles têm dois tipos de padres: párocos que, a menos que sejam monges, devem casar antes da ordenação; e doutores, que são celibatários e podem se tornar bispos.

Na Páscoa, os armênios realizam uma Cerimônia da Luz em Jerusalém para celebrar a ressurreição de Cristo.

IGREJAS LUTERANAS

Alemanha · Década de 1520 · 84 milhões

Como outros cristãos que seguiram as ideias dos grandes reformadores do séc. XVI, os protestantes luteranos consideram a Bíblia como o único guia para a doutrina. Acreditam que a salvação é uma dádiva divina, e que as pessoas chegam a Deus através da fé em Jesus Cristo, não pelas boas obras. Os teólogos luteranos insistem no estado decaído da humanidade e creem ser impossível agradar a Deus pela prática do bem. O luteranismo é uma fé baseada na palavra, e a pregação é central para o culto.

Martinho Lutero (1483-1546) iniciou a Reforma que levou às duas vertentes da fé cristã: catolicismo e protestantismo.

A DIFUSÃO DO LUTERANISMO

As ideias de Martinho Lutero encontram-se nos seus escritos, em especial o Livro de Concórdia, um resumo de seus ensinamentos reunidos por fiéis após sua morte. Nos sécs.XVI e XVII, o luteranismo se propagou rapidamente com as ideias da Reforma pelo norte da Europa. As Igrejas luteranas continuam fortes ali (notadamente na Alemanha, nos Países Bálticos e na Escandinávia) e nos EUA, em especial nos estados onde há grande proporção de pessoas de origem alemã ou escandinava. Embora haja muitas Igrejas luteranas, todas estão reunidas sob a égide da Federação Luterana Mundial, uma associação de cerca de 70 Igrejas luteranas separadas.

A igreja luterana do Espírito Santo em Jawor, Polônia, foi concluída em 1655 e representa a face cambiante das instituições cristãs na época.

IGREJAS PRESBITERIANAS

Escócia · Séc.XVI · 60 milhões

São assim chamadas porque, embora todos os seus membros a governem, elas são dirigidas principalmente por presbíteros – ministros ou anciãos que ocupam papel semelhante ao dos padres em outras Igrejas –, e não têm bispos. Essa forma de protestantismo baseia-se numa interpretação de como se estruturavam as primeiras Igrejas cristãs, segundo o Novo Testamento.

UMA DIVERSIDADE DE IGREJAS

Alguns dos primeiros grupos cristãos heréticos eram governados por anciãos, mas a ideia foi popularizada por líderes como João Calvino durante a Reforma. Essa forma de governo atraiu particularmente líderes religiosos na Escócia, que buscavam um modo de dirigir suas Igrejas envolvendo toda a comunidade e deixando o caminho aberto para reformas posteriores. Em outros lugares, o congregacionismo (que enfatizava o poder da congregação) respondeu a necessidades similares. Os primeiros presbiterianos e congregacionistas não pretendiam fundar novas Igrejas, mas ao longo dos anos suas ideias levaram ao desenvolvimento de muitas delas.

No final do séc.XX, os dois movimentos se uniram na Aliança Mundial das Igrejas Reformadas, que abrange cerca de 150 Igrejas e 60 milhões de membros. Os padrões de culto nas várias Igrejas Reformadas ainda variam muito, mas todos os membros veem a salvação como um dom de Deus, ofertado através do sacrifício de Cristo. O Espírito Santo leva a salvação àqueles que o Pai escolhe e nesse processo prepara o indivíduo para receber esse dom divino.

O exterior singelo de uma igreja presbiteriana nos EUA é típico da ética modesta e honrada desse ramo do protestantismo.

A IGREJA ANGLICANA

Londres, Inglaterra · 1534 · 78 milhões

Na década de 1530, o rei Henrique VIII anunciou que a Igreja da Inglaterra romperia com Roma, rejeitaria a autoridade do papa e teria como chefe o soberano da Inglaterra.

Henrique VIII rompeu com Roma por querer divorciar-se de sua primeira mulher, Catarina de Aragão.

HIERARQUIA E RITUAL

Inicialmente a Igreja Anglicana manteve muitas características do catolicismo, inclusive a estrutura de bispos e padres e grande parte do ritual; mais tarde, porém, sofreu a influência dos reformadores protestantes. Hoje, os anglicanos descrevem sua Igreja como "ao mesmo tempo católica e reformada", com membros que apreciam um ritual elaborado e chamam sua fé de "anglocatólica", e outros que são "evangélicos" e adotam serviços mais simples. Ao todo, a Igreja Anglicana abarca as crenças de mais de 30 Igrejas autônomas no mundo, conhecidas coletivamente como Comunhão Anglicana, que têm diferentes nomes em cada país, p.ex., Igreja Episcopal dos EUA, Igreja do País de Gales e Igreja da Irlanda. Todos os anglicanos creem na importância das Sagradas Escrituras, aceitam sua linhagem ininterrupta de bispos (que remonta aos apóstolos) e observam os sacramentos do batismo e da eucaristia.

As diferentes Igrejas da fé anglicana compartilham uma estrutura semelhante, com um arcebispo no comando, bispos governando áreas locais chamadas dioceses e vigários ou reitores, responsáveis por paróquias individuais.

A abadia de Westminster em Londres é um dos mais famosos marcos da fé anglicana, em parte devido à sua associação com coroações reais.

A IGREJA METODISTA

Inglaterra · Anos 1720 e 1730 · 50 milhões

Em meados dos anos 1730, John Wesley, sacerdote da Igreja Anglicana, desejou simplesmente inspirar uma renovação do cristianismo na Igreja da Inglaterra. Mas seu movimento religioso de cristãos vivendo segundo as regras ou o "método" estabelecido na Bíblia tornou-se uma denominação independente.

TEMAS E DESENVOLVIMENTO

John Wesley pregou que a salvação era obtida pela graça de Deus, através da fé em Jesus Cristo. Estava aberta a todos cuja fé levasse a Deus, não sendo alcançada apenas mediante boas obras, embora fosse certo viver uma vida boa e santa. Por meio da pregação inspiradora de John Wesley e seu irmão Charles, a fé logo se espalhou e no final do séc.XVIII o metodismo já se tornara uma Igreja independente. Desde então, divisões internas geraram várias Igrejas metodistas separadas (como os metodistas primitivos e os wesleyanos), mas recentemente tem prevalecido a tendência à reconciliação e a Igreja desenvolveu uma estrutura altamente organizada.

ESCRITURA E PREGAÇÃO

Os metodistas dão grande ênfase às Escrituras. Suas igrejas em geral são simples, e os ofícios divinos, envolvendo preces, hinos e sermões, são informais. Ministros conduzem cerimônias, celebram a comunhão e fazem trabalhos pastorais, mas o culto pode também ficar a cargo de pregadores leigos locais preparados.

VALORES METODISTAS

A Igreja valoriza a pregação, tanto em âmbito local quanto numa missão mundial mais ampla para trazer outros à fé, promover o entendimento entre diferentes Igrejas e produzir uma sociedade melhor.

John Wesley, o fundador do metodismo, foi um evangelista cristão que pregou sua fé vigorosamente.

AMISH

Suíça · Final dos séc.XVII · 128.000

São membros de um rigoroso grupo protestante originário da Suíça, mas cuja maioria vive hoje no leste dos EUA, centrados nos estados de Ohio, Pensilvânia e Indiana. O grupo mais característico é o dos amish da Velha Ordem, que se isolam do resto da sociedade usando roupas tradicionais e evitando inovações como o transporte motorizado. Mantêm suas próprias escolas, preferindo a ajuda mútua a aceitar os benefícios do Estado.

Um amish exibe alguns dos produtos do modo de vida agrícola adotado pelo grupo.

ORIGENS EUROPEIAS

Os amish surgiram sob a liderança de Jacob Amman, um ministro menonita suíço (*p.115*) que queria seguir um caminho religioso mais rígido que o dos demais presbíteros de sua Igreja. Ele e seus adeptos faziam a Ceia do Senhor (pão e vinho sacramentais) com mais frequência que os menonitas, usavam roupas simples e evitavam quem tivesse sido excomungado. Amman logo atraiu seguidores na Suíça e na Alsácia, e a maioria de seus descendentes emigrou para os EUA nos sécs.XVIII e XIX.

AMISH DA VELHA ORDEM

Dos vários grupos amish hoje existentes, o maior é a Igreja Menonita Amish da Velha Ordem, que usa trajes do séc.XVIII, como toucas e aventais para as mulheres e chapéus de aba larga para os homens. Para os cultos dominicais, diferentes chefes de família revezam-se oferecendo suas próprias casas, conhecidas como "Casas Amish". Os amish distinguem-se também por usar sua própria língua, um dialeto do alemão.

Crianças amish viajam em charretes puxadas a cavalo que parecem de outro século. A rejeição do "progresso" é central na cultura amish.

QUACRES

Grã-Bretanha · *c.*1650 · 300.000

Nome alternativo para a Sociedade de Amigos, fundada no séc.XVII por George Fox (1624-1691). O nome *quakers* (quacres) remonta a 1650, quando Fox disse a um juiz que tremesse (*quake*) ao ouvir o nome do Senhor. Crendo que as igrejas organizadas punham obstáculos entre o crente e Deus, Fox quis retornar a uma fé mais básica, apostólica. Os Amigos não tinham nenhum clero, nem sacramento ou liturgia. Acreditavam que podiam comunicar-se diretamente com Deus e que, quando reunidos, Cristo estaria entre eles. Opunham-se também à guerra e se recusavam a prestar juramentos. Por tudo isso, entraram em conflito com as leis religiosas do séc.XVII e foram muito perseguidos. Mas permaneceram fiéis à sua fé e hoje são admirados por suas campanhas pela paz, pela reforma das prisões e contra a escravidão. Os quacres modernos ainda enfatizam o contato direto com Deus, reunindo-se em silêncio até que o Espírito incite um membro a falar.

Casa de reunião quacre em Burlington, Nova Jersey, construída em 1683. Simples, sem adornos, oferecia um espaço bem iluminado para a reunião dos Amigos.

SHAKERS

Grã-Bretanha · *c.*1758 · Muito poucos

A líder religiosa britânica Ann Lee (1736-1784) era membro dos "Shaking Quakers", nome derivado do tremor experimentado por membros em êxtase religioso. Logo após converter-se, Ann teve revelações que lhe diziam ser ela o equivalente feminino de Cristo, e começou a atrair adeptos. Esse grupo ficou conhecido como a Sociedade Unida de Crentes na Segunda Vinda de Cristo (informalmente, os shakers) e sua líder era chamada de Mãe Ann. Perseguida na Inglaterra, ela e seus adeptos emigraram para os EUA, onde tinham bens em comum e observavam rigoroso celibato. Em 1861, na época da Guerra Civil Americana, cerca de 6.000 membros de comunidades de shakers se distribuíam por estados tão distantes quanto Nova York, Kentucky e Indiana. No séc.XX, contudo, seu número caiu para um punhado deles. Apesar disso, os shakers são lembrados e respeitados por seu modo de vida austero e seus ofícios característicos, em que criavam móveis e outros artigos domésticos de grande simplicidade e beleza.

IRMÃOS DE PLYMOUTH

Plymouth, Inglaterra 1831 2 milhões

Começaram como um grupo de cristãos que repelia o sectarismo das Igrejas protestantes existentes e queria um tipo menos formal de religião. Rejeitando a ideia de uma ordem fixa de culto e crendo que todos deviam ter igual acesso à sua fé, centrada em Cristo, não ordenavam sacerdotes. Eram pregadores inflamados, que enfatizavam a importância do culto regular, do estudo da Bíblia e do trabalho missionário. Com o tempo, dividiram-se em dois grandes grupos, os Irmãos Abertos e os Irmãos Exclusivos. Os primeiros, organizados como as Igrejas presbiterianas (*p.109*), são em geral mais propensos à união com congregações protestantes. Os Irmãos Exclusivos têm uma organização mais centralizada e tendem a se apartar de outros grupos cristãos. O nome "irmãos" é também usado por outras seitas cristãs, como a dos Irmãos em Cristo, fundada por dois menonitas suíços (*p.115*).

IRMÃOS MORÁVIOS

Saxônia, Alemanha 1722 750.000

Após o fim da Guerra dos Trinta Anos em 1648, muitos protestantes refugiados da Morávia (hoje na República Checa) estabeleceram-se na Saxônia. Em 1722, um conde chamado Von Zinzendorf convidou um grupo deles a formar uma comunidade em sua propriedade. Daí surgiu a Unitas Fratrum (Unidade de Irmãos), ou os Irmãos Morávios, uma Igreja protestante que baseia sua fé e conduta na Bíblia. Os morávios não dão excessiva ênfase à doutrina, preferindo uma religião que vem do coração e pode ser livremente partilhada com os outros. Para isso, seus missionários se espalham pelo mundo buscando converter pessoas à sua fé. Um elemento básico de seu culto é o compartilhamento da refeição comunal (Banquete do Amor), enquanto o ministro fala informalmente.

Os Irmãos Morávios fundaram postos missionários no mundo todo, como esse da África do Sul.

ADVENTISTAS DO SÉTIMO DIA

Battle Creek, Michigan, EUA | 1863 | 10,5 milhões

Adventistas são cristãos protestantes que creem na iminência da segunda vinda de Cristo: logo chegará um tempo, que chamam de Advento, em que os justos serão levados para o Céu, onde viverão por um milênio, enquanto Satanás reinará na Terra pelo mesmo período. Depois Cristo retornará à Terra, destruirá Satanás e criará um novo mundo.

Adventistas do Sétimo Dia são devotados à pregação, pois creem que Cristo voltará quando o Evangelho tiver sido ensinado no mundo todo.

O adventista americano William Miller pregava que esse processo se iniciaria em 1843-1844. Quando isso não ocorreu, culpou a recusa das pessoas a observar o sabá – daí o nome Adventistas do Sétimo Dia e, por fim, a fundação formal da Igreja em 1863. Os adventistas seguem as regras alimentares do Antigo Testamento, evitam atividades mundanas como jogo, dança e teatro e, é claro, observam o sabá.

MENONITAS

Holanda | Anos 1530 | 1,25 milhão

O pregador holandês Menno Simons, um católico que se uniu aos anabatistas em 1536, atraiu muitos adeptos com suas ideias em prol da reforma da Igreja, do pacifismo e do batismo só dos fiéis adultos. O número de seus seguidores, que ficaram conhecidos como menonitas, cresceu em várias partes da Europa. Perseguidos, muitos menonitas russos mudaram-se para a América do Norte, e lá fundaram suas igrejas. Vivendo hoje sobretudo nas Américas do Norte e do Sul, os menonitas não enfatizam a doutrina. Buscam uma fé baseada na Bíblia, aguardam a segunda vinda de Cristo e aspiram a uma vida de santidade e oração. O trabalho missionário e caritativo é importante para eles.

Fazendeiros menonitas bolivianos numa carruagem. Sua vida agrária e simples reflete a humildade singela de sua fé.

IGREJAS BATISTAS

Holanda e Inglaterra | Início do séc.XVII | 100 milhões

Os primeiros batistas foram os primitivos protestantes ingleses, alguns dos quais exilaram-se na Holanda. Sua fé baseada na Bíblia atraiu muitos seguidores no mundo todo.

Prédios simples e sem adornos, como esse na Nova Zelândia, caracterizam as capelas batistas.

CRENÇAS BATISTAS

Os batistas são assim chamados por crerem que uma pessoa só deve ser batizada quando capaz de fazer uma profissão pessoal de fé. Só os que passaram por esse ritual são considerados membros plenos da Igreja Batista.

A prática do batismo de fiéis adultos, aliada a outras crenças protestantes como o primado da Bíblia e a autoridade das igrejas locais foram as doutrinas preconizadas pelos primeiros batistas, como o inglês John Smyth, que pregou durante seu exílio na Holanda no início do séc.XVII. Em 1612, seu colega Thomas Helwys retornou à Inglaterra e fundou a primeira Igreja Batista.

A independência das Igrejas Batistas deu origem a vários grupos distintos, entre os quais os Batistas Particulares, que sustentavam que Cristo morrera apenas pelos eleitos (os escolhidos por Deus para a salvação), e os Batistas Gerais, que acreditavam que ele morrera por toda a humanidade. Com o tempo muitos batistas, temendo a perseguição religiosa, foram para a América do Norte, e nos sécs.XVIII e XIX suas igrejas já existiam em grande número nos EUA. Suas ideias não atraíram apenas colonos europeus. Muitos negros tornaram-se batistas e suas igrejas continuam populares na comunidade negra dos EUA. A denominação expandiu-se muito além, em outros países, e hoje os batistas constituem um dos maiores grupos cristãos do mundo.

O batismo por imersão, uma peculiaridade da fé batista, é realizado num tanque (batistério) numa igreja, num rio ou no mar.

EXÉRCITO DA SALVAÇÃO

London, England · 1865 · 1,5 milhão

Em meados do séc.XIX, o ministro metodista William Booth deixou sua Igreja para fazer um trabalho social e evangélico em Londres e terminou por fundar o Exército da Salvação. Suas crenças, que incluíam a redenção para todos, foram fortemente influenciadas por sua formação metodista, mas ele deu à sua seita uma organização diferente da de outras Igrejas protestantes, inspirando-se nas forças armadas. O líder da Igreja é chamado de general e os ministros são oficiais e usam uniformes. A estrutura da Igreja divide-se em territórios e os locais de culto são conhecidos como cidadelas. Esse modelo militar enfatiza a preocupação de Booth em fazer um trabalho tanto missionário quanto social numa escala grande e organizada. O Exército da Salvação logo ficou renomado por ajudar os pobres e levar o Evangelho para o povo.

Bandas de metais muitas vezes acompanham os hinos, que têm importante papel no culto do Exército da Salvação.

IGREJAS DE SANTIDADE

Cidade de Nova York, EUA · Séc.XIX · 1,5 milhão

Abraçam a doutrina da perfeição ou do amor perfeito, uma teoria defendida por John Wesley, fundador do metodismo (*p.111*), e por vários líderes evangélicos nos EUA no séc.XIX. Segundo essa doutrina, o convertido passa por um processo de santificação e regeneração pela graça e pela fé, durante o qual o pecado deixa de existir. Daí em diante, pode viver uma vida livre de pecado, ainda que tenha recaídas ou momentos de "fraqueza" existam. Para as Igrejas de Santidade, a fé é demonstrada por uma vida ética, espiritual. Muitas Igrejas de Santidade distintas foram fundadas, como a Igreja da Santidade Peregrina e a Igreja do Nazareno; em certa época contavam-se c.150 Igrejas distintas, mas hoje muitas se fundiram.

Todas as Igrejas de Santidade dão forte ênfase à educação cristã e à santidade da vida. Uma Igreja importante que se valeu das ideias do movimento de santidade é a Aliança Cristã e Missionária, cujo trabalho evangélico a levou a se espalhar por seis continentes desde sua fundação na América do Norte em 1887.

IGREJAS PENTECOSTAIS

Topkepa, Kansas; Los Angeles, Califórnia, EUA 1900–1906 105 milhões

Elas tomam seu nome do primeiro Pentecostes, quando, segundo o Livro dos Atos, o Espírito Santo desceu sobre os apóstolos como línguas de fogo. Enfatizam experiências espirituais como cura, exorcismo e profecia. As Igrejas atuais têm raízes no trabalho de Charles Parham. Um conceito básico para ele era que o Espírito Santo entra no crente, levando-o por vezes a manifestações como "falar línguas". Um dos discípulos de Parham, William J. Seymour, fundou em Los Angeles a Missão Evangélica da Fé Apostólica, que inspirou a fundação de Igrejas pentecostais no mundo todo. Elas são especialmente numerosas em regiões em desenvolvimento e em comunidades pobres no mundo desenvolvido.

Os devotos pentecostais costumam louvar a Deus com demonstrações exaltadas de seu envolvimento na prece, levantando as mãos, batendo palmas e dançando.

MOVIMENTO CARISMÁTICO

Vários Anos 1950 e 1960 300 milhões

É um movimento mundial de renovação cristã. Em seu cerne está a crença nos *charismata*, ou dons do Espírito Santo, inspiração que Deus concede aos fiéis habilitando-os em campos como sabedoria, cura, fé, profecia e glossolalia (falar em línguas desconhecidas). O movimento, também chamado neopentecostalismo, começou nos anos 1950 e 1960 na Igreja Católica Romana e em Igrejas protestantes. Nas Igrejas influenciadas por ele, o culto tende a ser informal e a segunda vinda de Cristo é muitas vezes vista como iminente. Enfatiza-se também o poder que a presença do Espírito Santo confere aos crentes durante o batismo.

Adeptos do El Shaddai, movimento carismático católico nas Filipinas, oram durante uma celebração em Manila.

CRISTADELFOS

Richmond, Virgínia, EUA · 1848 · 55.000

O nome, derivado do grego, significa "irmãos de Cristo" e foi escolhido por refletir o desejo do fundador da Igreja, John Thomas, de retornar à fé dos primeiros discípulos de Jesus. Thomas, inglês que emigrara para os EUA, recusou-se a usar o termo "cristianismo" para sua fé por acreditar que as Igrejas cristãs haviam distorcido a verdadeira mensagem de Cristo.

Os cristadelfos seguem os ensinamentos de Jesus, embora rejeitem a doutrina da Santíssima Trindade (*p.90*). Anseiam pela segunda vinda de Cristo, quando ele voltará para reinar, construindo um reino mundial a partir da cidade de Jerusalém.

A Igreja não ordena sacerdotes e organiza-se em congregações locais chamadas eclésias, que elegem suas próprias autoridades. Seus membros não participam da política, não votam e opõem-se ao serviço militar. O culto ocorre tipicamente aos domingos em locais destinados a isso. Como o espaço para o culto não precisa ser consagrado, muitos fiéis realizam reuniões simples em suas próprias casas.

UNITARISTAS

Inglaterra · 1774 · 500.000

Creem em um único Deus, mas não na Santíssima Trindade (*p.90*). Sua religião se caracteriza por uma busca da verdade baseada mais na experiência humana que na doutrina religiosa. As congregações são independentes entre si e não há hierarquia eclesiástica.

As ideias unitaristas surgiram durante a Reforma (séc.XVI), na Polônia, Hungria e Inglaterra. Os primeiros unitaristas foram inspirados pelo teólogo espanhol Miguel Servet, autor de *De trinitatis erroribus* (*Sobre a compreensão errônea da Trindade*), de 1531. Já havia unitaristas na Inglaterra no séc.XVII, mas a primeira igreja unitarista só foi fundada ali em 1774, e nos EUA em 1781. Em 1819, o pregador e escritor americano William Ellery Channing impulsionou o movimento com seu sermão sobre o unitarismo. O número de adeptos declinou no séc.XX, mas ainda há congregações florescentes nos EUA e na Europa.

As cerimônias unitaristas, como a da foto, são informais; as celebrações se ajustam às necessidades.

IGREJA DE CRISTO (CIENTISTA)

Boston, Massachusetts, EUA 1879 400.000

Mary Baker Eddy dedicou sua vida a reviver o ministério curativo de Jesus após ter sarado de um ferimento sem tratamento médico. Seu livro, *Ciência e saúde com a chave das Escrituras*, foi publicado em 1875, e em 1879 ela fundou a Igreja de Cristo (Cientista). A Bíblia e os escritos de Eddy são a base das ideias da Ciência Cristã. Ambos são lidos durante o culto, mas não há sermões. A cura é o ponto central da crença segundo a qual se pode cultivar a saúde física e espiritual buscando a verdade e seguindo a Deus.

Mary Baker Eddy proclamava-se capaz de promover a cura dos enfermos através da graça de Deus.

Os cientistas cristãos creem que Deus é Espírito e que Espírito é Verdade, Vida e Amor. Jesus corporificou o amor humanitário e espiritual em seu ministério curativo. Eddy acreditava que quem compreendesse o elo entre Deus e Amor e seguisse o exemplo dela também seria capaz de efetuar curas espirituais.

Livrando-se de qualquer ideia de doença ou fraqueza e abrindo-se para o poder espiritual divino, ela se afirmava capaz de curar os doentes através da graça de Deus. Esse ministério curativo popularizou-se e a Ciência Cristã se desenvolveu em 80 países. Convencida de que a ignorância era uma barreira ao bem-estar, Eddy enfatizou a importância do estudo da Bíblia, e a Igreja criou muitas salas de leitura onde a Bíblia e o livro dela podiam ser lidos. Um bem-sucedido jornal, o *Christian Science Monitor*, também ajudou a dar destaque à religião.

O Christian Science Center, em Boston, Massachusetts, é a sede administrativa internacional da fé e ocupa um terreno de 5,5 hectares.

TESTEMUNHAS DE JEOVÁ

Pittsburgh, Pensilvânia, EUA   1872   6 milhões

Com raízes na Associação Internacional de Estudiosos da Bíblia (fundada pelo pregador independente Charles Taze Russell em 1872) e na Sociedade Torre de Vigia de Bíblias e Tratados (de 1882), adotaram o nome atual em 1931. Os devotos creem que Jesus Cristo não era o próprio Deus, mas sua primeira criação. Preveem que a vinda do reino de Deus será anunciada pela Batalha do Armagedom. Acreditam que 144 mil crentes governarão no Céu, que será povoado pelas demais pessoas de boa vontade. Observam rígidas normas de conduta: transfusões de sangue são proibidas; rejeitam o nacionalismo (os membros não prestam serviço militar nem saúdam bandeiras nacionais); opõem-se a doutrinas como a da Trindade e a imortalidade da alma. São enfáticos na pregação e editam uma revista, *The Watchtower*; fazem proselitismo de porta em porta, na esperança de converter os outros à sua fé.

MÓRMONS

Nova York, EUA   1830   13 milhões

A Igreja de Jesus Cristo dos Santos dos Últimos Dias, cujos membros são conhecidos como mórmons, foi fundada por Joseph Smith. Segundo ele, um anjo lhe revelou a localização das tábuas de ouro com as palavras de Deus, as quais traduziu como *O Livro de Mórmon* (1830). A obra fala de tribos perdidas de Israel que viajaram para os EUA e cujos últimos sobreviventes foram um homem chamado Mórmon e seu filho Moroni, e prediz o retorno de Jesus Cristo para reinar nos EUA. Esse livro, a Bíblia e outros textos mórmons formam os escritos sagrados dessa Igreja. Smith reivindicou também o direito de guiar os mórmons através de outras revelações, uma das quais incluía a permissão para casamentos polígamos e a possibilidade de todos os homens se tornarem deuses.

Os primeiros mórmons foram perseguidos por suas ideias, e Joseph Smith foi assassinado em 1844. Depois disso, o líder mórmon Brigham Young levou a maioria deles para o estado de Utah, onde a Igreja continua forte.

Os mórmons de Brigham Young tinham forte preocupação missionária e hoje contam com adeptos no mundo inteiro.

NOVAS IGREJAS CRISTÃS

Em muitas partes do mundo, especialmente na Europa ocidental, o cristianismo está em declínio. Houve, porém, enorme expansão da fé no mundo em desenvolvimento, em particular na América do Sul e na África. Essa expansão fez-se muitas vezes com a criação de novas Igrejas independentes que demonstram a capacidade do cristianismo de atrair pessoas das mais diversas culturas e origens.

NOVAS IGREJAS AFRICANAS

Nos últimos 100 anos houve uma explosão do cristianismo na África subsaariana. No final do séc.XIX, alguns africanos começaram a reagir contra o cristianismo que lhes fora levado por missionários ocidentais, criando novas Igrejas africanas independentes. Algumas são pequenas e locais, mas outras se expandiram amplamente. As maiores incluem o kimbanguismo, fundado por Simon Kimbangu, da República Democrática do Congo, com cerca de 10 milhões de membros; e a Igreja Celestial de Cristo, originária do Benim, de porte similar. Muitas dessas Igrejas compartilham traços essenciais, p.ex. terem surgido em tempos de perseguição, um forte senso de lugares sagrados onde devotos podem encontrar a Deus, e o uso de hinos e cantos.

NOVOS RAMOS PENTECOSTAIS

No mundo desenvolvido, várias novas Igrejas cristãs se alinharam com o pentecostalismo (*p.118*). Enquanto muitas abraçam um cristianismo tradicional, outras divergiram, como o grupo composto pelas Igrejas pentecostais da "Unicidade"

Crentes pentecostais brasileiros leem a Bíblia numa estação de metrô, numa demonstração pública de fé.

que batizam em nome de Jesus Cristo e não da Santíssima Trindade. Um outro grupo prega a controversa mensagem da "espiritualidade da prosperidade", oferecendo riqueza aos seguidores de Deus.

ESPIRITUALIDADES ALTERNATIVAS

Algumas novas Igrejas, como a britânica Jesus Fellowship (antes Exército de Jesus) e a americana Movimento de Jesus, cresceram a partir dos movimentos de contracultura dos anos 60. Várias delas ofereciam às pessoas um meio de viver juntas comunalmente em solidariedade cristã. Uma ou duas afastaram-se muito da ortodoxia cristã – o famigerado Templo do Povo de Jim Jones, sediado em Jonestown, na Guiana, terminou com o suicídio em massa de mais de 900 membros em 1978. Mas outras novas espiritualidades cristãs tentaram se erguer sobre as bases ou a história da fé. Muitas, p.ex., buscaram a renovação cristã pelo estudo da história da Igreja Celta primitiva, e inspirando-se em seus santos e monges.

Peregrinos da Igreja Cristã de Sião, que tem cerca de seis milhões de membros em Moria, na África do Sul.

ISLÃ

Das três grandes religiões monoteístas é a mais recentemente revelada. Propagou-se com rapidez a partir do Oriente Médio e teve enorme influência sobre o saber e a política no mundo todo. Embora essa influência tenha sido complexa, a essência da fé é simples: a crença num Deus Uno cujo principal profeta é Maomé.

Os muçulmanos (adeptos do islã) creem que o texto sagrado islâmico, o Corão, contém as palavras do próprio Deus, que foram reveladas ao profeta Maomé ao longo de vários anos, a partir de 610 d.C. Embora essa tenha sido a primeira vez que a mensagem do islã foi manifestada na Terra, os muçulmanos creem que sua fé, baseada nas palavras do Deus eterno, sempre existiu, e que profetas anteriores das religiões monoteístas, como Moisés no judaísmo e o Jesus dos cristãos, foram precursores de Maomé. Este, porém, é especial, pois foi o escolhido para receber o Corão.

Dada a importância de ler as verdadeiras palavras de Deus em árabe, língua na qual foram reveladas, ser alfabetizado e ter instrução sempre foi primordial no islã. Os estudiosos muçulmanos não só aprendiam a ler o Corão, como também se tornavam cientistas e escritores eminentes que usavam seu saber para preservar a obra dos predecessores. Assim, várias descobertas dos gregos antigos, que estavam perdidas para o Ocidente, foram preservadas por sábios islâmicos; e cientistas islâmicos fizeram suas próprias descobertas em campos como a química e a astronomia.

Nos séculos seguintes à revelação a Maomé, as notícias do islã se espalharam. Mercadores árabes, em rotas comerciais através da Ásia, levaram sua religião até a Índia e a Indonésia. Viajando pela África, difundiram-na pela África setentrional e, rumo ao sul, até o oeste do continente. Houve também conquistas árabes, que levaram a fé à Ásia central e à Espanha. Hoje, a maioria da população da África setentrional e ocidental, do Oriente Médio e da Indonésia é muçulmana. Com muitos convertidos também no Ocidente, a voz do islã nunca se fez ouvir de maneira tão ampla.

A mesquita Sexta-Feira em Herat, Afeganistão, mostra o uso da caligrafia e do adorno geométrico típicos da arte islâmica.

ORIGENS E HISTÓRIA

Os primeiros profetas, como Musa (Moisés), tentaram mostrar a verdade sobre o Deus único e eterno. A fé muçulmana, porém, só foi revelada no séc.VII d.C., quando um mercador chamado Maomé recebeu o ensinamento de Deus.

A REVELAÇÃO DO ISLÃ

Maomé (570-632 d.C.) é tão reverenciado entre os muçulmanos que muitos repetem a bênção "que a paz esteja com ele" ao mencionar seu nome. Ele era membro da tribo árabe dos coraixitas, a mais poderosa do período, e vivia na cidade de Meca, mas seu trabalho o levou a viajar pela Península Arábica. Quando jovem, tornou-se conhecido como pessoa íntegra e de elevados padrões morais. No mês do ramadã (*p.139*) costumava ir meditar no monte Hira, perto de Meca, e, conta a tradição, foi ali, em 610 d.C., que sentiu a presença divina. O mensageiro de Deus, Jibrail (o arcanjo Gabriel), ordenou-lhe: "Recita", e logo o profeta se viu falando as palavras de Deus. Maomé era analfabeto, mas essas palavras foram postas depois no Corão, o livro sagrado do islã. Ele entendeu que havia um só Deus, o qual devia ser chamado de Alá – "aquele que é Deus".

Jibrail, o arcanjo Gabriel, apareceu a Maomé para revelar as palavras sagradas do Corão.

DE MECA A MEDINA

Maomé compartilhou sua visão com o povo de Meca, atraindo pequeno grupo de seguidores. Contudo, ameaçados pelo ataque de Maomé à imoralidade e crendo que seu poder estava sendo solapado, líderes coraixitas começaram a perseguir adeptos do profeta, que em 620 d.C. os aconselhou a fugir para a cidade de Medina, situada cerca de 320km ao norte de Meca. Maomé ficou em Meca por mais dois anos. Sua fuga para Medina em 622 d.C., conhecida como a Hégira, é evento

AYAT AL-KURSI

Ayat al-Kursi, o Versículo do Trono, é parte da segunda sura (capítulo) do Corão. Expressa a onipotência de Deus, cujo "trono se estende sobre o céu e a Terra", dizendo: "Tudo que está no céu e na Terra pertence a ele." Por tratar da grandeza de Deus, os muçulmanos o têm em alta estima. Memorizam-no, citam-no e reproduzem-no frequentemente em cartazes e gravuras e o inscrevem em amuletos para afastar o mal.

Texto antigo do *Ayat al-Kursi*. Segundo alguns, o significado da palavra *kursi* só é conhecido por Deus; para outros, designa o conhecimento de Deus.

capital na história islâmica e marca o início de seu calendário.

Ao chegar a Medina, Maomé encontrou as tribos locais em guerra e enfrentou oposição da parte dos judeus da região, que não queriam aceitá-lo como profeta. No entanto, sua liderança uniu muitas pessoas, e em 624 d.C. ele foi capaz de rechaçar um grande exército vindo de Meca, cujas forças derrotou decisivamente em 630 d.C. Baniu de Meca o politeísmo e o culto de ídolos, antes de morrer em 632, após curto período de doença.

Reza a tradição que o profeta deixou o mundo mortal após uma viagem mágica a Jerusalém conhecida como Mir'aj ou Viagem Noturna. Uma noite Jibrail acordou Maomé de seu sono e o conduziu a um ser mágico semelhante a um cavalo chamado Buraq. Maomé montou em Buraq, que o levou para Jerusalém, onde ascendeu ao céu.

O CALIFADO

Quando Maomé morreu, a liderança da comunidade islâmica foi transmitida a seus companheiros próximos. Esses líderes eram conhecidos como califas. Os muçulmanos veneram profundamente os quatro primeiros califas: Abu Bakr, 'Umar, 'Uthman e 'Ali. São conhecidos como os

A Grande Mesquita em Damasco, Síria, uma das mais antigas existentes, foi construída no séc.VII d.C.

SULTÕES

Por mais de 400 anos, desde que os turcos otomanos conquistaram a cidade de Constantinopla em 1453, chamando-a de Istambul, o Império Otomano foi o esteio do mundo islâmico, governado por sultões. Suleimão I, que reinou de 1520 a 1566, foi um sultão muito próspero. Conhecido no Ocidente como "o Magnífico" e no Império Otomano como "o Legislador", ampliou o império, patrocinou artistas e arquitetos e ergueu a mesquita de Suleimaniye no centro de Istambul.

Retrato de Suleimão II. Sultão da Turquia de 1687 a 1691, firmou o poder otomano mediante reforma política e conquista militar.

califas "corretamente guiados" porque foram fiéis ao exemplo de Maomé.

Mas houve uma disputa entre muçulmanos em torno do califado. Alguns julgavam que 'Ali, genro e primo de Maomé, devia ter sido feito califa mais cedo. Seus partidários tornaram-se os muçulmanos xiitas, ao passo que os de Abu Bakr tornaram-se os sunitas (*p.144*). Após a morte de 'Ali, o califado passou para os líderes de duas importantes dinastias coraixitas, os omíadas (661-750) e os abássidas (750-1517), antes de passar à dinastia otomana da Turquia, até a abolição do califado em 1924.

Essa história de liderança total reforçou a ideia da *umma'*, ou a comunidade islâmica como um todo, e acentuou a unidade dos muçulmanos no mundo inteiro. Durante o período do califado, o islã expandiu sua influência: exércitos muçulmanos fizeram conquistas na Ásia central e na Espanha, enquanto mercadores árabes divulgavam sua fé ao longo das rotas comerciais no Oriente Médio e na África do Norte. O islã se espalhou por terras cujos soberanos também fizeram tratados com os califas. A partir de origens modestas na Península

Ponte Khajou em Isfahan, Irã. Construída no séc.XV, é uma evidência das proezas de engenharia realizadas pela cultura islâmica da época.

Arábica, o mundo do islã transformara-se numa presença global.

O ISLÃ HOJE

Cerca de um quarto da população do mundo moderno é muçulmana. Na maioria dos países do Oriente Médio, quase todas as pessoas são muçulmanas, e o mesmo ocorre no norte da África, na Indonésia e em alguns países da Ásia central. Muitos países do Ocidente, entre os quais a França, a Alemanha, a Grã-Bretanha e os EUA, têm numerosas minorias muçulmanas.

Embora unidas pela fé, as comunidades do mundo islâmico têm pontos de vista muito variados. Alguns países muçulmanos adotam diferentes abordagens, havendo nações altamente tradicionais, como a Arábia Saudita, e Estados seculares por convicção, como a Turquia. Tais diferenças levaram algumas comunidades islâmicas a amargas divisões, como as disputas entre sunitas e xiitas. Nas últimas décadas, divergências, às vezes extremas, com o Ocidente arruinaram as relações entre algumas seções da sociedade muçulmana e o mundo não muçulmano. Mas o islã tem também grande capacidade de respeito pelos outros, especialmente os outros "povos do livro" – os cristãos e os judeus, que, como os muçulmanos, creem num Deus único.

O cerco de Viena em 1529, chefiado por Suleimão I, marcou o fim do avanço otomano na Europa e a expansão máxima do islã ao norte.

"LOUVA O NOME DO SENHOR ALTÍSSIMO."

Corão, Sura 87

CRENÇAS ESSENCIAIS

No cerne do islã há uma única crença essencial: existe Um Deus, que é eterno, incriado, e controla todo o cosmo. Essa crença orienta e ilumina todos os aspectos da vida muçulmana, da mesquita ao local de trabalho e do nascimento à morte.

O DEUS UNO

No Corão, o texto sagrado do islã (*p.132-3*), Deus é chamado de Alá. Ele é o único Deus no islã e, para os muçulmanos, o único criador do cosmo. Sua divindade está acima do entendimento humano. Para os muçulmanos, tudo o que vive deve seu sopro ao poder vivificante de Alá, e, se em algum momento ele o retirar, todos os seres vivos morrerão.

A caligrafi tem grande valor no islã e é usada para adornar as mesquitas. Aqui está escrito "Alá".

Juntamente com essa onipotência, Alá exibe os atributos da bondade e da compaixão. Os muçulmanos costumam usar a expressão árabe "*bis millah hirahman nir rahim*" ("em nome de Deus, cheio de compaixão, sempre compassivo") como uma bênção antes de realizar uma ação importante; essas palavras também precedem todas as suras do Corão, exceto uma.

As outras características essenciais de Alá – sua unicidade e o fato de que sempre existiu – são expressas na Sura 112, a Sura da Unidade, onde se lê: "Diz: 'Ele é Deus, único, Deus, o eterno refúgio, Não gerou nem foi gerado, Ninguém é igual a "Ele.'" O termo árabe para essa afirmação da Unicidade de Deus é *Tawhid*. No islã é importante não só crer na *Tawhid*, mas afirmá-la, e, ao fazê-lo, rejeitar toda noção de idolatria ou politeísmo. Diz-se que, quando os muçulmanos repetem a Sura da Unidade com convicção, seu pecado cai deles como as folhas das árvores no

A PROIBIÇÃO DE IMAGENS

O Corão proíbe o culto de ídolos e no Hadith (relato da vida e ensinamentos de Maomé) há uma interdição específica da representação figurativa de pessoas e animais. É também vedado retratar a Deus e, na maioria das culturas, ao profeta. Isso levou o islã a desenvolver um estilo de arte que faz intenso uso de padrões abstratos e motivos vegetais repetidos. Em alguns países muçulmanos a arte figurativa é permitida fora da mesquita, ao passo que tradições artísticas que retratam o profeta o mostram sem nenhum traço facial.

outono; negar a *Tawhid*, porém, é cometer o pecado *shirk* (*p.137*).

SUBMISSÃO A DEUS

Comumente interpretado como "submissão à vontade de Deus", o nome islã vem de fato do vocábulo árabe *slm*, que significa "estar em paz". Assim, uma tradução mais precisa de "islã" é "paz através da submissão a Deus".

O primeiro casal humano, Adão e Eva, submetia-se à vontade de Deus, e vivia em paz no Jardim do Éden. Mas esta acabou quando eles desobedeceram a Deus e abandonaram a submissão. Esta última orienta toda a vida dos devotos muçulmanos, que pretendem dedicar todas as suas ações a Deus – não só suas preces e a leitura do Corão, mas tudo o que fazem, dos negócios financeiros ao trabalho, do zelo por outros membros da comunidade às crenças políticas. Por isso, aludem frequentemente a Deus ao falar de qualquer coisa importante. Antes de uma promessa, p.ex., costumam dizer "*inshallah*" ("se Deus quiser"). Assim, no islã, é impossível separar Igreja e Estado, vida religiosa e vida secular: a religião impregna tudo.

Por causa de sua submissão à vontade de Deus, os muçulmanos às vezes se intitulam *abd-Allah*, "escravos de Deus". Mas equilibram isso vendo-se também de uma outra maneira: são *khalifa*, vice-regentes, pessoas de status elevado em comparação com o resto do mundo vivo. Essa posição traz responsabilidades. Os muçulmanos têm o dever de se esmerar para tornar o mundo um lugar melhor, para assegurar que, de todos os modos possíveis, ele também se conforme à vontade de Deus.

Na mesquita Nabawi, em Medina, repousam os restos do profeta Maomé. Foi ele que construiu a primeira mesquita nesse local.

O CORÃO

Livro sagrado muçulmano, situa-se numa tradição de revelações a profetas que remonta a figuras como Moisés. Mas está num nível superior ao dessas outras revelações, pois suas palavras são atribuídas ao próprio Deus. É por isso que os muçulmanos o leem no árabe original, a língua em que foi revelado ao profeta Maomé.

AS PALAVRAS DE DEUS

O nome Corão significa recitação, mas o texto é também conhecido como *al-Furqan*, que significa discriminação (entre verdade e falsidade), e *Umm al-kitab*, i.e., a mãe de todos os livros. A revelação do Corão começou numa noite de 610 d.C., ocasião conhecida como *Lailat ul Qadr* ("Noite de Poder"). O arcanjo Jibrail (Gabriel) apareceu a Maomé, disse-lhe que ele seria um profeta e deveria se aproximar de Deus. Quando Jibrail lhe ordenou "Recita" e passou a lhe revelar palavras de Deus, o profeta começou a proferi-las e memorizá-las.

Esses azulejos decorativos numa mesquita argelina mostram um versículo caligráfico do Corão.

As revelações de Jibrail se estenderam por 22 anos e Maomé, que não sabia ler nem escrever, gravou-as todas na memória. Seus adeptos também as memorizaram e registraram. A princípio suas narrativas eram fragmentadas, escritas em pedaços de couro e outros materiais, mas no reinado do terceiro califa, 'Uthman, no séc.VII d.C., o Corão completo estava escrito na forma que os muçulmanos usam até hoje.

Por conter as palavras de Deus, o texto é sempre reproduzido com grande exatidão, e no árabe original. Com frequência é escrito em forma caligráfica – os muçulmanos admiram a arte da caligrafia tanto por sua inventividade (os calígrafos criam configurações e formas com suas letras) quanto pela combinação de beleza e clareza com que as palavras de Deus podem ser grafadas numa página.

O LIVRO SEGUNDO O QUAL VIVER

A mensagem central do Corão é que um muçulmano deve acreditar no Deus Uno e pô-lo em primeiro lugar, dando-lhe precedência até sobre a família. O livro se divide em 114 suras ou capítulos (eles próprios divididos em muitos *ayat*, ou versículos), num total de cerca de 78 mil palavras. Elas incluem apelos às pessoas para que acreditem em Deus e vivam vidas justas; histórias das punições impostas a povos anteriores que desobedeceram a Deus; sinais de Deus na natureza; sermões; histórias; e instruções jurídicas. O texto constitui uma fonte para a lei islâmica em matérias como divórcio, herança e guerra, bem como sobre matérias mais obviamente religiosas, como jejum e culto. Por fornecer diretrizes para todos os aspectos da vida, o Corão é objeto de grande reverência. Muitas suras são admiradas pela clareza de linguagem; as passagens mais difíceis foram explicadas por eruditos em textos conhecidos como o Hadith (*p.134*). Resiste-se, contudo, a interpretar as palavras de Deus onde isso não é necessário, e muitos muçulmanos sentem-se incomodados com traduções do texto, que também lhes parecem ser atos de interpretação.

As palavras de Deus, fundamentais para o islamismo, muitas vezes são escritas com grande cuidado e beleza, como nesse manuscrito medieval.

Muitos muçulmanos memorizam todo o Corão. Quem consegue fazê-lo é chamado de *hafiz* e visto com grande respeito.

ÉTICA, MORAL E LEI

O islã é uma religião prática. Oferece a seus seguidores um corpo de instruções sobre como viver suas vidas, e estabeleceu um sistema, chamado xariá, para orientar a tomada de decisões morais e legais. Enraizadas no Corão, essas instruções morais também acolhem a opinião de líderes religiosos.

A NATUREZA DA XARIÁ

O islã influi em todos os aspectos da vida do muçulmano. Espera-se que os fiéis sigam as instruções do Corão e do sistema de lei e moral chamado xariá. Embora às vezes seja chamado no Ocidente de "lei da xariá" e contenha muitas instruções precisas sobre como uma pessoa deve viver, o sistema não é um código de leis no sentido ocidental do termo. Sua real natureza se revela no seu nome, que significa "caminho para a água": a xariá é o caminho que o muçulmano deve seguir para viver bem. Apesar de severa e rigorosa, a xariá é também muito prática. Proíbe, p.ex., que uma mulher mostre certas partes de seu corpo a um homem que não o marido, mas essas proibições podem ser suspensas se ela estiver doente e só um médico do sexo masculino puder tratá-la.

O CRESCENTE

As fases crescente e minguante da Lua são vistas no Corão como uma indicação de que o desígnio de Deus é eterno e imutável. O profeta reconhecia isso declarando sua fé em Deus sempre que via uma lua nova. Mas o uso do crescente como símbolo do islã foi adotado pela primeira vez pelos turcos otomanos no séc.XV, antes de ser aceito por todo o mundo islâmico. Crescentes são frequentemente colocados sobre os domos das mesquitas, onde apontam para Meca.

CORÃO E HADITH

A xariá compõe-se de quatro elementos. O primeiro e principal é o próprio Corão. Sendo a palavra de Deus, esse texto é supremo, e é em suas instruções legais que os muçulmanos buscam a primeira orientação. O segundo é a suna, que relata como o profeta Maomé e seus seguidores viveram, o que disseram e fizeram. A suna, uma espécie de comentário vivo sobre o Corão, mostra o "exemplo do profeta" e está reunida nos escritos eruditos do Hadith. Ao deparar com uma questão ética não abrangida nas palavras do Corão, um muçulmano busca uma resposta no Hadith. Assim, enquanto o Corão lhe diz simplesmente que deve dar esmolas, no Hadith ele aprende que Maomé estabeleceu os detalhes do que deve pagar e de como o pagamento deve

O *zakat*, ou oferta de esmolas, é um dos Cinco Pilares ou princípios da fé islâmica. Aqui um devoto coloca uma moeda numa caixa de coleta de esmolas comunitária.

ser coletado. O Hadith é portanto um auxílio à conduta virtuosa.

IJMA' E *IJTIHAD*

Há questões, porém, que nem o Hadith discute. Para resolvê-las, o muçulmano recorre aos dois outros elementos da xariá, *ijma'* (consenso) e *ijtihad* (razão). Para chegar a um consenso ou aplicar a razão, os muçulmanos (nos primeiros tempos, toda a comunidade islâmica; hoje, os estudiosos da comunidade) se reúnem e discutem a questão, sempre se reportando às instruções do Corão e do Hadith, até chegar a um acordo. Como uma extensão desse sistema de razão e consenso, os imames oferecem conselho ético e instrução a membros da congregação de sua mesquita.

A ênfase dada ao pensamento de eruditos e líderes religiosos difere entre sunitas e xiitas (*p.144-5*), estes dando mais ênfase às opiniões dos eruditos. Em ambos os ramos do islã, contudo, o mais importante para os muçulmanos é pensar por si mesmos e responsabilizar-se por suas ações. Eles creem que a capacidade de raciocinar é um dom de Deus, e que é seu dever usá-la.

Os códigos morais islâmicos regulam matérias práticas e espirituais. Assim, antigas leis da xariá promoviam o comércio justo nos mercados.

DISPUTAS JURÍDICAS

No islã sunita há quatro grandes escolas de jurisprudência: a Malaki (dominante na Ásia ocidental e no oeste da África), a Hanafi (em países que pertenceram ao Império Otomano e à Índia), a Hanbali (na Arábia Saudita e no Catar) e a Shafi'i (na Indonésia, Malásia e Filipinas). Desde o séc.VIII, essas escolas vêm interpretando as leis islâmicas de vários modos. O islã xiita, que interpreta essas leis ainda de outra maneira, tem ele próprio várias escolas. Todas essas escolas dos sunitas e xiitas diferem na extensão em que usam consenso e razão ao fazer julgamentos, sendo a Hanbali a que se restringe mais escrupulosamente ao Corão e ao Hadith.

As diferenças entre as interpretações sunita e xiita da lei levaram a disputas entre esses dois ramos do islã. Na lei sunita, p.ex., não se espera que o povo tente derrubar um mau governante, desde que ele preserve a lei islâmica e defenda o islã caso este

"ALÁ É SABEDOR DE TODAS AS COISAS."

Corão 2:282

seja atacado. Segundo a teoria, com exceção do profeta Maomé todos são pecadores, por isso é de esperar que mesmo os governantes tenham defeitos. A lei xiita, contudo, diz que os muçulmanos são obrigados a depor governantes injustos. Essa diferença gerou divergências e até guerras entre os dois ramos.

HALAL E *HARAM*

Segundo o Corão, tudo que Deus criou é para uso humano, mas algumas coisas, por razões particulares, são proibidas. Os muçulmanos distinguem entre o que é permitido, ou *halal*, e o que é proibido, ou *haram*. As leis alimentares, p.ex.: toda carne pode ser comida, exceto a de porco, mas, para que a carne seja *halal*, o animal deve ser abatido de maneira correta. Todos os vasos sanguíneos devem ser cortados com uma faca afiada enquanto o açougueiro pronuncia o nome de Alá sobre o animal. As regras, cuidadosamente observadas, estabelecem que o animal não deve ver a faca, e que nenhum outro animal pode ver o abate. Além das carnes de porco e de um animal impropriamente abatido, toda carne de origem desconhecida também é vedada ao consumo pelos muçulmanos. Os muçulmanos creem que Deus estabeleceu proibições

Meninos berberes em volta do fogo junto a uma tenda no Marrocos. Os berberes, antigo povo indígena do vale do Nilo, ajudaram a difundir o islã.

Café servido em Omã: a estrutura da cultura islâmica é sustentada por rituais sociais.

dietéticas para protegê-los, mas há uma importante exceção. Se uma pessoa se vir forçada a escolher entre passar fome e comer alimentos proibidos, deve comê-los. A outra principal proibição dietética abrange inebriantes, como o álcool. Os muçulmanos aprendem que Deus forneceu toda sorte de alimentos para o prazer humano, mas que é errado abusar desses dons. Assim, o fruto da vinha é bom para comer, mas fermentado ele produz vinho, bebida inebriante que traz consigo corrupção e mal, sendo por isso proibida.

PECADOS GRAVES

O islã define muitos deles, que a fé condena e que devem ser severamente punidos. Vários, como o homicídio, o roubo e o adultério, são reconhecidos como pecados na maioria das culturas, mas outros são específicos do islamismo. O mais grave e fundamental de todos é *shirk*, i.e., associar a Deus alguma coisa que não o próprio Deus ou pôr alguma outra coisa no lugar de Deus. Ter falsos deuses, exaltar heróis humanos, como estrelas pop ou personalidades esportivas, ou ser ateu (substituindo Deus por nada), são todos exemplos de *shirk*. Outros pecados graves são *riba*, o empréstimo de dinheiro com fins de lucro, o que é errado porque os que podem fazê-lo deveriam ajudar gratuitamente os necessitados; *juba*, ou covardia; *qadhf*, ou calúnia, que inclui intriga e linguajar rude; e o uso de drogas inebriantes (inclusive álcool) que faz as pessoas perderem o controle de suas ações, algo condenado no Corão.

PUNIÇÕES

Algumas sociedades islâmicas punem os pecados com extremo rigor. O roubo pode ser punido com a amputação das mãos do criminoso, e a punição tradicional para o adultério e a apostasia (renúncia à crença) são, respectivamente, o açoitamento e a morte. Alguns países muçulmanos punem com duras penas corporais a produção, a venda ou o consumo de álcool. Contudo, há os que alegam que tais punições são inadequadas na maioria dos casos, havendo por isso muitas exceções, como um ladrão não sofrer amputação se roubou por real necessidade econômica. Muitos outros, porém, creem que as punições, sancionadas no Corão, foram ditadas por Deus e devem ser aplicadas; que elas mantêm a taxa de criminalidade baixa nos países que as adotam; e que há casos em que é preferível açoitar uma pessoa a privá-la da liberdade com uma longa sentença de prisão.

Uma muçulmana num modesto traje tradicional, com apenas as mãos e o rosto expostos.

PRÁTICAS E FESTAS

As práticas mais importantes do islã são os chamados Cinco Pilares. Sob muitos aspectos, elas definem e, como o nome sugere, sustentam toda a religião, abrangendo a expressão da fé, a prece regular e três atividades essenciais: ajuda aos pobres, jejum e peregrinação.

SHAHADAH: A DECLARAÇÃO

O primeiro Pilar do islã é a *shahadah*, ou declaração de fé: "Atesto que não há nenhum deus senão Deus e Maomé é o Seu profeta." Esta declaração é a crença central do islã, e uma pessoa que a faz sinceramente, usando as palavras árabes originais, é um muçulmano. A primeira parte expressa a crença no criador uno e submissão a ele; a segunda indica que o muçulmano aceita o ensinamento de Deus tal como revelado a Maomé nas palavras do Corão (*p.132-3*);

O dinheiro obtido através do *zakat* (terceiro Pilar do islã) pode ser usado para construir fontes de água potável.

SALÁ: PRECE

O Corão instrui os muçulmanos a orar regularmente, louvar a Deus e mantê-lo em suas mentes no decorrer do dia. Essa prece regular (*salá*), cinco vezes por dia em horas fixas, é o segundo Pilar do islã. Ora-se ao amanhecer (*fajr*), logo após o meio-dia (*zuhr*), no meio da tarde (*'asr*), ao pôr do sol (*maghrib*) e à noite (*'isha*). Na maior parte da semana a prece pode ser feita em casa ou no trabalho, mas às sextas-feiras os muçulmanos costumam ir à mesquita ao meio-dia, para as preces comunais desse dia. Antes de orar, lavam-se ritualmente usando água corrente de uma fonte na mesquita ou da torneira em casa. Enquanto se lavam, voltam seus pensamentos para Deus preparando-se física e mentalmente para a prece. Depois, o devoto tira os sapatos e, de pé no chão limpo ou sobre um tapete, vira-se em direção a Meca e começa a orar. São preces feitas da maneira prescrita, que iniciam com as palavras "*Allahu Akhbar*", significando "Deus é maior (que qualquer outro)". As palavras da oração são acompanhadas por movimentos como ficar de pé, curvar-se, prostrar-se e sentar-se, os quais coletivamente são chamados *rak'ah*.

CLÉRIGOS E ERUDITOS

As congregações muçulmanas são chefiadas por imames, homens de boa reputação na comunidade, muitas vezes versados em teologia, mas que não são ordenados como os padres cristãos. Isso reflete o enorme respeito do islã pelo saber e a erudição. Os imames atuam como mestres islâmicos e líderes comunitários, dando conselho e orientação sobre todos os aspectos da vida aos membros de sua congregação. Também fazem o sermão nas preces de sexta-feira e, às vezes, as orações na mesquita. No islã xiita, eles têm maior autoridade e são considerados os sucessores dos califas (*p.129*).

ZAKAT: DOAÇÃO DE ESMOLAS

O terceiro Pilar do islã é o *zakat*, o pagamento de um tributo que se destina a ajudar os pobres e necessitados. O valor pago baseia-se na renda de cada pessoa – e é calculado como 2,5% de sua riqueza, excluídos o valor de sua casa e outros bens essenciais. Pagando o *zakat* e zelando pelos outros, o muçulmano expressa seu amor a Deus. Pode também fazer doações adicionais a obras filantrópicas que ajudam a comunidade, como financiar hospitais e ajudar vítimas de desastres naturais.

SAWM: JEJUM

O quarto Pilar, *sawm*, é a prática de jejum e abstinência durante o ramadã, o nono mês do calendário islâmico. É um mês importante porque nele ocorreu a primeira revelação do Corão a Maomé. Durante todo o ramadã os muçulmanos se abstêm de comida, bebida e relações sexuais do amanhecer ao cair da noite. Vários grupos de pessoas (velhos, doentes, crianças pequenas e mulheres grávidas) não são obrigados a jejuar. Mas, se possível, devem praticar a abstenção no ramadã do ano seguinte. Nos dez últimos dias do ramadã os muçulmanos devem dedicar o maior tempo possível a se aproximar de Deus. Eles vão à mesquita com mais frequência e dedicam mais tempo à leitura do Corão. No fim do ramadã, a festa de 'Id al-Fitr (*p.141*) marca a quebra do jejum.

HAJJ: PEREGRINAÇÃO

Todo muçulmano fisicamente apto e com recursos para tal deve ir uma vez em peregrinação (*hajj*, ou *hadj*) a Meca, na Arábia Saudita: esse é o quinto Pilar do

Peregrinos oram em Mina, junto a Meca, observando as tendas de dois milhões de peregrinos no hajj anual, ou grande peregrinação a Meca.

islã. O *hajj*, realizado todo ano no 12º mês do calendário islâmico, envolve uma série de rituais e preces que unem a vasta comunidade islâmica: muçulmanos do mundo todo e de todas as posições sociais se juntam em Meca, a terra natal do profeta Maomé, para desenvolver um espírito de igualdade e unidade e a percepção da grandeza de Deus. Os rituais incluem o uso de trajes brancos especiais que simbolizam o estado de consagração ou santidade, conhecido como *ihram*, e dar sete voltas em torno da Caaba – monumento cúbico no centro da mesquita em Meca –, recitando certas preces. Fazer a peregrinação é um dos grandes momentos da vida de um muçulmano, e os que cumpriram esse preceito são objeto

Túmulos muçulmanos, como esses na Bósnia, elevam-se acima do solo para que não se possa andar sobre eles. A cremação é proibida no islã.

de grande respeito por parte de toda a comunidade.

A MESQUITA

O coração espiritual da comunidade islâmica é a mesquita, basicamente um lugar de oração. O maior espaço na mesquita é o salão de prece onde, numa extremidade, há um nicho chamado mirabe que indica a direção de Meca, para a qual os muçulmanos se devem voltar quando oram. Por tradição, as mesquitas têm ao menos uma torre, chamada minarete, de onde, cinco vezes ao dia, um muezim (ou almuadem) convoca os fiéis para a prece. Costuma também haver um

"APRESSAI-VOS PARA INVOCAR ALÁ."

Corão 62:9

pátio, que oferece uma área calma para leitura ou meditação, e na entrada há fontes onde os fiéis se lavam ritualmente antes das preces. As mesquitas podem ter também salas destinadas ao ensino ou a discussões religiosas, ou outras salas mais, que permitam ao prédio funcionar como um centro comunitário.

Os casamentos muçulmanos são anunciados publicamente. Aqui os noivos se casam diante de uma congregação numa cerimônia islâmica em Londres (Inglaterra).

O CICLO DA VIDA

Quando um bebê nasce numa família muçulmana, costuma-se sussurrar a profissão de fé ou o chamado para a prece no seu ouvido. Sete dias após o nascimento, há uma cerimônia tradicional de denominação, em que é comum a criança ter o cabelo raspado e o peso deste em prata ser oferecido aos pobres.

Quando o muçulmano chega à idade adulta, é estimulado a se casar, pois o matrimônio é considerado uma criação de Deus. Ademais, a família é vista como uma força positiva para a estabilidade, e o casamento, que marca a união de duas famílias, contribui também para unir a comunidade muçulmana. A cerimônia do casamento pode acontecer na casa de um dos noivos, ou na mesquita, e geralmente é presidida pelo imame local. Os detalhes da cerimônia e da celebração variam de um lugar para outro, mas em geral o homem dá à nova mulher um dote cuja natureza e tamanho dependem dos recursos do noivo, e que se torna a única propriedade exclusiva da esposa, que pode usá-la como desejar.

Os costumes fúnebres também variam no islã, mas a maioria dos muçulmanos prefere enterrar seus mortos o mais cedo possível após a morte. As preces fúnebres consistem em uma *salá* com a adição de preces extras.

FESTAS MUÇULMANAS

Muitos muçulmanos celebram datas capitais na vida de Maomé, em especial a de seu nascimento (Mawlid an-Nabi). Mas as festas mais importantes estão ligadas aos Cinco Pilares. A primeira, 'Id al-Adha, a festa do sacrifício, é o ápice do *hajj*, a peregrinação a Meca, e é celebrada com uma prece comunal e o sacrifício de um animal. Outra festa importante é o bairã, que ocorre no encerramento do ramadã, o mês do jejum. No bairã, toda a comunidade junta faz uma prece especial; dão-se esmolas e as celebrações se estendem por três dias.

As famílias muçulmanas costumam ler textos religiosos juntas. O islã envolve-se em todos os aspectos da vida diária, inclusive o lar.

Milhares de muçulmanos afluem a Meca para festejar o dia em que o profeta Maomé começou a receber o Corão. A celebração, uma das mais importantes do calendário islâmico, chama-se Laylat al-Qadr e ocorre na 27ª noite do ramadã.

RAMOS DO ISLÃ

Os principais são o sunismo e o xiismo. A divisão ocorreu logo após a morte de Maomé, quando houve uma disputa em torno de seu sucessor. Várias outras seitas islâmicas menores, como o sufismo, tiveram uma influência superior a seu tamanho.

SUNISMO

Península Arábica · Séc.VII d.C. · 1 bilhão

Logo depois que Maomé morreu, seu discípulo mais próximo, Abu Bakr, foi eleito califa, o chefe da comunidade muçulmana. Alguns muçulmanos, porém, julgavam que essa posição cabia ao genro do profeta, 'Ali. Este acabou sucedendo como o quarto califa, mas houve oposição a isso e ele foi assassinado em 661 d.C. Os que julgavam que Abu Bakr era o sucessor escolhido pelo próprio profeta tornaram-se conhecidos como sunitas, i.e., adeptos da suna, ou costume, de Maomé (*p.134*). Os partidários de 'Ali tornaram-se conhecidos como os *shi'at 'Ali* ("o partido de 'Ali"), ou xiitas (*p.145*).

Os sunitas consideram os quatro califas (de Abu Bakr a 'Ali) os líderes espirituais do islã.

ADEPTOS DA SUNA

Os muçulmanos sunitas reconhecem os quatro primeiros califas (inclusive 'Ali), mas não atribuem aos descendentes dele nenhum papel religioso ou político especial. Por seguirem os costumes do profeta tal como expostos na suna e dedicarem menor consideração ao conselho de imames que os xiitas, os sunitas são muitas vezes chamados de ortodoxos. Todo muçulmano sunita segue uma das quatro escolas de jurisprudência – Malaki, Hanafi, Hanbali e Shafi'i –, que variam no modo como usam o consenso e a razão para suplementar o Corão (*p.135*). As pessoas são livres para escolher a que escola aderir, mas a maioria dos sunitas tende a adotar a mesma do pai.

MAIORIA SUNITA

Mais de 85% dos muçulmanos são sunitas. Na maior parte dos países islâmicos, portanto, os sunitas são maioria, com as notáveis exceções do povo iraniano e das substanciais populações xiitas no Iraque, Azerbaijão e Iêmen, bem como em alguns dos Estados do golfo Pérsico.

XIISMO

Península Arábica · Séc.VII d.C. · 180 milhões

Os muçulmanos xiitas surgiram como partidários de 'Ali (primo de Maomé e marido de Fatima, filha dele) e opuseram-se à escolha sunita de Abu Bakr (*p.144*) para o califado. 'Ali finalmente se tornou califa em 656, mas sunitas e xiitas divergiram então sobre o modo como deveriam escolher os futuros califas. Os xiitas sustentavam que eles deviam ser descendentes de 'Ali e Fatima, e os sunitas queriam que fossem eleitos.

A MORTE DE HUSSEIN

A divisão entre os dois ramos do islã aprofundou-se em 680, quando Hussein, filho de 'Ali e Fatima, liderou uma revolta contra um califa sunita da dinastia omíada (*p.128*), Yazi ibn Mu'awiyah. Abandonado por seus partidários, Hussein foi morto na Batalha de Kerbala (no atual Iraque). Os xiitas marcam o aniversário da morte de Hussein com um período de luto, alguns chegando a se açoitar para expiar o abandono dele por seus partidários.

OS SUCESSORES DE 'ALI

A maioria dos xiitas identifica 'Ali e 11 de seus sucessores como os líderes espirituais da fé. Esses muçulmanos são conhecidos como os "xiitas dos Doze Imames". Um outro grupo, os "xiitas dos Sete Imames", não reconhece os últimos cinco imames nessa linhagem. Esses grupos têm dogmas precisos e observam práticas que os distinguem entre si e dos sunitas. Entre as práticas que distinguem o grupo dos Doze Imames de outros muçulmanos incluem-se a adição de linhas extras à convocação para a prece e variações na prece fúnebre. Diferenças doutrinais separam os dois grupos do islã xiita do islã sunita. Os xiitas, p.ex., reconhecem o casamento temporário, acreditam que Deus muda suas decisões e, o que é mais crucial, creem numa sucessão de imames que se inicia com 'Ali.

Preces noturnas no santuário do imame Reza em Sanabad (Irã). O imame, que morreu nessa cidade em 818 d.C., é o oitavo imame xiita na linhagem de 'Ali.

SUFISMO

Ásia ocidental | Séc.VII | 9 milhões

Os devotos do islã sufista buscam uma experiência direta e pessoal de Deus e seguem um mestre espiritual. Não se sabe ao certo quando o sufismo começou, mas parece ter sido nos primórdios do islã.

Buscando manter parte da simplicidade do modo de vida dos antigos adeptos, um dos primeiros sufistas, Hatim al-Asamm, estabeleceu quatro princípios básicos da vida sufista: lembrar que nenhuma outra pessoa come nosso pão por nós; que só nós praticamos nossas ações; que a morte se aproxima e devemos viver de modo a estarmos preparados para ela; e que estamos sob o olhar de Deus.

DEVOÇÃO A DEUS

É muitas vezes caracterizada por experiências intensas, extáticas, como estados de transe. Tais estados acontecem, quando se alcança *dhikr*, ou lembrança, uma forma de experimentar a intensa presença de Deus. Diferentes ordens sufistas alcançam *dhikr* de maneiras diversas: algumas por meio de cânticos, outras por meio da dança. A devoção sufista produziu também bela poesia (*quadro acima*) e música. Como o sufismo envolve práticas que por vezes levam à união do indivíduo com Deus, os sufistas foram acusados de dar as costas ao islã. Eles insistem, porém, que sua experiência do amor de Deus é a âncora de sua fé islâmica e que a adesão à xariá (*p.134*) é tão vital para eles quanto para outros muçulmanos.

RUMI

O poeta persa Jelaluddin Balkhi (1207-1273) cresceu na Anatólia (hoje território da Turquia) e ficou conhecido como "Rumi", o que significa "da Anatólia romana". Ele fez amizade com um dervixe (asceta) chamado Shams. Quando este morreu, Rumi começou a escrever como se o amigo falasse através dele, oferecendo profundo esclarecimento religioso. Ele criou também a dramática dança "rodopiante", adotada por seus adeptos, a ordem Mevlevi de dervixes.

Os dervixes são uma seita sufista ascética da Turquia. Essa famosa dança rodopiante leva a um estado de êxtase religioso.

NAÇÃO DO ISLÃ

EUA 1930 c.300.000

No séc.XX, muitos negros nos EUA foram atraídos para o islã principalmente em razão de sua filosofia igualitária. No islã, é considerado um ato virtuoso e piedoso libertar os escravos, ao passo que, aos olhos de muitos afro-americanos, o cristianismo ficara associado aos opressores brancos de seu povo. Na primeira metade do séc.XX, embora a escravidão tivesse sido abolida, os negros americanos continuavam a sofrer discriminação.

Um produto dessa aproximação com o islã foi a Nação do Islã, movimento religioso fundado por Wallace Dodd Ford, que adotou o nome Fard ("Honestidade") Muhammad. Embora ele abraçasse muitas ideias islâmicas, seu sistema de crenças diferia em vários aspectos do islamismo ortodoxo. Fard se apresentava, p.ex., como uma figura messiânica. Seu sucessor, Elijah Poole, conhecido como Elijah Muhammad, introduziu outras doutrinas novas e não ortodoxas, entre as quais a noção de que os negros foram os primeiros seres humanos, criados por Alá, enquanto os brancos, criações posteriores, seriam destruídos no iminente "fim dos tempos".

O ministro muçulmano negro e ativista dos direitos civis Malcolm X, um porta-voz da Nação do Islã nos anos 50.

MALCOLM X

Elijah atraiu numerosos adeptos, entre os quais Malcolm Little, um ativista dos direitos civis que adotou o nome de Malcolm X. Ao substituir seu sobrenome por uma letra, ele se negava, como fizeram muitos membros do movimento, a usar o nome dos antigos senhores brancos de sua família, que via como uma marca de opressão. Mais tarde, porém, Malcolm X desligou-se da Nação do Islã e se tornou um muçulmano ortodoxo.

NOVOS RUMOS

A conversão de um membro destacado da organização gerou divisões internas e, em 1965, Malcolm X foi assassinado. Nos anos 70, após essa crise, Elijah morreu e seu filho, Warith Deen Muhammad, assumiu a liderança. Ele batizou sua corrente do movimento com um novo nome, Missão Muçulmana Americana, e direcionou-a para o islã ortodoxo. O novo grupo interessou-se pelas crenças sunitas (*p.144*) e abriu-se para crentes de todas as raças. A maioria dos membros do movimento seguiu Warith Deen Muhammad e a Missão Muçulmana Americana em suas crenças religiosas mais ortodoxas, mas alguns formaram a Nação do Islã Original e continuaram promovendo as ideias de Elijah. Aos poucos, porém, os dois grupos tenderam a se unir, pois a Nação do Islã Original se tornou mais ortodoxa, e em 2000 seus respectivos líderes anunciaram o fim da rivalidade existente.

A Nação do Islã e os grupos a ela relacionados influenciaram a difusão de ideias sobre a fé e a igualdade, em especial nos EUA, e também no Canadá e na Grã-Bretanha, mas não se sabe o número exato de seus membros.

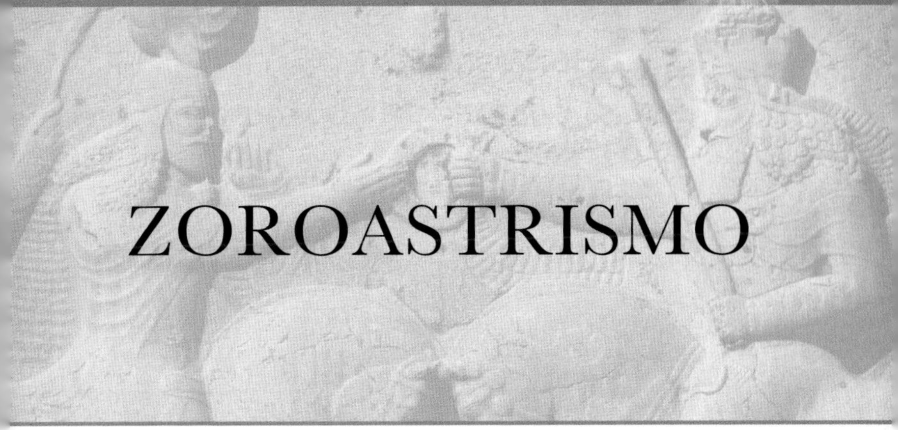

ZOROASTRISMO

Uma das mais antigas religiões do mundo, o zoroastrismo foi, de início, a fé da antiga Pérsia (atual Irã). Em meados do séc.VII d.C., com a chegada do islã à Pérsia, começou a perder seu domínio. Hoje é praticado apenas por uma pequena parcela da população iraniana e por minorias na Índia e em outros países.

O zoroastrismo é assim chamado em homenagem ao profeta cujo nome grego é Zoroastro, embora seus seguidores costumem usar a forma Zaratustra, do persa médio. Ele pregou uma religião em que o deus criador, Aúra-Masda, está envolvido numa luta sem fim com o espírito maligno Angra Mainyu. Os adeptos da fé auxiliam Aúra-Masda nessa luta vivendo para o bem e cultuando-o. O zoroastrismo dá forte ênfase à liberdade de escolha moral e estimula os crentes a tomar boas decisões morais em todos os aspectos de suas vidas. A esfera espiritual não é considerada em nada mais importante que a física. Aúra-Masda criou o corpo e a alma; devemos aspirar a viver bem em ambos, pois isso traz felicidade. Os zoroastristas são encorajados a apreciar todas as coisas criadas pelo Sábio Senhor, e gozar a vida é nada menos que um dever religioso. A caridade e a instrução, que ajudam as pessoas a viver uma vida melhor e mais agradável, são também muito valorizadas. As ideias de Zaratustra, provavelmente inspiradas numa religião indo-iraniana pré-histórica e que têm elementos comuns com o hinduísmo primitivo, foram primeiro transmitidas oralmente. Mais tarde os hinos de Zaratustra foram registrados por seus seguidores. Conhecidos como *gathas*, eles contam como Aúra-Masda revelou seus ensinamentos. Outros escritos antigos (entre os quais um texto litúrgico chamado Yasna Haptanghatti, ou "Culto em Sete Partes", talvez também escrito pelo profeta) foram acrescentados aos *gathas* para formar o Avesta, o livro sagrado do zoroastrismo. Alguns adeptos (tanto sacerdotes quanto leigos) ainda memorizam esses textos, cujo uso une zoroastristas espalhados pelo mundo todo e ajuda a preservar essa antiga fé.

Zaratustra (nome cuja forma grega é Zoroastro) viveu na Pérsia por volta de 1000 a.C. e foi um renomado sacerdote, erudito e profeta.

ORIGENS E HISTÓRIA

A história do zoroastrismo é inseparável da história da Pérsia (atual Irã) e seus soberanos. Quando o islamismo ganhou terreno no país, muitos zoroastristas mudaram-se para a Índia, criando um segundo grande centro, onde são conhecidos como parses.

PÉRSIA ANTIGA

O zoroastrismo foi fundado pelo profeta Zaratustra (Zoroastro em grego), que viveu provavelmente por volta de 1200 a.C. e vinha de uma família de indo-iranianos estabelecida na Pérsia. Aos 30 anos, como sacerdote, após ter uma série de visões, Zaratustra começou a pregar uma nova mensagem religiosa – em especial que havia um só Deus, Aúra-Masda (o Sábio Senhor), criador de todas as coisas e fonte de toda a bondade.

A princípio Zaratustra atraiu poucos seguidores, mas seu credo se impôs no nordeste da Pérsia quando ele converteu um soberano local, o rei Vishtaspa, que fez do zoroastrismo a religião oficial de seu reino. Pouco se sabe sobre os primeiros séculos na história do zoroastrismo, mas no séc.VI a.C. assumiu o poder na Pérsia um soberano chamado Ciro. Ele construiu um grande império que incluía, além da Pérsia, a Babilônia e a Turquia. A dinastia a que pertencia, os Aquemênidas, era zoroastrista e difundiu a fé por suas terras. Os Aquemênidas empregavam sacerdotes reais chamados magos, que viajavam com os imperadores em suas missões diplomáticas e campanhas militares e se estabeleciam nos territórios anexados. Instruídos e poderosos, os magos eram bons embaixadores de sua religião e ajudaram a difundir o zoroastrismo pela Ásia ocidental.

O rei Ciro ajudou a difundir o zoroastrismo por todo o Império Persa.

As aldeias do deserto da Pérsia (o Irã moderno) foram o berço da religião zoroastrista. A fé ainda existe no Irã, mas apenas como um credo minoritário.

DA PÉRSIA PARA A ÍNDIA

No séc.II a.C., a dinastia parta assumiu o governo da Pérsia. Reunindo os ensinamentos remanescentes de Zaratustra e os demais ensinamentos da fé, os partos compuseram o livro sagrado do zoroastrismo, o Avesta. Em 224 d.C., eles foram sucedidos pelos Sassânidas, família também zoroastrista cujos membros promoveram a fé. Para os Sassânidas e seus sumos sacerdotes, Estado e Igreja eram unificados. Eles exerciam a liderança tanto política quanto religiosa, o que promoveu a fé zoroastrista e lhes deu grande poder. No séc.VII, porém, a religião do islã (*p.124-47*) espalhou-se pela Pérsia e logo os zoroastristas se viram reduzidos a uma minoria muitas vezes perseguida. Desejando praticar sua fé livremente, a

Sacerdote parse orando num templo zoroastrista. Um véu lhe cobre a boca para que seu hálito não polua o fogo sagrado que arde no templo.

partir do séc.VIII muitos zoroastristas decidiram deixar a terra natal e buscar um novo lugar para viver e cultuar. Estabeleceram-se no Gujarat, no noroeste da Índia, onde se tornaram conhecidos como parses, vale dizer, o povo da Pérsia.

A emigração dos parses para a Índia é narrada na *História de Sanjan*, livro escrito por um sacerdote parse em 1600. Como a obra foi composta muito depois da migração, não há como avaliar sua fidelidade histórica, mas ela narra como o soberano indiano do Gujarat deu aos viajantes permissão para se estabelecerem, contanto que aprendessem a língua local, respeitassem seus costumes sobre pureza e casamento e não portassem armas.

Embora não se saiba muito de sua história, os parses parecem ter vivido alguns séculos em paz com seus vizinhos no Gujarat, prosperando no comércio e mais tarde na construção naval. Eles também desenvolveram a sua fé, tornando-a mais acessível, em parte graças a conselhos que leram em estudos ocidentais do zoroastrismo do séc.XIX.

A FÉ HOJE

Nas últimas décadas, o Irã tem sido um país estritamente muçulmano e hoje restam poucos zoroastristas ali. Segundo estimativas oficiais, são cerca de 90 mil, mas há quem afirme que são ainda menos; na Índia os zoroastristas talvez somem 60 mil e, como tendem a casar tarde ou a permanecer solteiros, isso resulta em baixa taxa de natalidade e em números decrescentes. Há também alguns milhares de parses espalhados por vários lugares do mundo. Essas populações hoje pequenas mostram, contudo, alguns sinais de crescimento.

“POSSAM OS SANTOS SER ABSOLUTOS EM PODER.”

Avesta, Yasna 8:6

CRENÇAS ESSENCIAIS

O eixo do zoroastrismo é a luta entre a divindade suprema Aúra-Masda e seu adversário Angra Mainyu. Ela se dá num nível cósmico, mas é também sustentada na Terra pelos devotos da fé, que vivem virtuosamente para assegurar o triunfo do bem sobre o mal.

O SENHOR SÁBIO

Estudiosos modernos encontraram as raízes de muitas ideias de Zaratustra em textos hindus primitivos como o Rig Veda (*p.170-1*), mas o profeta acreditava que a série de visões que experimentara vinha diretamente de Deus. Ele instruiu seus adeptos a cultuar apenas a divindade suprema, o Senhor Sábio Aúra-Masda (também conhecido por seu nome em persa médio, Ormasde). O profeta negava que outros seres sobrenaturais, como antigas divindades persas chamadas *daevas*, fossem dignas de culto, porque as via como espíritos de destruição. Mas a principal força destrutiva do universo na crença zoroastrista é Angra Mainyu (Arimã em persa médio), tido como a principal fonte do mal, do sofrimento, da doença e da morte no mundo.

A cabeça de pedra encontrada na Turquia moderna talvez represente Aúra-Masda. As conquistas persas difundiram o zoroastrismo no Oriente Próximo.

Para Zaratustra, Angra Mainyu é o adversário de Aúra-Masda, mas não seu igual, pois há somente um Deus supremo e justo que é Aúra-Masda. Por acreditar num único criador supremo, o zoroastrismo é uma fé monoteísta.

O AVESTA

Escrito num alfabeto criado especialmente para esse fim, o livro sagrado zoroastrista é apenas um fragmento do texto original, cuja maior parte foi perdida durante o período de perseguição no Irã (*p.150*). O que restou é atribuído apenas a Zaratustra, embora inclua alguns hinos provavelmente anteriores a ele. Uma importante seção é o Yasna, texto litúrgico que inclui os *gathas*, 17 hinos escritos de fato por Zaratustra. Hoje os zoroastristas usam o Khorda Avesta, um volume que contém os textos essenciais para o culto leigo regular.

A GRANDE LUTA CÓSMICA

Segundo a crença zoroastrista, depois que Aúra-Masda criou o mundo, Angra Mainyu o corrompeu promovendo terremotos. Esse ato destrutivo criou vales profundos na superfície outrora bela e sem marcas da Terra, afastou o Sol de sua posição perfeita, que agora ele só alcança ao meio-dia, e trouxe doenças e morte para o primeiro ser humano. Durante 3.000 anos após a Criação, Aúra-Masda e Angra Mainyu estavam quase empatados na batalha, a energia criativa de um sendo constantemente bombardeada pelas forças deletérias do outro. Então nasceu o profeta Zaratustra e a balança da batalha começou por fim a pender em favor da bondade. Segundo os zoroastristas, Aúra-Masda será sucedido por uma série de três salvadores. O terceiro deles vencerá o mal numa batalha cataclísmica. Depois virá o Juízo Final, quando Angra Mainyu será banido e Aúra-Masda reinará supremo.

Os zoroastristas anseiam por esse tempo do juízo, visto não como o fim do mundo, mas como uma restauração ou renovação do cosmo, e uma fusão do Céu e da Terra.

JULGAMENTO PESSOAL

Os zoroastristas creem que Deus criou a humanidade, e que sua intenção era que todos os homens participassem com ele da grande luta entre o bem e o mal; por isso, deu-lhes o livre-arbítrio. Segundo a fé zoroastrista, as pessoas são julgadas duas vezes: uma quando morrem e outra no Juízo Final. Os dois julgamentos incidem, respectivamente, sobre a moral do pensamento e das ações da pessoa. Em ambos os casos, as faltas morais são punidas no Inferno. As punições não são para sempre, cessando quando a pessoa corrige sua falta moral na vida após a morte. Findo o processo de correção, ela vai viver com Deus no Céu.

Por enfatizar o conceito de livre-arbítrio, durante a maior parte de sua história a fé zoroastrista atribuiu grande importância à responsabilidade do indivíduo. Em cada ação que pratica, o ser humano tem a possibilidade de reforçar a bondade no mundo. Quando todos os homens preferirem o bem ao mal, Aúra-Masda triunfará enfim sobre Angra Mainyu e o Céu e a Terra se unirão.

Houve um desvio dessa doutrina entre alguns adeptos no período sassânida (224-c.636 d.C.), quando uma terceira divindade, Zurvan (o "Tempo"), o pai de Aúra-Masda e Angra Mainyu, foi visto como uma força dominante. A ideia de Zurvan como um controlador de todas as coisas levou a uma doutrina da predestinação (nossas escolhas já estão decididas para nós, não havendo pois escolha alguma), mas que não durou. Hoje, os zoroastristas ainda põem a escolha moral pessoal no centro de suas crenças.

Guardiães alados – *fravashis* – são seres angélicos que velam por cada pessoa, oferecendo-lhe orientação ao longo da vida.

ÉTICA, MORAL E LEI

O profeta Zaratustra estabeleceu muitas regras morais rigorosas para seus seguidores, que devem aderir a elas com sinceridade. Desse modo, os devotos podem ajudar Aúra-Masda na luta contra o mal e assegurar um lugar para si mesmos no Céu quando morrerem.

TRABALHAR PELO BEM

A ética zoroastrista funda-se no conceito de bem, sem nenhuma noção de pecado original como no cristianismo (*p.90-1*). Aúra-Masda é o Deus bom, e toda a sua criação, que inclui a humanidade, é basicamente boa. O Senhor Sábio usa sua força e bondade para lutar contra Angra Mainyu (*p.152*), e a humanidade, parte dessa criação de Aúra-Masda, está destinada a participar de sua luta. Para isso, cada pessoa precisa ser capaz de distinguir o bem do mal e de fazer escolhas morais. Aúra-Masda nos deu a capacidade de fazê-las e de agir livremente com base nelas. Isso nos diferencia do resto da criação (os outros animais não têm senso moral ou livre-arbítrio) e nos permite participar da grande luta cósmica.

Uma "Torre de Silêncio" em cujo topo os parses deixam seus mortos para que a morte não polua a Terra ou o Fogo, ambos tidos como sagrados.

Em essência, nosso senso moral nos dá a possibilidade de escolher entre as qualidades de Aúra-Masda (como veracidade e judiciosidade) e as de Angra Mainyu (desonestidade e perversidade). Ao fazermos a escolha certa, apoiamos Aúra-Masda em seu conflito com Angra Mainyu, trabalhando para tornar o mundo um lugar melhor.

VIRTUDES ZOROASTRISTAS

O foco na escolha moral faz do zoroastrismo uma religião em que responsabilidade e moral pessoais são supremas. Na prática, isso significa observar as várias virtudes delineadas nas escrituras zoroastristas. A primeira delas é a devoção a Aúra-Masda e a seu profeta, Zaratustra, oferecendo preces e cultos regulares, mantendo a pureza ritual, observando as festas e os rituais apropriados (*p.156-7*), e desposando um adepto da fé para preservar a religião para a geração seguinte. As virtudes morais incluem: falar a verdade, ser caridoso e amoroso com os semelhantes, comer com moderação, ser honesto nas negociações com os outros e cumprir promessas. O zoroastrismo incentiva o trabalho árduo e a diligência, o respeito aos mais velhos e aos superiores, e a busca do conhecimento e da sabedoria. Os adeptos são também estimulados a ser tolerantes e clementes para com os outros, tentar transformar os inimigos em amigos, persuadir os pecadores a se corrigirem e ensinar os ignorantes ou incultos. Espera-se que os zoroastristas cultivem essas virtudes no pensamento, na linguagem e na ação. Sua fé foi resumida na frase "Bons pensamentos, boas palavras, boas obras". Em contraposição, condenam vícios como raiva, cobiça, preguiça, arrogância, adultério, espírito de vingança, rudeza de linguagem e violência, bem como quem se afasta de sua fé.

Sacerdote parse explica a uma menina o conceito de anjos guardiães (*fravashis*), durante as comemorações do Ano-Novo zoroastrista, na Índia.

"LOUVO OS BONS PENSAMENTOS, AS BOAS PALAVRAS... AS BOAS OBRAS."

Avesta, Yasna 0:4

PRÁTICAS E FESTAS

Tradicionalmente, os zoroastristas ofereciam sacrifícios em seus templos, mas hoje sua forma de culto mais importante é a prece, privada ou coletiva. Refeições comunais para reconhecer a bondade da criação de Deus são também essenciais na prática da fé.

CULTO

Um fogo sagrado é mantido aceso em todos os templos parses para simbolizar a luz e a sabedoria eternas de Aúra-Masda.

O culto regular, em casa ou no templo, é obrigatório no zoroastrismo. Grande parte do culto é privado, em geral na forma de preces, cujas palavras são tomadas do Avesta. Sacerdotes e leigos mais devotos podem rezar cinco vezes por dia, ao passo que outros rezam duas vezes, ao levantar e ao deitar. Os que usam o *sudreh* e o *kushti* (a camisa branca e o cordão que são os símbolos tradicionais da fé) desamarram e amarram o cordão enquanto oram, o nó funcionando como símbolo de seu compromisso religioso. Outro importante ato de culto é acender um fogo numa urna cerimonial, alimentado-o com incenso e recitando bênçãos enquanto a fumaça se espalha pela casa. Esse fogo simboliza a luz divina, a energia, a verdade e a lei de Aúra-Masda. O culto coletivo envolve preces no templo, rituais em torno do fogo sagrado e uma refeição comunal. Assim como em casa, o fogo é o foco do culto no templo, onde é mantido continuamente aceso para que o fogo celeste de Aúra-Masda possa fundir-se com ele. O fogo torna-se então um símbolo vivo que adquire algumas das qualidades sagradas de Aúra-Masda. Embora o fogo seja central para o culto no templo, é inexato (e ofensivo) chamar os zoroatristas de "adoradores do fogo". Ele é apenas um símbolo tangível do Deus único e purificador.

Uma zoroastrista presta reverência a uma imagem de Aúra-Masda durante uma peregrinação anual a um santuário histórico nas montanhas.

RITUAIS DE CICLO DE VIDA

A mais importante cerimônia do zoroastrismo é o Navjote, realizado quando uma criança tem entre sete e 12 anos. Nela, a criança se responsabiliza por defender a fé e recebe o *sudreh* e o *kushti*. O uso de ambos, embora tradicional, não é essencial. Em lugares como o Irã, onde os zoroastristas ainda são perseguidos, os devotos não os usam; são vistos com mais frequência entre os parses da Índia.

Os zoroastristas também têm costumes fúnebres próprios. Eles atribuem grande importância à limpeza ritual e para evitar poluir a terra (por meio do enterro) ou o fogo (por meio da cremação) com matéria morta, expõem tradicionalmente seus mortos em altos platôs chamados "Torres de Silêncio", deixando que a própria natureza se incumba de desfazer-se da carne, que frequentemente é comida por aves de rapina.

FESTAS ZOROASTRISTAS

O zoroastrismo é conhecido como uma religião de celebrações alegres, e seu calendário contém muitas festas. Em geral são celebradas no templo e em casa, em vez de ao ar livre, e os banquetes constituem um elemento essencial. As refeições comemorativas reúnem toda a comunidade, seja qual for a riqueza dos participantes.

O ano é pontuado por seis festas sazonais, os *gahanbars*, em honra de cada um dos Amesha Spentas, seres angélicos responsáveis por um aspecto particular do universo. Juntamente com Aúra-Masda, formam um grupo divino de sete, ou héptade. Em refeições cerimoniais, devotos simbolizam essa héptade reunindo os alimentos em grupos de sete (deve haver sete tipos de fruta para comer etc.). Cada festa celebra os aspectos da criação regidos por aquele ser; o de Ardavisht, p.ex., celebra o elemento fogo.

Durante o ano, há outras cinco festas em honra de Yazatas, seres angélicos cujo nome significa "digno de culto". Outros dias celebrados pelos zoroastristas são o Ano-Novo (*noruz*); os aniversários de nascimento e morte de Zaratustra; Sadeh, uma festa no meio do inverno; e Pateti, um dia solene de penitência. Como há três diferentes versões do calendário, as datas reais em que essas festas ocorrem podem variar de um lugar ou grupo de adeptos para outro.

No Navjote, crianças parses são acolhidas no mundo adulto de sua fé e recebem o *sudreh* (camisa) e o *kushti* (cordão), – símbolos de lealdade.

AS RELIGIÕES INDIANAS

A TRADIÇÃO RELIGIOSA da Índia é uma das mais ricas e antigas. As raízes do hinduísmo remontam à pré-história, enquanto grandes revoluções religiosas geraram o budismo, o jainismo e, muito mais tarde, o siquismo. Hoje essas religiões têm muitos adeptos fora da Índia, e o budismo se desenvolveu de diversas maneiras entre seus convertidos para além do subcontinente indiano.

O hinduísmo, provavelmente a mais antiga e uma das mais complexas das grandes religiões atuais, tem origem presumível entre o povo da civilização do vale do Indo por volta de 2500 a.C., embora a influência dos arianos que invadiram o nordeste da Índia cerca de um milênio depois tenha contribuído para suas ideias e crenças também. Dessa mistura surgiu a religião védica, com seus textos sagrados, ou Vedas, que contêm hinos de louvor a muitos deuses diferentes. Nos séculos seguintes, escritos posteriores e outras divindades mais foram acrescentados para formar o hinduísmo complexo que conhecemos hoje, com sua miríade de deuses.

O deus Krisna (uma encarnação de Visnu) é uma das divindades mais populares do hinduísmo.

AS RAÍZES DE UMA CULTURA

Muitas ideias básicas da vida e do pensamento indianos emergiram do hinduísmo. O sistema de estratos sociais ou castas, a noção da vida como uma série de renascimentos dependentes da lei moral do carma, o conceito de um caminho vital ou darma – todos são centrais no hinduísmo e exercem forte influência sobre outras religiões indianas. Como também a ideia de *mocsa*, ou libertação do ciclo de renascimento, que para alguns consiste em alcançar uma espécie de união com a realidade suprema ou deus, Brâman, que age como um Absoluto supremo, unificando os diversos deuses do hinduísmo.

UMA GRANDE RENOVAÇÃO

Os sécs.V e VI a.C. assistiram a um grande desenvolvimento na religião indiana, uma espécie de renovação espiritual que produziu duas fés principais. A primeira, e mais influente numa escala global, foi o budismo, que se baseia nos ensinamentos do grande líder espiritual Siddhartha Gautama, conhecido como o Buda ("o iluminado").

O Buda ensinou seus adeptos a compreender por que a vida envolve tanto sofrimento, e prometeu aos que seguissem seus ensinamentos uma maneira de escapar tanto do sofrimento quanto do ciclo de nascimento, morte e renascimento. Essas ideias tiveram enorme influência na Índia

"DEUS ESTÁ MAIS PRÓXIMO DE TI QUE QUALQUER OUTRA COISA."

Sri Ramakrishna, ***Muitos caminhos para um só Deus***

nos séculos seguintes ao da vida do Buda, em especial durante o reinado de Asoka ou Açoka, o grande imperador da dinastia maurya, que no séc.III a.C. promoveu a fé em todo o subcontinente indiano. Mais tarde a influência do budismo declinou na Índia, em especial depois que o país foi dominado pelos muçulmanos, mas difundiu-se amplamente rumo à China, ao Japão e ao sudeste da Ásia, e hoje é verdadeiramente internacional.

Quase ao mesmo tempo que o budismo, uma outra fé, o jainismo, se estabeleceu. Os jainistas desenvolveram uma das religiões de maior rigor, cujo mérito supremo é a não violência. Para eles, a melhor forma de vida é a do monge ou monja, mas até os leigos devem aspirar a um nível de austeridade que requer grande força e devoção. O jainismo sempre teve poucos e dedicados adeptos, mas seu ideal de não violência mostrou-se influente. Uma outra renovação da religião indiana veio com a fundação do siquismo no séc. XV d.C. Os siques cultuam um só Deus e, ao contrário dos hindus, creem que ele não se manifesta na forma de deuses ou avatares, mas comunica sua vontade por meio de mestres, os gurus. Assim os siques seguem os ensinamentos de seu fundador, o guru Nanak (*p.210*), seus nove gurus sucessores, e o texto sagrado sique, o Guru Granth Sahib (*p.216-7*), considerado o guru final.

O siquismo, que tem notável ética de serviço comunitário, continua forte em seu território natal, o Punjab, mas há também grandes comunidades siques em outras partes do mundo, entre as quais Grã-Bretanha, Canadá e EUA.

Um hindu medita num ghat, lance de escada que desce até o Ganges, o rio sagrado.

HINDUÍSMO

Essa antiga fé desenvolveu-se na Índia, onde conta com milhões de adeptos ainda hoje. Alguns dizem haver realmente milhares de divindades hindus, o que torna seu panteão um tanto assustador para os não iniciados. Essa diversidade, contudo, é sustentada por uma unidade singular: segundo os hindus, todos os seus deuses são aspectos de um único ser supremo.

As origens do hinduísmo são tão remotas que não há registros escritos delas. É provável, porém, que a fé se tenha originado no vale do Indo, no atual Paquistão, há mais de 3.000 anos. Os hindus creem que sua fé tem muitos fundadores, e que seus mais antigos textos sagrados, inclusive os hinos conhecidos como Vedas, foram revelados a antigos sábios diretamente por Deus. Os Vedas tratam apenas de um grupo de deuses e deusas (as divindades védicas), mas textos posteriores introduzem muitos outros, aos quais se acrescentam ainda divindades locais. A maioria dos hindus, porém, tem especial reverência por um deus particular, os mais populares sendo Xiva, o destruidor, e Visnu, o protetor. Além disso, os hindus fazem oferendas a outras divindades, como Ganexa, o deus da boa fortuna, em momentos de especial necessidade. As mulheres frequentemente cultuam uma das deusas, como Laksmi, da fortuna e da pureza. Embora essa miríade de divindades torne o hinduísmo e seus ensinamentos muito diversos, em seu núcleo reside a crença de que todas elas são aspectos da realidade eterna única, uma espécie de espiritualidade universal ou existência suprema conhecida como Brâman.

A devoção a uma divindade é apenas parte da crença. Como outras fés com origem na Índia, o hinduísmo se preocupa especialmente com as ações das pessoas e o impacto que terão sobre seu futuro quando elas morrerem. Os hindus creem que a vida consiste num ciclo contínuo de nascimento, morte e renascimento. Esse ciclo é governado pela doutrina do carma, segundo a qual uma boa vida será recompensada com uma reencarnação favorável, ao passo que uma vida de pecado, egoísmo ou permissividade levará à reencarnação como um ser inferior na próxima vida.

O deus hindu Ganexa é representado na arte indiana com uma cabeça de elefante. Sua verdadeira cabeça, segundo a lenda, teria sido cortada por Xiva.

ORIGENS E HISTÓRIA

O hinduísmo é a religião com a mais longa história. Suas raízes são tão antigas que é difícil precisá-las. Para os hindus, sua fé tem muitos fundadores e origens, unificados, como seus milhares de deuses, pela crença de que todos são parte da realidade suprema que tudo abarca.

As origens do hinduísmo podem ser atribuídas à mais antiga cultura assentada em cidades do subcontinente indiano, a chamada civilização do vale do Indo. Essa cultura floresceu no terceiro milênio a.C. e arqueólogos escavaram seus restos nas cidades de Harapa, junto ao rio Ravi, e Mohenjo-Daro, às margens do Indo. Como ainda não se decifrou a escrita usada por esse povo, tudo o que sabemos vem de ruínas de suas construções e objetos que deixaram. Fica claro, p.ex., que a limpeza ritual era importante, pois seus templos incluíam grandes banhos.

Ao que parece, esse povo cultuava tanto uma deusa quanto um deus de três rostos, representado na posição de um iogue. Essa divindade talvez seja a origem da tríade de deuses que mais tarde se tornou central no hinduísmo.

Durante o segundo milênio a.C., a Índia foi invadida por outro povo, os árias ou arianos. Eles cultuavam muitos deuses e os viam como forças da natureza. Conhecemos a religião dos árias a partir de textos escritos c.800 a.C. na antiga língua sânscrita, que provavelmente se baseiam em crenças originadas muitos séculos antes.

Reis sacerdotes da civilização do Indo reinavam sobre os aspectos temporais e espirituais da vida.

FUNDAMENTOS DE UMA FÉ

As escrituras dos árias, chamadas de Vedas (da palavra sânscrita para conhecimento), são os primeiros textos do hinduísmo. O mais antigo dos Vedas é o Rig Veda, que contém mais de 1.000 hinos, cada um dedicado a um deus específico.

Entre os muitos deuses mencionados nesses hinos, dois dos mais populares são a divindade guerreira Indra e o deus do fogo Agni. Os sacrifícios

AS ORIGENS DOS DEUSES

Os deuses védicos, que incluem figuras como Indra, Agni e Varuna, eram cultuados porque propiciavam benefícios como saúde, prosperidade e vitória. Algumas divindades que ganharam proeminência, como Visnu, começaram como deuses védicos menores que posteriormente se tornaram mais complexos, assumindo responsabilidade por todo o cosmo. Outras divindades hindus, como o deus macaco Hanuman, não aparecem nos Vedas, mas vêm à luz em textos sagrados posteriores.

O deus-macaco Hanuman, que não figura nos textos védicos, surge mais tarde como um aliado de Rama, uma encarnação de Visnu.

desempenhavam importante papel no culto desses deuses védicos e os sacerdotes que presidiam os rituais estavam entre as pessoas mais importantes na sociedade indiana.

UMA NOVA SÍNTESE

Por volta de 600 a.C. a religião indiana sofreu importantes mudanças. Foi o período em que o budismo (*p.183*) e o jainismo (*p.225*) emergiram, e também em que vários outros ensinamentos, vistos por muitos como revelações divinas, imprimiram à espiritualidade indiana outras direções.

Esses novos ensinamentos, registrados como os Upanixades (*p.170*) preocupavam-se menos com sacrifício e ritual que com a busca da realidade suprema. Junto com outros textos, entre os quais os grandes poemas épicos sânscritos, introduziram uma multidão de novos deuses. A combinação desses novos deuses com uma preocupação mais filosófica em relação ao significado da vida e partes da tradição ariana ajuda a compor a fascinante mistura que conhecemos hoje como hinduísmo.

As ricas e significativas histórias dos deuses, em especial as encontradas nos épicos sobre o Senhor Rama, impregnam cada camada da vida e estão sempre presentes para os hindus. Rama é invocado regularmente, e os homens tentam emular seu caráter, assim como as mulheres reverenciam sua fiel esposa, Sita.

COMENTÁRIO E INTERPRETAÇÃO

Os Upanixades e os Épicos abordam alguns conceitos bastante complexos, como o significado da realidade, e narram histórias longas e intrincadas envolvendo inúmeros personagens. Por um longo

O templo Minaksi em Madurai, Índia, foi concluído há cerca de 2 mil anos, embora partes de seu interior sejam muito mais antigas.

RAMMOHUN ROY

Para enfrentar os desafios do cristianismo, o hinduísmo precisou de um pensador versado nos pensamentos oriental e ocidental. Encontrou esse líder em Rammohun Roy (1772-1833), um funcionário da receita pública altamente instruído de Bengala ocidental. Roy fundou Brahmo Samaj, uma forma monoteísta de hinduísmo que se concentrava no culto do Deus Absoluto único. Seus maiores feitos foram estimular os hindus a refletir mais profundamente sobre sua fé e promover campanhas por reformas sociais.

Rammohun Roy, fundador do movimento Brahmo Samaj, lutou por reformas no sistema de castas da Índia e defendeu os direitos da mulher.

período, os eruditos hindus começaram a interpretar as mensagens dessas escrituras e a apresentar sua essência de um modo que as pessoas pudessem entender. Uma das interpretações mais influentes foi o Brahma-sutra escrito no séc.VI d.C., que por sua vez inspirou estudiosos e escritores a produzir seus próprios sumários de filosofia hindu.

Os comentadores mais notáveis foram Shankara (c.788-820), Ramanuja (morto em 1137) e Madhva (c.1197-1276). Shankara escreveu comentários sobre o Brahma-sutra e outro texto sagrado, o Bhagavad-gita. Influenciado pelo pensamento budista, descreveu o mundo como *maya*, uma ilusão. Ramanuja, em comentários sobre os mesmos dois textos, viu o cosmo como o corpo de Deus, mas entendeu também que a natureza de Deus é maior que esse aspecto material. Madhva, influenciado pelos jainistas, buscou na essência da alma a fonte do destino de cada indivíduo.

Templo de Dakshineswar Kali, Índia, onde o filósofo e místico Sri Ramakrishna foi sumo sacerdote.

Esses filósofos da Idade Média sondaram profundamente as ideias por trás de sua religião, usando conceitos discutidos pelos líderes das outras fés indianas, vistas a princípio como ramos do hinduísmo. Concordavam, porém, que os muitos deuses hindus eram de algum modo aspectos do Deus supremo, ou da realidade suprema, Brâman.

REFORMA E MUDANÇA

Outro período de reavaliação dentro do hinduísmo começou no séc.XVIII, quando os indianos passaram a ser influenciados pelos europeus que a princípio negociaram com eles e depois conquistaram seu país, trazendo consigo a fé e os valores cristãos. Muitos hindus se comoveram com a história cristã e se impressionaram com os ensinamentos de Jesus, mas pensadores hindus como Rammohun Roy insistiram que o que de melhor havia no cristianismo já estava presente na religião indiana.

Outra figura de enorme influência no hinduísmo foi o filósofo e místico Sri Ramakrishna (1836-1886), que acreditava haver uma verdade suprema comum a todas as fés, e que Deus, que se manifestou em figuras hindus como Rama e Krisna, estava também

Mahatma Gandhi é reverenciado no mundo todo como figura axial na história da Índia. Com suas frequentes viagens, ajudou a difundir a cultura hindu.

presente em figuras como Jesus. Em sua obra, Ramakrishna promoveu tanto o monasticismo quanto atividades educacionais e missionárias. Esses dois lados de seu trabalho foram continuados após sua morte por seus adeptos na Missão Ramakrishna, que ajudaram a formar um entendimento muito mais amplo do hinduísmo, difundindo-o para além das fronteiras indianas.

Mestre Vivekananda (1863-1902), importante adepto de Ramakrishna, difundiu as crenças hindus no mundo todo, entusiasmando muitos não hindus pela primeira vez com as ideias subjacentes à fé. Os dois foram os principais responsáveis pela renovação do hinduísmo, mostrando como suas crenças eram relevantes para o mundo moderno.

NOVAS DIREÇÕES

Um outro grupo de líderes expandiu a fé, fundando novos ramos que encontraram muitos devotos. Uma figura notável no movimento foi Ghanshyama, conhecido como Swami Narayan (1781-1830), um notável pregador do Gujarat. Sua personalidade magnética atraiu seguidores, inclusive grande número de indianos, na África e na Europa.

Outro movimento originário do Gujarat foi fundado por Sai Baba de Shirdi (morto em 1918), considerado por seus seguidores como um santo e uma encarnação de Xiva. Sai Baba tinha grande interesse pelo islamismo e abraçou elementos da fé em sua perspectiva religiosa. Mais tarde os ensinamentos de sua seita sobre amor e perdão tiveram grande aceitação no Ocidente.

Assim o hinduísmo, que mais que qualquer outra fé se identifica com um país, a Índia, é hoje uma grande força global. Sua capacidade de se adaptar, seus muitos deuses e seus conceitos em camadas alcançaram sucesso num mundo mais amplo.

“NA VASTIDÃO DE MINHA NATUREZA EU DEPOSITO A SEMENTE DE COISAS POR VIR.”

Krisna, Bhagavad-gita 14:3

CRENÇAS ESSENCIAIS

O hinduísmo, a mais diferente das principais fés, pode ser interpretado de diversos modos. O resultado é uma religião complexa, com milhares de deuses e nenhuma prática uniforme. Há, contudo, alguns conceitos essenciais a que todos os adeptos recorrem.

A crença hindu centra-se em três ideias principais: o Absoluto, samsara e mocsa.

Laksmi, a deusa hindu da riqueza, sorte, amor e beleza, e esposa de Visnu.

O ABSOLUTO

Os hindus creem numa realidade absoluta total conhecida como Brâman. Por ser absoluto, Brâman não pode ser descrito, e muitas vezes fala-se sobre ele em termos do que ele não é: não é homem nem mulher, nem se manifesta sob nenhuma forma, e não morre. A criação, também infinita, é parte de Brâman, e, como a humanidade é parte da criação, carregamos Brâman conosco também. A parte do indivíduo que é Brâman é a alma, conhecida como atmã. O elo entre alma e infinito, entre atmã e Brâman, é um exemplo no hinduísmo das ligações entre grande e pequeno, e Deus e ser humano. Para muitos, essa é a essência da religião.

O PANTEÃO

Brâman também se manifesta num grande número de divindades, os deuses que compõem o panteão hindu. Cada divindade é identificada com um aspecto da realidade suprema, e os hindus veneram todos eles. Entre os muitos deuses há um trio dos mais proeminentes, conhecido como Trimúrti, formado por Brama, um criador excelso; Visnu, conhecido como o protetor; e Xiva, o destruidor e também o recriador da vida. Cada deus tem uma esposa. Essas deusas, Sarasvati, Laksmi e Kali, são divindades poderosas por si mesmas.

BHAGAVAD-GITA

O Bhagavad-gita (*também p.170*) faz parte do Mahabharata. O herói, Arjuna, não quer lutar numa batalha porque pode matar alguns de seus parentes. No texto, Krisna lhe explica que seu darma como guerreiro é lutar. Diz ainda haver três caminhos (devoção a Deus, conhecimento e desapego) pelos quais se pode alcançar um estado de união com Deus e a verdade. A rica e profunda reconciliação com o darma alcançada pelas palavras de Krisna faz do Bhagavad-gita uma das mais amadas de todas as escrituras hindus.

Krisna atua como cocheiro de Arjuna numa cena famosa do Bhagavad-gita, texto sagrado essencial da religião hindu.

Visnu tem ainda a capacidade especial de se manifestar na Terra de dez diferentes formas ou avatares, as mais veneradas das quais são o nobre senhor Rama e o deus herói-guerreiro Krisna.

A maioria dos hindus concentra seu culto num deus ou deusa particular. Outros deuses são usualmente reconhecidos em seu culto, e um grupo de cinco (Devi, Ganexa, Narayana, Xiva e Surya) costumam ser invocados no início do culto. Num momento de sua vida em que esteja na esfera de especial influência de outra divindade, um devoto pode lhe oferecer preces.

DE SAMSARA A MOCSA

Os hindus creem no conceito de samsara, o ciclo contínuo de nascimento e reencarnação, e em carma, a lei de causalidade que vincula o modo como vivemos ao tipo de renascimento que teremos. Esperam alcançar um renascimento favorável vivendo bem na vida atual e assim conseguindo um bom carma. Crucial para esse processo é o darma, o conceito do que é correto no comportamento ritual e no cotidiano. Os devotos aspiram a viver o mais perto possível do darma, o padrão moral correto para eles. Mas há também a esperança de romper o ciclo de samsara alcançando mocsa (*p.172*), descrito pelo Bhagavad-gita como a libertação do corpo, da ira, da morte e até do próprio carma.

O deus hindu Xiva é o destruidor e criador da vida. Faz parte de um trio de deuses, o Trimúrti.

TEXTOS *SRUTI* E *SMRTI*

Os textos sagrados do hinduísmo dividem-se em duas categorias. Os mais antigos, chamados de textos *sruti*, embora muitas vezes de difícil compreensão, são as escrituras consideradas mais sagradas. Posterior e mais acessível é a literatura *smrti* dos grandes poemas épicos hindus, que revelam verdades por meio de histórias absorventes e personagens interessantes.

SABEDORIA SAGRADA

A literatura *sruti* compõe-se das quatro coleções conhecidas como os Vedas e de um número muito maior de livros intitulados Upanixades. Essas obras são chamadas de *sruti*, ou "ouvidas", porque os sábios antigos iam meditar em lugares remotos, e ali ouviam ou percebiam verdades sagradas.

A palavra *veda* significa conhecimento, e os Vedas abrangem diferentes áreas de conhecimento sagrado e ritual: o Rig Veda contém hinos aos deuses; o Shama Veda, cânticos; o Yajur Veda, rituais; e o Atharva Veda, ritos e fórmulas mágicas, especialmente os relacionados à cura.

Indra, o deus védico do clima e da guerra, tem papel importante em muitas histórias hindus.

O foco dos Upanixades é Brâman e a relação da alma com essa realidade suprema. Seu título significa "sentar-se perto de", em alusão aos adeptos dos antigos sábios, ou gurus, que se sentavam perto desses mestres para aprender sua sabedoria.

Sarasvati, a deusa dos rios, tem sido cultuada mais recentemente como a deusa do conhecimento, da música e das artes.

O MAHABHARATA

O mais longo dos dois épicos que compõem os escritos *smrti* ("lembrado") é o Mahabharata ("A grande história dos Bharatas"). Narra uma longa luta pelo poder entre duas famílias rivais, os Pandavas e os Kauravas. Ambas descendiam de um rei chamado Bharata, cujo nome deriva de uma antiga denominação da Índia. O épico tem um vasto elenco de personagens e abrange toda a extensão da experiência humana, do amor à guerra, entremeada com ensinamentos sobre assuntos de toda sorte – política, moralidade pessoal e religião.

O BHAGAVAD-GITA

A sexta seção do Mahabharata é tão famosa que forma um livro independente. Chamado Bhagavad-gita ("Canção do Adorável"), descreve eventos anteriores a uma grande batalha entre duas famílias em guerra. Arjuna, membro da família Pandava, prepara-se para a batalha, mas, horrorizado diante da perspectiva da guerra, diz a seu cocheiro que não pode lutar. Mas o cocheiro é Krisna, um avatar (manifestação) do deus Visnu. Krisna explica a Arjuna o conceito de darma, que cada pessoa deve agir segundo o caminho próprio estabelecido para ela. Por fim, Arjuna compreende que é seu darma ser um guerreiro, e que, ao lutar, estará ajudando o bem a triunfar sobre o mal. O Bhagavad-gita é a explicação clássica de conceitos hindus e uma das escrituras hindus mais amadas.

O RAMAYANA

Outro épico hindu, conta a história de Rama, o sétimo avatar de Visnu, e sua leal esposa Sita. Em seu cerne está uma história sobre o sequestro de Sita por um demônio, Ravana, e seu resgate por Rama, com a ajuda do deus macaco Hanuman.

Uma das narrativas mais populares da literatura indiana, o Ramayana atrai porque enfatiza o lado humano do caráter de Rama, retratando emoções muito reais. Descreve como herói e heroína passam por agruras e sofrimentos, mas se realizam ao fazer as escolhas morais corretas e seguir seus darmas.

Um peregrino lê uma passagem das escrituras sagradas hindus às margens do rio Ganges.

ÉTICA, MORAL E LEI

A ética do hinduísmo funda-se no carma, a lei moral de causa e efeito, e no darma, o conceito do caminho moral correto que cada pessoa deve seguir. Como o caráter e as circunstâncias de uma pessoa variam, a fé lhe oferece muitas maneiras de viver bem e seguir seu darma.

O objetivo dos hindus é viver bem para produzir um carma positivo. Como uma só vida não basta para se atingir a perfeição, aspiram a intermináveis reencarnações à medida que o ciclo de samsara gira. Agir bem é agir de acordo com darma, o caminho correto em circunstâncias específicas. Não há um darma único, cada indivíduo, sociedade e classe social tem o seu, e o de uma pessoa se altera ao longo de sua vida.

Há quatro estágios tradicionais na vida, cada um com seu próprio darma. O primeiro, a infância, tem um darma dominado pela educação. O seguinte, o do lar, centra-se na criação de uma família. No terceiro a pessoa se torna um avô e seu darma requer que ela se afaste do mundo e viva uma vida mais concentrada em assuntos espirituais. O último marca o fim da vida, quando um hindu devoto renuncia ao mundo e se concentra no absoluto.

MOCSA

A meta suprema, reconhecida como inatingível pela maioria, é superar o ciclo de morte e renascimento e atingir um estado transcendente conhecido como mocsa. Para tal, a pessoa tem de realizar o atmã, a alma profunda identificada com Brâman, e fundir-se com o próprio absoluto. Vários caminhos podem levar a esse estado. Um deles envolve a concentração em Brâman: uma vida

***Sadhus* meditam** e cantam num quintal em Rishikesh, Índia. Eles são uma classe de homens santos hindus ascetas e itinerantes.

O AUM, OU OM

"Om" ou "Aum" é uma sílaba sagrada registrada primeiro nos Upanixades. Composta de três letras sânscritas, é considerada uma espécie de matéria-prima espiritual que contém em seu som o começo de todas as preces e mantras. Por compor-se de três letras, e pelo fato de seu traçado lembrar o número 3, simboliza o Trimúrti ou trio dos principais deuses hindus. Diz-se que o silêncio depois que ela é pronunciada representa o absoluto, Brâman.

de meditação solitária sob a orientação de um mestre ou guru, incluindo a disciplina da ioga. O deus asceta Xiva é um exemplo importante para os que seguem esse caminho. Outro caminho para mocsa é o da ação: dedicar-se a boas ações no mundo, de maneira totalmente altruísta. Arjuna, o herói do Bhagavad-gita (*p.168*), é o notável exemplo desse altruísmo. A devoção amorosa ao divino é um terceiro caminho para mocsa. A devoção do deus Krisna a sua esposa Rada é um exemplo divino da intensidade desse amor, e de sua reciprocidade.

Esses exemplos de profunda santidade são modelos para os hindus que estão seguindo seu darma, mesmo reconhecendo que talvez não alcancem mocsa.

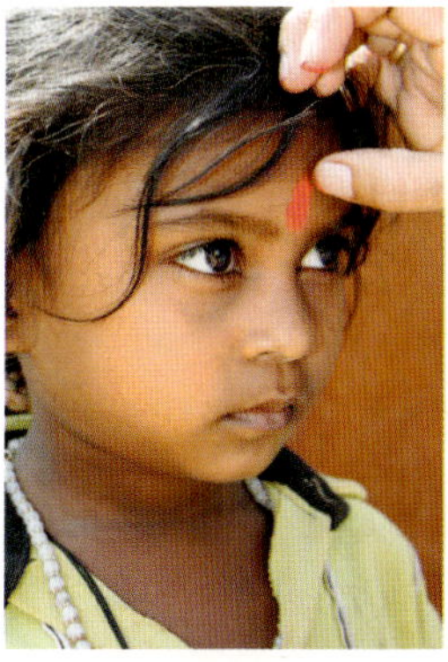

Uma criança usa um sinal *bindi* vermelho. Outrora exclusivo dos casados, hoje tem uso mais amplo.

VALORES

Embora o darma varie de uma pessoa para outra, há ainda valores hindus universais ou muito difundidos. Como toda vida é sagrada, os hindus evitam a violência; muitos, mas não todos, são vegetarianos, e condenam que se abatam animais para a alimentação. A vaca é um animal sagrado e a maioria dos hindus não come carne de vaca ou vitela.

A criação dos filhos também é muito importante e, tradicionalmente, os papéis femininos de mãe e dona de casa são muito valorizados. Elas são responsáveis por manter a casa limpa tanto no sentido físico como no religioso; p.ex., seguindo códigos de limpeza ritual ao preparar a comida. E, em geral, as mulheres da casa zelam pelo culto regular no altar doméstico.

CASTAS OU VARNAS

A sociedade hindu é dividida numa série de classes sociais, chamadas varnas ou castas. A vida e as ações de todos dependem da classe em que nasceram. Por tradição, o darma de uma pessoa tem relação direta com a varna em que nasceu.

As quatro varnas tradicionais são a dos brâmanes, ou classe dos sacerdotes; a dos xátrias, ou guerreiros; a dos vaixiás, ou comerciantes e agricultores; e a dos sudras ou párias, a mais baixa. Encaixado nesse sistema de varnas há um outro, de milhares de grupos ou castas que eram originalmente definidos pelo trabalho e local de moradia de seus membros. A casta em que um hindu nasce afeta sua escolha de trabalho, de cônjuge, e das pessoas com as quais pode comer ou de quem pode aceitar comida. A ética hindu se ajusta a esse sistema de classes, e a pessoa deve obedecer às regras de casta para permanecer ritualmente pura.

PRÁTICAS E FESTAS

A longa história do hinduísmo deu origem a uma rica variedade de rituais e outras práticas. As práticas hindus vão do silencioso culto diário em casa diante de um pequeno altar a festas nacionais que envolvem dias de celebração na Índia toda e além.

Os hindus oram todos os dias, no templo ou, mais comumente, diante de um pequeno santuário doméstico. Esse culto diário, conhecido como *puja* (palavra que transmite os sentidos de honra e veneração), é uma parte importante e muito diversificada da prática hindu.

Oferendas alimentares são tradicionalmente feitas durante a *puja*, o culto diário dos deuses hindus.

A *puja* centra-se na imagem de uma divindade, vista não só como um símbolo do deus, mas como parte de sua essência. Como tal, as imagens merecem grande respeito. Elementos-chave da *puja* incluem um ritual de purificação (é comum banhar-se antes) e a lavagem da imagem da divindade, vista como um hóspede na casa ou no templo.

Comida, flores, incenso perfumado e a luz de uma lamparina de óleo são oferecidos à divindade. Pode-se cantar hinos em louvor ao deus, em especial no templo, e também expressar a devoção dançando. Uma parte axial da *puja* é *darshan*: ter uma audiência com a divindade, seja sentando-se diante de sua imagem ou andando ao redor dela.

O CICLO DA VIDA

Há 16 rituais, chamados *samskaras*, que marcam os estágios da vida de um hindu. A importância das crianças e da vida familiar no hinduísmo é tal que 11 deles são relacionados a bebês e crianças pequenas.

Muitos não celebram todos eles, e os mais populares são os realizados no nascimento (limpeza cerimonial e sussurrar de palavras sagradas ao ouvido do bebê) e a cerimônia de denominação, quando se entoam canções e o horóscopo da criança pode ser traçado. O ritual mais importante é a cerimônia do cordão sagrado, realizada quando a criança tem entre seis e 14 anos, segundo a classe social. Nesse ritual, é dado ao menino um cordão feito de três fios de algodão, simbolizando sua ligação com Deus, com seus pais e seu mestre; ele usa esse cordão pelo resto da vida. Dos demais *samskaras*, os

As coloridas bodas hindus são um dos 16 *samskaras* que marcam os estágios da vida. Os costumes variam, mas em geral o casamento envolve ritos executados perante um fogo sagrado.

"EM TEU CORAÇÃO, DEVOTA TUAS AÇÕES A MIM."

Bhagavad-gita 18:57

mais importantes são o noivado, o casamento (acompanhado por celebrações que duram vários dias) e as cerimônias fúnebres.

FESTAS

O hinduísmo tem muitas festas em sua maioria associadas a estações específicas do ano. Uma das mais populares é Diwali, a festa das luzes em outubro ou novembro, durante a qual as pessoas decoram suas casas, locais de trabalhos e templos com luzes. É um momento de celebrar e renovar, enfeitando e limpando as casas. Diz-se que a deusa Laksmi visita cada uma delas, levando prosperidade e felicidade às que estão bem decoradas. Uma outra festa popular, Holi, tem lugar antes do Ano-Novo, em março ou abril. Nela se comemoram a colheita da primavera e a chegada do novo ano; há um relaxamento das regras sociais, travessuras várias, e as pessoas se cobrem com um pó colorido, brincadeira outrora praticada por Krisna, cuja imagem é conduzida pelas ruas.

Há outras festas dedicadas a deuses específicos: Ram Navami (aniversário de Rama), Navami (celebração da deusa Durga), e Ganexa Chaturbi (em honra a Ganexa, o popular deus com cabeça de elefante). Em sua maioria as festas hindus são alegres, reforçando a ideia de que a vida é um dom de Deus, algo que convém desfrutar.

Mulheres pânditas da Caxemira acendem lamparinas durante a festa de Jeth Ashtami, aniversário da deusa Ragni, num santuário em Khirbhawani.

Durante a festa hindu de Holi, pessoas de todas as idades e castas se cobrem com um pó colorido chamado *gulal*. Holi, ou a festa das Cores, celebra a chegada da primavera e lembra como o deus Visnu venceu o mal, demonstrando que a fé prevalece.

RAMOS DO HINDUÍSMO

Há muitas variedades da fé hindu. O modo como as pessoas praticam sua religião varia, mas uma diferença capital está na principal divindade que cultuam. Há também vários novos movimentos religiosos com raízes no hinduísmo.

VAISNAVAS E SAIVITAS

Índia c.600 a.C. 500 milhões (vaisnavas); 200 milhões (saivitas)

Uma das divindades hindus mais populares é Visnu, conhecido como o protetor ou sustentador do universo. Seus devotos, chamados de vaisnavas, cultuam-no como deus supremo, uma figura incomparável em sua divina benevolência.

Visnu é a divindade que dá vida ao criador, Brama, que se senta numa flor de lótus no umbigo de Visnu, que também sustenta e protege tudo o que é criado por Brama. Além de inspirar devoção por si mesmo, é também cultuado na forma de seus avatares, em especial Rama e Krisna.

O complemento de Visnu é o deus Xiva. Conhecido como "o destruidor", ele recria o que destrói. Ele abarca também outras oposições: vida e morte, tempo e eternidade etc. Essa capacidade de reunir opostos é um dos aspectos de Xiva que fascina os saivitas. A conciliação de qualidades diversas por divindades superiores é fundamental no hinduísmo, e Xiva encarna essa reunião de opostos como nenhum outro deus. Não surpreende que seus devotos o vejam como deus supremo. Uma representação especialmente popular de Xiva mostra-o como Nataraja, ou "Senhor da Dança". Tendo destruído o universo, ele dança depois para recriá-lo, carregando fogo, símbolo da destruição, numa das mãos, e um tambor na outra, representando o primeiro som feito no início da criação.

O deus hindu Visnu montando a criatura alada Garuda, acompanhado de duas esposas. Uma das divindades hindus mais populares, é amplamente cultuado.

DEVOÇÃO À DEUSA

Índia · c.600 a.C. · Não conhecido

Cada um dos três deuses do Trimúrti – Brama, Visnu e Xiva – tem uma esposa, e essas deusas podem aparecer com diversas formas e nomes. Elas são também vistas como aspectos de uma só "Grande Deusa", conhecida como Devi ou Mahadevi.

ASPECTOS DA DEUSA

A Grande Deusa é amplamente cultuada em suas várias formas, cujos diversos caracteres atraem o culto por uma série de razões. Uma das formas mais populares da deusa é a benévola Laksmi, esposa de Visnu e deusa da boa sorte.

Laksmi é conhecida por sua generosidade; ela também valoriza a ordem social e a limpeza, por isso os devotos limpam suas casas diligentemente antes de celebrar suas festas. Ela é notável por poder mudar de identidade segundo os diferentes avatares do marido. Quando ele é Rama, p.ex., ela é

A deusa Laksmi, conhecida pela generosidade, é uma das formas mais populares assumidas pela Grande Deusa.

Sita. A esposa de Brama é Sarasvati, deusa das artes, considerada capaz de fazer qualquer coisa em que o marido pense. É também a deusa do saber e teria inventado o sânscrito, razão por que há santuários a ela dedicados em escolas e bibliotecas. A esposa de Xiva assume várias formas, da gentil e amorosa Parvati, muitas vezes retratada ao lado do marido, às mais belicosas Kali e Durga. Kali é conhecida como uma assassina de demônios e Durga é apreciada pela capacidade de destruir o mal, mas é também uma deusa da fertilidade, cultuada na época da colheita e amada pelos que cultivam plantas e ervas.

Todos esses aspectos da Grande Deusa são populares. Seu culto é muito difundido no sul da Índia e em comunidades rurais de outros países, e muitos de seus devotos são mulheres.

Essa estátua de Sarasvati, a deusa da sabedoria e do conhecimento, mostra-a segurando um belo instrumento musical, símbolo de seu domínio das artes.

ISKCON

EUA · 1965 · 1 milhão

A Sociedade Internacional para a Consciência de Krisna é mais conhecida como o movimento Hare Krisna. Inspira-se em Chaitanya, um místico do séc.XVI nascido em Bengala que dizia ser uma encarnação de Krisna, e no movimento religioso que ele fundou, o vaisnavismo Gaudiya.

Nos anos 20, o líder desse movimento na Índia instruiu um de seus adeptos, Prabhupada, a levar seus ensinamentos para o mundo anglófono. Ele foi para os EUA em 1965 e lá fundou a ISKCON, que atraiu muitos não indianos para o hinduísmo. Os adeptos são devotos de Krisna e centram a vida nele, cantando seu nome repetidamente e renunciando à violência, ao jogo, ao álcool e às relações sexuais ilícitas.

Membros da ISKCON cantam o mantra de Krisna em público, ato que creem elevar a consciência.

IGREJA DE SAIVA SIDDHANTA

EUA · 1949 · 750.000

A Igreja de Saiva Siddhanta (Sagrada Congregação da Verdade Revelada do Deus Supremo Xiva) é uma das muitas formas de hinduísmo centradas no deus Xiva. Foi fundada nos EUA pelo mestre Satguru Shivaya Subramuniyaswami, conhecido como Gurudeva, que foi enviado para lá após ter tomado conhecimento de Xiva, no Sri Lanka.

Gurudeva tornou-se muito respeitado na comunidade hindu como uma das pessoas que mais fizeram para disseminar o conhecimento da religião fora da Índia. A variedade de hinduísmo que ele difundiu foi fortemente influenciada pela dos saivitas do Sri Lanka. Os adeptos se dedicam ao serviço comunitário, ao culto de Xiva, à ioga e à meditação, na esperança de se aproximar do deus e alcançar mocsa (*p.168-9*). Seus valores incluem o vegetarianismo e a não violência.

Homenageado pelo Parlamento Mundial das Religiões por seu trabalho na propagação de crenças hindus fora da Índia, Gurudeva fundou várias outras instituições para difundir a religião no Novo Mundo: um mosteiro no Havaí, a Academia Himalaica e o jornal *Hinduism Today*.

A Igreja tem membros nos EUA e muitos outros países. Sua International Family Congregation se estende ao Canadá, Malásia, Cingapura, Ilhas Maurício e várias nações europeias, bem como à Índia e ao Sri Lanka.

ELÃ VITAL

EUA · Anos 1980 · Não conhecido

Prem Pal Singh Rawar (nascido em 1957), conhecido como Maharaji, é um mestre religioso extremamente carismático cujas ideias têm raízes no hinduísmo e outras religiões indianas, em particular o siquismo. Ele não prega um credo específico ou ritos particulares, mas ensina várias técnicas que, dizem, quando combinadas, levam o discípulo ao contentamento interior e à alegria. Sua Missão da Luz Divina, ensinando que mocsa vem através do conhecimento, começou nos anos 70 e cresceu rapidamente, em particular nos EUA. Mas nos anos 80 ele fundou um novo movimento, o Elã Vital, em que suas ideias são apresentadas de modo que não pareçam baseadas em outras religiões.

Hoje, o Elã Vital é composto por várias organizações independentes no mundo todo que trabalham de acordo com as condições locais. Elas promovem os ensinamentos de Maharaji, e têm atraído muitos adeptos, especialmente na Índia.

SOCIEDADE SATYA SAI BABA

Índia · 1950 · 10 milhões

Atribuem-se a Satyanarayana Rajuin (nascido em 1926) muitos milagres, operados desde tenra idade. Aos 14 anos, após ser picado por um escorpião entrou em transe e ao sair disse ser uma reencarnação do guru Shirdi Sai Baba. Dali em diante foi chamado de Satya Sai Baba. Granjeou crescente fama em decorrência de seus milagres, entre os quais o de aparentemente produzir objetos a partir do ar, e nos anos 50 começou a atrair adeptos que hoje somam milhões. Estabeleceu quatro princípios essenciais para seus discípulos. O primeiro é buscar a verdade, *satya*, o que deve levar a uma compreensão mais profunda da vida e, por sua vez, levar a servir à comunidade, atraindo carma positivo e conduzindo a um renascimento favorável. O segundo é dever, *darma*, mas diferentemente de muitos hindus ele não associa um darma específico a cada classe social: todos são considerados iguais. O terceiro é paz, *shanti*, e o quarto é amor divino, *prema*.

Sai Baba diante de seguidores na Índia. Consta que seu ramo do hinduísmo tem adeptos em 130 países.

BUDISMO

Desde seus primórdios na Índia há c.2.500 anos, o budismo tornou-se uma das religiões mais populares do mundo. Milhões de pessoas num sem-número de países são inspiradas pelos ensinamentos do Buda, encontrando neles respostas para seus problemas, orientação para alcançar a felicidade e esperança para o futuro.

O budismo surgiu em meados do primeiro milênio a.C. no norte da Índia, quando um jovem príncipe, Siddhartha Gautama, abandonando uma vida de luxo e riqueza, saiu em busca de um modo de dominar o sofrimento humano. A busca findou quando ele passou por uma experiência religiosa transcendente, após a qual ficou conhecido como Buda, "o iluminado". Daí em diante, dedicou a vida a ensinar e guiar os outros.

O budismo propagou-se muito, em especial pelos países do leste e do sudeste da Ásia. Em alguns, como a Tailândia, é a religião nacional, e aprender sobre o budismo é parte da educação de todos. Mais recentemente, difundiu-se também no Ocidente, e há hoje muitos budistas na Europa e nos EUA. A fé se espalhou, mudou e se adaptou, de modo que há agora duas diferentes linhagens de budismo: a tradição teravada, mais antiga, e o budismo maaiana, que tem muitas formas diferentes. Assim, o budismo atual apresenta diferenças significativas. O budismo teravada, p.ex., não tem nenhuma concepção de um deus todo-poderoso, presente em alguns tipos de budismo maaiana. Embora budismo signifique coisas diferentes para diferentes pessoas, muitos elementos de crença unem a fé. Todos os budistas se inspiram na vida do Buda e seguem seus ensinamentos. Todos veem sua fé como uma religião ativa que afeta diretamente a maneira de viver das pessoas. Elas tentam viver bem, reduzir o sofrimento humano, e dedicar o devido respeito ao ambiente. E, como os adeptos de outras religiões orientais, todos os budistas consideram vital acumular um bom carma para gozar de um renascimento favorável na próxima vida.

No cânone páli, a escritura sagrada do ramo teravada do budismo, o Buda tem pele dourada e cabelo azul-escuro.

ORIGENS E HISTÓRIA

Oriundos do norte da Índia no séc.VI a.C., os ensinamentos de Siddhartha Gautama, o Buda, logo reuniram adeptos na Índia e, após sua morte, em outros países asiáticos. Só nos últimos 150 anos o budismo passou a ter muitos seguidores em outros continentes.

O CAMINHO PARA A ILUMINAÇÃO

Quando Siddhartha Gautama, um príncipe da tribo Sakya, oriunda do Nepal, era criança, um *brahmin* (sábio) previu que ele se tornaria um sábio iluminado que ajudaria os outros a dominar o sofrimento. Nessa época ser um sábio significava tornar-se um andarilho itinerante, e o pai de Siddhartha não queria isso para o filho. Protegeu o menino, confinando-o no palácio e cobrindo-o de luxos.

Mas, quando se tornou um rapaz, Siddhartha quis ver o mundo, e convenceu o pai a deixá-lo partir para uma série de viagens. Pela primeira vez Siddhartha testemunhou o sofrimento; em suas viagens encontrou velhos e doentes, e um homem morto sendo levado para a cremação. Segundo alguns relatos de sua vida, essas experiências ocorreram nas viagens físicas reais; segundo outros, foram aventuras espirituais. Mas o resultado é o mesmo: Siddhartha compreendeu o sofrimento humano. Ao encontrar um andarilho errante, decidiu deixar sua família, seguir o asceta e buscar a

Em algumas representações de seu nascimento, o Buda emerge de uma flor de lótus, o símbolo da doutrina budista.

A ILUMINAÇÃO DO BUDA

Segundo relatos da vida do Buda, ele meditou sob a árvore *bodhi* durante pelo menos três dias e três noites antes de alcançar a iluminação: vigília espiritual e intelectual, sabedoria, inspiração e entendimento. Após a iluminação, o Buda pretendia ficar ali, num estado de nirvana, vendo e compreendendo tudo. Mas o deus hindu Brama persuadiu-o a partir e ensinar os outros a também alcançar a iluminação.

Os budistas veneram imagens da árvore *bodhi*. Cortaram-se mudas da planta original e acredita-se que ainda existem árvores da mesma linhagem.

verdade e meios de dominar o cansaço e a dor. Por fim, magro e exausto, sentou-se sob uma árvore *bodhi* (ou *bo*) em Bodh Gaya, no nordeste da Índia, para meditar. Assim ficou até alcançar um estado transcendente conhecido como iluminação ou nirvana, em que compreendeu plenamente a vida e se libertou do medo do sofrimento humano e do ciclo interminável de morte e renascimento. Tornara-se um Buda, um ser iluminado, capaz de compreender as verdades da existência. A partir desse momento, foi conhecido como o Buda.

O BUDA E SEUS SEGUIDORES

Versões tradicionais da vida de Buda dizem que, após a iluminação, ele meditou sob a árvore por várias semanas, ao fim das quais começou a falar aos outros sobre suas percepções. Disse que a melhor maneira de viver era seguir o caminho intermediário entre o luxo e a pobreza. Como muitos sábios indianos, logo reuniu um grupo de adeptos que ouviam atentamente suas ideias sobre o problema do sofrimento e o melhor modo de dominá-lo. Ele pregou seu primeiro sermão num parque de veados em Sarnath, no nordeste da Índia, onde estavam vivendo seus cinco primeiros adeptos, conhecidos como os cinco ascetas, que ele conhecera anteriormente. Esse sermão marcou o começo de uma carreira de pregação e ensinamento que durou quase 40 anos, até sua morte em 483 a.C., com c.80 anos.

A pegada costuma ser usada na arte budista para simbolizar o progresso do Buda em suas viagens.

Siddhartha morreu quando, em visita a um ferreiro em Kusinara (atual Kasia, no norte da Índia), ingeriu comida envenenada. Percebendo que a comida causaria sua morte, disse aos adeptos que não a consumissem, depois se deitou e meditou até morrer. Segundo a lenda budista, ao morrer o Buda passou por um segundo e completo nirvana que o levou do mundo dos vivos para sempre.

Quando o Buda morreu, os adeptos já haviam memorizado seus ensinamentos e os transmitiram para um grupo crescente de discípulos, que difundiram as ideias do budismo por toda a Índia. Esses ensinamentos tornaram-se o núcleo das primeiras escrituras budistas

"PREGO SEMPRE COM A MESMA VOZ."

Sutra do Diamante

(*abaixo*). Junto com as regras seguidas pelos monges budistas, a verdade desses ensinamentos foi confirmada em vários concílios budistas realizados entre os sécs.V e III a.C. Depois, monges budistas registraram as escrituras..

DOIS RAMOS PRINCIPAIS

Os adeptos do Buda propagaram suas ideias pela Índia e além dela. Os ensinamentos tornaram-se populares e adaptáveis, enraizando-se em vários lugares e culturas. De seu local de origem, no norte da Índia, o budismo se espalhou pelo subcontinente no séc.III a.C., estimulado pelo imperador indiano Asoka. Ele era membro da dinastia maurya, que unificou a maior parte da Índia, mas teve de recorrer à violência para proteger suas fronteiras dos inimigos. Diz a tradição que Asoka, arrependido do derramamento de sangue que promovera para garantir seu domínio, abraçou a fé não violenta do budismo. Ele construiu santuários em muitos lugares na Índia, alguns dos quais ainda existem, e ornou-os com inscrições budistas. Em meados do séc.III a.C., a linhagem tradicional da fé, conhecida como budismo teravada (*p.200*), se espalhara pela Índia e o sul do Sri Lanka. Mais tarde, o budismo atravessou o oceano Índico, chegando ao sudeste da Ásia. No séc.I d.C., o budismo alcançou o norte e o leste da China, a Mongólia e o Tibete. Essa segunda linhagem tornou-se um ramo distinto da fé, conhecido hoje como budismo maaiana (*p.201*), ou por vezes budismo do norte. O próprio budismo maaiana gerou sub-ramos e linhagens locais, em especial a tradição do budismo tântrico, baseado em textos tibetanos, e o ramo austero conhecido como zen, que se desenvolveu no Japão. Esses sub-ramos são assombrosamente variados, até em seus conceitos básicos, como quais escrituras seguir.

AS ESCRITURAS BUDISTAS

O budismo não tem um único texto sagrado como a Bíblia hebraica do judaísmo ou o Corão islâmico. O budismo teravada usa uma coleção de ensinamentos do Buda registrados na língua indiana páli e conhecidos coletivamente como o cânone páli (*p.192-3*). Mais tarde, budistas maaiana desenvolveram suas próprias versões desses ensinamentos, que registraram nos textos conhecidos por sutras, apresentados como os relatos genuínos da vida e das obras do Buda. Um dos mais importantes é o Sutra do Lótus, compilado provavelmente no séc.I d.C. Escrito principalmente em versos, esse texto é venerado pelos budistas na China e no Japão, muitos dos quais creem poder se aproximar do nirvana simplesmente recitando ou cantando suas palavras.

Os bodisatvas, segundo a crença budista, são seres iluminados. Há estátuas deles por toda parte, como esta no mosteiro Po Lin em Hong Kong.

Monges budistas teravada cultuam num mosteiro em Wimbledon, Inglaterra. O budismo tem um número crescente de adeptos em todo o mundo ocidental.

UMA FÉ SEM DEUSES

Em sua forma mais básica, o budismo, seja teravada ou maaiana, não tem deuses, porque o Buda explicou que, mais do que cultuando, se chegaria à iluminação crendo e seguindo o *dhamma* (seu ensinamento). O próprio Buda é visto como um mestre iluminado, mas não como uma divindade. Variantes do budismo, especialmente do budismo maaiana, reconhecem outras figuras – os bodisatvas ou "futuros budas" –, que renunciam à iluminação para ajudar outras pessoas a alcançar o nirvana.

O BUDISMO NO ORIENTE

Com o tempo, a influência do budismo declinou na própria Índia, em especial depois que o país foi controlado por soberanos muçulmanos no séc.XVI. Por outro lado, foi uma força vital por centenas de anos para milhões de pessoas no resto da Ásia. O Japão mostrou-se um reduto especial tanto para o zen-budismo (*p.202*) como para o budismo de Nichiren (*p.203*), baseado nos ensinamentos desse líder espiritual do séc.XIII que iniciou sua vida de trabalho como pescador. Esse ramo do budismo difundiu-se ampla e rapidamente, e hoje existem vários movimentos de fé baseados nos ensinamentos de Nichiren fora do Japão.

A filosofia budista foi abraçada por muitos ocidentais que buscam modos de vida "iluminados".

O budismo tem uma longa história também na China. Além de suas ideias terem sido absorvidas pela religião popular chinesa (*p.188-9*), desenvolveu-se lá uma forma distinta da fé, conhecida como Terra Pura (*p.203*). Os adeptos têm especial reverência pelo bodisatva Amitabha (*p.311*) e esperam renascer na região celestial da Terra Pura quando morrerem.

A DIFUSÃO DO BUDISMO

O budismo se notabilizou entre as religiões orientais pela maneira como se adaptou a ideias e condições locais, mantendo ao mesmo tempo o ensinamento essencial do Buda. Após um começo lento na Índia, a fé se espalhou por grande parte do leste e sudeste da Ásia, onde ainda tem enorme influência. Durante o último século, um número crescente de pessoas no mundo ocidental também adotou a fé budista.

A TRADIÇÃO TERAVADA

Ao mesmo tempo que o imperador Asoka promovia o budismo (*p.186*), mercadores abriam rotas comerciais através do sul da Índia. Alguns deles eram budistas e levaram sua religião para novos lugares. Depois, monges budistas seguiram suas pegadas. Por fim o budismo cruzou o mar, indo para o Sri Lanka, e de lá para Mianmar (antiga Birmânia), Camboja, Tailândia e Laos. Até hoje a forma teravada original (*p.200*) é amplamente praticada nesses países. Na Tailândia, é a religião nacional, e em Mianmar os monges e as monjas que devotam suas vidas ao budismo teravada são muito respeitados.

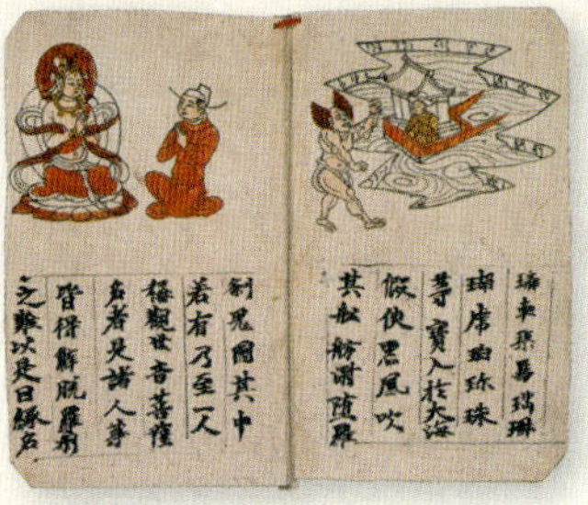

Sutras (preces) budistas, acompanhados de ilustrações, enchem a páginas deste antigo documento chinês.

A TRADIÇÃO MAAIANA

Enquanto o budismo teravada cruzava os oceanos, um ramo completamente novo, o budismo maaiana, começara a se desenvolver (*p.201*). Durante o séc.I d.C., essa nova forma de budismo difundiu-se inicialmente pelo Tibete, a Mongólia e a China.

O budismo maaiana, com seus muitos deuses e bodisatvas, adaptou-se particularmente bem à cultura chinesa. Logo os chineses estavam cultuando bodisatvas lado a

lado com as divindades da religião popular chinesa e os espíritos e imortais do taoismo. Da China, o budismo maaiana logo chegou ao Vietnã e à Coreia, e também ao Japão, onde o ramo chinês conhecido como budismo ch'an tornou-se o atual zen.

Embora tenha perdido sua posição na Índia, o budismo continuou sendo uma grande força espiritual na maioria dos outros países asiáticos, e agora também tem uma base firme no Ocidente.

Ananda, assistente do Buda, ajudou a difundir a prática do budismo após a morte de seu mentor.

BUDISMO NO OCIDENTE

Nos sécs.XIX e XX, o budismo se espalhou pelo resto do mundo, em especial pela Europa e pelas Américas. As primeiras conversões ocidentais à tradição teravada, vista como a forma "pura" da fé, ocorreram por volta de 1880. No séc. XX, grupos como a Sociedade Budista da Grã-Bretanha ganharam muitos convertidos para o budismo teravada, mas ramos da tradição maaiana também atraíram atenção. Muitos se interessaram pelo zen-budismo após a leitura de obras de D.T. Suzuki e do erudito britânico Christmas Humphreys, além de livros como *Zen e a arte da manutenção de motocicletas*, de Robert Pirsig. O budismo tântrico (*p.204-5*) tem atraído também muitos adeptos ocidentais.

O templo do Dente no Sri Lanka, que segundo a lenda guarda o dente do Buda, é um famoso local de peregrinação budista.

CRENÇAS ESSENCIAIS

O Buda expôs suas doutrinas essenciais com muita clareza em duas listas: as Quatro Nobres Verdades, sobre o sofrimento, e o Nobre Caminho Óctuplo, que explica como podemos evitar o sofrimento e viver melhor. Todas as ideias posteriores do budismo se fundam nessas crenças essenciais.

AS QUATRO NOBRES VERDADES

São a base de todos os ensinamentos do Buda concernentes ao sofrimento. A primeira Verdade é que toda e qualquer vida é sofrimento – não apenas dor física, mas também desarmonias e problemas em todas as esferas da vida: pessoal, física, mental, econômica e social. A segunda é que a causa de todo sofrimento é o desejo, pois o homem sempre quer o que não tem. A terceira Verdade é que todo sofrimento cessa quando nos libertamos do desejo, e a quarta é que a libertação do desejo e do sofrimento resultará da observância do Nobre Caminho Óctuplo.

Um relevo num muro mostra o Buda ensinando a deuses no céu após sua morte. O cultivo da sabedoria espiritual é uma meta essencial para os budistas.

O NOBRE CAMINHO ÓCTUPLO DO BUDA

É uma coleção dos seus ensinamentos, que constitui um guia para viver de modo virtuoso. Encerra não oito passos consecutivos numa jornada para a perfeição, mas oito elementos que o budista deveria buscar praticar ao mesmo tempo. Cada elemento do caminho trata de uma ação humana específica. O primeiro, "Compreensão correta", significa que um budista deve dominar as Quatro Nobres Verdades e entender a natureza da existência. O segundo, "Intenção correta" (ou "Pensamento correto"), indica que a pessoa deve querer mudar, e ao fazê-lo deve livrar sua mente de pensamentos e sentimentos negativos, em especial o desejo. O terceiro, "Fala correta", envolve dizer a verdade e não se jactar nem usar de linguagem grosseira. "Conduta correta", o quarto elemento, ensina que a pessoa deve buscar ações abnegadas, boas e morais para derrotar o mal. O quinto, "Ocupação correta", significa escolher um trabalho útil e que não envolva ações como derramamento de sangue, negócios com armas, escravidão ou tráfico de seres humanos. Os três últimos elementos

A RODA DA LEI

O primeiro sermão do Buda após sua iluminação é conhecido como "o Discurso sobre o acionamento da roda da lei". Antigo símbolo do budismo, essa roda em geral apresenta oito raios, cada qual representando uma parte do Nobre Caminho Óctuplo (*acima*). E, por ser circular, sem começo nem fim, são-lhe atribuídas as mesmas propriedades eternas dos ensinamentos do Buda.

são “Esforço correto”, o cultivo do autoconhecimento e da autodisciplina, “Diligência correta”, que evita extremos e bane vícios como preguiça, malevolência, dúvida e preocupação, e “Concentração correta”, que diz respeito à meditação.

PRINCÍPIOS CONDUTORES

Há vários princípios-chave por trás do Caminho Óctuplo. Um é que o Buda pediu às pessoas que evitassem os extremos e seguissem um caminho intermediário. Pessoalmente, ele queria superar tanto o luxo de sua criação (*p.184*) quanto a vida de pobreza do asceta e encontrar um equilíbrio entre eles. Outra ideia-chave é que as pessoas devem abandonar seu ego em busca do estado de *anatta* (“não eu”), para atender melhor às necessidades dos outros e aperfeiçoar certos elementos do Caminho Óctuplo, como a “Intenção correta” e a “Conduta correta”. Há também outra razão para se alcançar *anatta*. O budismo reconhece samsara (o eterno ciclo de morte e renascimento) e a lei do carma (segundo a qual os atos de uma pessoa numa vida afetam seu renascimento na seguinte). Se não houver eu, o carma não tem nada a que se prender, e assim a pessoa chega mais perto para evitar samsara e atingir a meta suprema do estado de iluminação, ou nirvana.

Dragões ou serpentes, como esse na Tailândia, são guardiães simbólicos das portas dos templos budistas.

O CÂNONE PÁLI

Os ensinamentos budistas, a princípio transmitidos oralmente de uma geração de monges para outra, estão preservados numa série de documentos em páli, uma antiga língua literária indiana. Monges da tradição teravada (*p.200*) registraram essas escrituras várias centenas de anos após a morte do Buda, e a maior parte de seus ensinamentos é também aceita por budistas maaiana (*p.201*).

VINAYA PITAKA

As escrituras páli estão reunidas em três coleções, conhecidas como as três cestas (*ti-pitaka* em páli). Como o monasticismo tem um papel essencial no budismo teravada, a primeira coleção de escrituras, o Vinaya Pitaka, contém regras para monges e monjas. Muitos budistas teravada ingressam num mosteiro por um curto período ou para a vida toda. A comunidade monástica é importante para os leigos também, porque podem alcançar mérito doando alimentos para os monges ou monjas. As normas monásticas têm assim grande importância no budismo. A seção referente às regras monásticas é chamada Patimokkha, palavra que significa "coisas que devem ser obedecidas". O número de regras varia nas diferentes versões do texto, mas elas são sempre mais de 200 e abrangem aspectos práticos da vida monástica, como comida, roupa e moradia, bem como questões éticas. O Vinaya Pitaka também inclui normas para a decisão de disputas e procedimentos para lidar com os que violaram as regras monásticas.

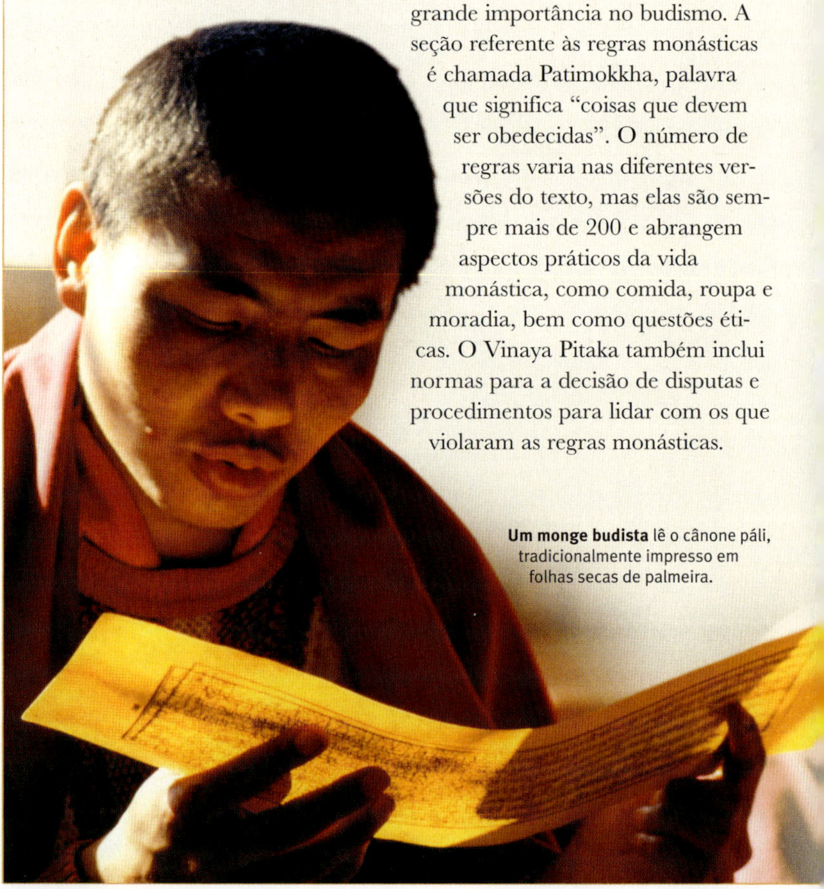

Um monge budista lê o cânone páli, tradicionalmente impresso em folhas secas de palmeira.

A coleção também contém relatos sobre a vida do Buda e narrativas históricas das primeiras comunidades de monges. Outros ramos do budismo produziram suas próprias versões desses textos, que existem em tibetano e chinês.

SUTTA PITAKA

Essa coleção contém uma série de ensinamentos e discursos baseados nas palavras do próprio Buda tal como recordadas por seu discípulo mais próximo, Ananda. É uma vasta coleção que inclui vários tipos diferentes de textos, de longos diálogos a histórias e relatos mais curtos. Algumas de suas seções mais interessantes são os Jatakas, narrativas das vidas anteriores do Buda, que falam dos atos abnegados do ser (por vezes humano, por vezes animal na forma) que mais tarde nasceria como o Buda. Todas essas histórias, redigidas como fábulas tradicionais, têm princípios morais e são muito interessantes. Constituem também valiosas fontes históricas sobre a vida na Índia no tempo do Buda.

A outra seção importante do Sutta Pitaka é o Dhammapada, uma coleção de 423 versos que juntos mostram como viver uma vida que conduza à iluminação. Suas mensagens essenciais – viver uma vida boa, evitar o mal, cultivar uma mente pura – continuam sendo importantes para os budistas em toda a parte, e o Dhammapada é uma das escrituras budistas mais apreciadas e citadas.

O Sutta Pitaka como um todo, com suas narrativas animadas e ensinamentos inspiradores, é a parte do cânone páli que mais atrai os budistas leigos. Há também versões chinesas da coleção, mas a versão páli é a mais completa.

ABHIDHAMMA PITAKA

O nome dessa parte do cânone páli significa "doutrina superior" e seu

Tábula de pedra de uma série de 729 que juntas contêm todo o texto do cânone budista. As escrituras continuam sendo objeto de intenso estudo.

conteúdo analítico, interpretativo, atrai sobretudo monges e estudiosos. Composta de muitas análises dos ensinamentos do Buda, foi por sua vez objeto de ampla análise por eruditos budistas. Escreveram-se comentários sobre cada um de seus sete livros, além de obras que estudam toda a coleção.

ÉTICA, MORAL E LEI

Os budistas são estimulados a ajudar os necessitados, a ser atenciosos, a evitar a violência e a se abster de atividades que prejudiquem os outros. Seguem um antigo conjunto de preceitos morais, os *pancha sila*, tão pertinentes hoje quanto ao serem redigidos muitos séculos atrás.

BEM E MAL

Tal como outras religiões da Índia, como o hinduísmo e o jainismo, o budismo adere à lei de causalidade moral, ou carma, segundo a qual os seres humanos acumulam mérito ou demérito (carma bom ou mau) como resultado de seu comportamento. Quando a pessoa morre, o saldo final desse carma determina se ela terá um renascimento favorável (na forma de um ser humano e não de um animal). Os budistas esperam finalmente romper o ciclo morte/renascimento alcançando a iluminação (*p.185*), mas sabem que para a maioria isso demorará muito. Nesse ínterim, esperam acumular mérito seguindo os preceitos éticos estabelecidos quando o budismo surgiu. Há oito preceitos morais principais,

Um monge budista cuida de um tigre que vive entre os monges em Wat Pa Luangta, Tailândia. A bondade para com tudo o que tem vida é um preceito budista.

embora três se apliquem sobretudo a monges e monjas.

CÓDIGO DE CONDUTA

As normas básicas da moral budista são formuladas no Caminho Óctuplo (*p.190-1*), uma das doutrinas essenciais do budismo. Entre outras coisas, o Caminho Óctuplo estimula os budistas a cultivar a "fala correta", a "conduta correta" e a ter a "ocupação correta". Mas o budismo acrescentou muitas instruções éticas mais específicas para guiar os adeptos. As principais são os *pancha sila* ("cinco preceitos morais"),

OS CONTOS JATAKA

A literatura budista contém cerca de 550 contos sobre as vidas anteriores do Buda, que em sua maioria relatam seus atos de virtude, coragem ou abnegação para ajudar o próximo. Num desses contos, ele é um cervo que oferece sua vida a caçadores em lugar de uma corça que está amamentando a cria; em outro, é um macaco que se fere ao estender seu corpo entre duas árvores para servir de ponte e permitir a seu grupo escapar de perseguidores. Os seguidores do Buda são estimulados a adotar esse nível de abnegação em suas vidas.

um grupo de regras amplamente aceitas que remonta aos primórdios da fé. O primeiro preceito é não fazer mal a nada que tenha vida, regra influenciada pelo ideal indiano de *ahimsa* (não violência). Para muitos budistas essa regra, além de proibir danos a seres humanos, proíbe também que se faça mal a animais; a maioria dos budistas não participa de esportes sangrentos e é vegetariana. Porém alguns são pragmáticos: não matam eles mesmos os animais, mas comem aqueles abatidos por outros. O segundo preceito é não se apossar do que não foi dado. Além de condenar o roubo, isso significa que os monges podem aceitar doações voluntárias, mas não mendigar. O terceiro preceito proíbe a má conduta envolvendo os sentidos, i.e., a má conduta sexual. O quarto ordena a abstenção da palavra falsa, de modo que budistas não devem mentir, nem fazer comentários ou gestos ofensivos. O quinto e último proíbe o uso de drogas ou álcool, que afetam a mente e assim impossibilitam escolhas morais apropriadas.

PRECEITOS MONÁSTICOS

A vida mais rigorosa do monge ou monja budista exige outros três preceitos morais. Redigidos no início da história do budismo, eles preconizam uma austeridade presente até hoje na vida monástica. Primeiro, os monges e monjas devem evitar comer na hora errada (por tradição, as refeições são feitas antes do meio-dia). Segundo, devem evitar um comportamento "secular", como ir ao teatro ou dançar. Por fim, não devem usar cadeiras altas ou camas de luxo que representem os móveis confortáveis dos abastados.

Vários gestos manuais do Buda têm significado específico. A mão direita levantada até a altura do ombro, com a palma para fora, é um gesto de bondade.

PRÁTICAS E FESTAS

O budismo exige apenas que se absorvam os ensinamentos do Buda e se viva uma vida inspirada por eles, não precisando ser uma fé ritualística. No entanto, tem várias práticas de devoção regular e festas que marcam momentos importantes no ano.

O TRÍPLICE REFÚGIO

Os budistas veneram o Buda e, embora ele não seja um deus, suas práticas religiosas refletem o enorme respeito que inspira. No cerne da prática ritual budista está a recitação do Tríplice Refúgio: "Eu me refugio no Buda, eu me refugio no *dhamma*, eu me refugio no *sangha*." Esse é um modo de os adeptos expressarem seu compromisso com o Buda, um mestre digno de crédito e até infalível; afirmarem sua fé em seu ensinamento (*dhamma*), especialmente as Nobres Verdades e o Caminho Óctuplo (*p.190-1*); e declararem abertamente sua confiança na comunidade monástica budista (*sangha*), que inclui os cinco primeiros companheiros do Buda (os primeiros monges budistas) e a comunidade mais ampla de monges e monjas budistas.

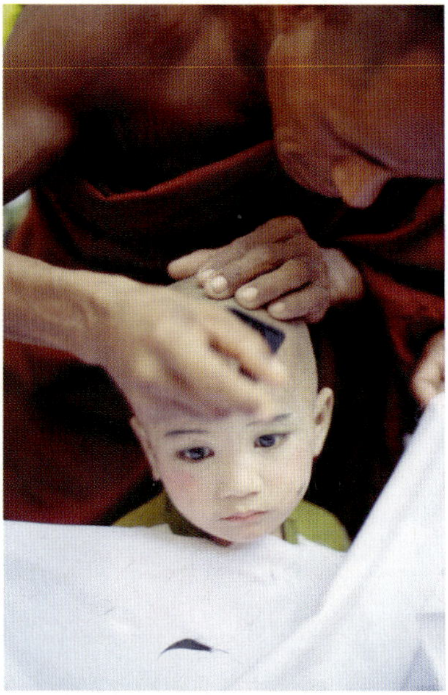

Um menino tem a cabeça raspada antes de entrar para um mosteiro budista. A cabeça raspada representa o compromisso do monge com sua fé.

TORNAR-SE UM MONGE

O monasticismo tem importante papel na prática budista, especialmente no budismo teravada (*p.200*). Nessa vertente, muitos jovens se tornam monges ou monjas, e um número ainda maior de meninos ingressa num mosteiro por um curto período, na qualidade de noviços, como parte de sua educação. Monges e monjas devem obedecer a uma série de regras para todos os aspectos da vida. Renunciam à propriedade, ao dinheiro, às relações sexuais e ao luxo, vivendo de modo simples, vestindo túnicas sem adornos e raspando a cabeça. Passam muito tempo meditando, e alguns vivem em distantes mosteiros rurais. Mas não se desligam da comunidade em geral. Ensinam o *dhamma* aos outros, cuidam dos necessitados e ajudam os leigos que lhes dão comida a adquirir mérito (bom carma).

O CICLO DA VIDA

O budismo tem dois rituais de ciclo de vida muito importantes. O primeiro é uma cerimônia de iniciação que introduz a criança ou o adolescente na sociedade adulta e prepara o jovem para passar um tempo num mosteiro. Os que estão sendo iniciados podem receber belas roupas para vestir, como as que Siddhartha usava ao partir em suas viagens para descobrir a verdade sobre o sofrimento, ou podem receber seus trajes monásticos. O segundo é uma cerimônia fúnebre. Quando uma pessoa morre, o corpo é levado ao templo onde os monges entoam cânticos ou fazem recitações sobre o processo de morte e renascimento. A perspectiva do renascimento ajuda a tornar os funerais budistas ocasiões auspiciosas, apesar de sua inevitável tristeza. A cremação é comum, em especial no budismo teravada, mas alguns adeptos do budismo maaiana (*p.201*) também enterram seus mortos.

Os budistas queimam incenso em potes durante cerimônias formais e no culto.

FESTAS BUDISTAS

Por estar espalhado por muitos países (*p.188-9*), o budismo tem uma rica tradição de festividades, muitas delas celebrações alegres do Buda ou da difusão de sua crença. O aniversário do Buda, em especial, é amplamente festejado. Na tradição teravada, a data costuma ser parte da festa chamada Vesak, que celebra não só o nascimento do mestre como também sua iluminação (*p.185*) e morte. Adeptos limpam os templos, fazem oferendas e acendem lanternas para simbolizar a iluminação do Buda. No Japão, os budistas maaianas fazem a festa das flores Hana Matsuri para celebrar o nascimento do Buda. Outras festas notáveis incluem o Ano-Novo (famoso por seus ritos com água, simbolizando limpeza), Asala Puja (grande festa no Sri Lanka que celebra o primeiro sermão do Buda) e Parinibbana (uma festa da tradição maaiana que celebra a morte do Buda e o segundo e último nirvana).

Um monge prosterna-se enquanto recita o "Tríplice Refúgio", uma declaração de que ele se refugia em três aspectos da fé budista.

O Ano-Novo na Tailândia é motivo de celebração e alegria. A água é importante nas festividades: lavam-se imagens do Buda, tigelas com água fresca são oferecidas a budistas eminentes e as pessoas se divertem jogando água umas nas outras.

2007
MARCOPOLO

RAMOS DO BUDISMO

O budismo tem vários outros ramos, além dos principais, teravada e maaiana. Embora suas práticas e às vezes suas crenças variem, todas as formas de budismo compartilham um compromisso com os ensinamentos do mestre, com uma vida abnegada e com a adoção do Caminho Óctuplo.

BUDISMO TERAVADA

Norte da Índia · Séc.VI a.C. · Mais de 100 milhões

Praticado na Tailândia, no Laos, no Camboja e em Mianmar, é a forma mais próxima dos ensinamentos originais do Buda, conhecidos como *dhamma*, e enfatiza a importância do *sangha*, ou comunidade de monges.

Os monges do budismo teravada (e as monjas, embora estas tenham um status inferior) vivem em acomodações monásticas, com poucos bens. Seguem os cinco preceitos (*p.194*) e deixam o mosteiro diariamente para andar entre os leigos, que lhes dão comida para acumular mérito (bom carma). Os monges ensinam o *dhamma* e as escrituras do cânone páli, mas entregam-se sobretudo à meditação, para afastar preocupações egoístas e se aproximar do nirvana.

Por vezes os mosteiros também acolhem budistas leigos, que aceitam a vida monástica e se beneficiam dos ensinamentos dos monges. Fora do mosteiro, os leigos praticam a meditação regularmente, valorizando a maneira como ela esvazia a mente, na esperança de que essa prática, bem como a adoção do Caminho Óctuplo (*p.190-1*), lhes permita viver bem e ter um renascimento favorável.

Os monges do ramo teravada podem dedicar-se ao estudo e fazer trabalho social, mas passam grande parte de seu tempo em profunda meditação.

BUDISMO MAAIANA

Noroeste da Índia | Sécs. III-II a.C. | Mais de 250 milhões

Desenvolveu-se após a morte do Buda e hoje é praticado em grandes áreas da Ásia, da China à Coreia. Comparado ao teravada, tem uma visão mais complexa da budidade, ou estado de iluminação búdica, aceita as outras escrituras e amplia o conceito do *sangha* de modo a incluir tanto a população monástica quanto os leigos.

MUITOS BUDAS

No budismo teravada (*p.200*), o Buda cessou de existir quando alcançou seu nirvana final, deixando para trás apenas seus ensinamentos, o *dhamma*. Os maaianas creem que o Buda sobrevive, e que devem cultuá-lo. Creem ainda que outros seres também se podem tornar Budas. Quando uma pessoa perde a individualidade, o que resta é uma espécie de essência interior chamada natureza de Buda. Os budistas maaianas reconhecem diversos seres que alcançaram a budidade e são dignos de culto.

SERES ILUMINADOS

Dois dos valores mais importantes no budismo maaiana são sabedoria e compaixão, características a que todo budista aspira. Pessoas que, através de seu caráter e sua prática religiosa, banem a individualidade, tornam-se

O Sutra do Diamante é essencial para alguns budistas maaianas chineses. O livro impresso mais antigo que se conhece é um exemplar desse sutra de 868 d.C.

Um de uma série de pilares de madeira na ilha Lantau, Hong Kong, entalhados com o Sutra do Coração – uma das preces budistas mais conhecidas.

capazes de se aproximar do estado de nirvana. Mas para os budistas maaianas, o nirvana não tem nenhum objetivo, a menos que seja usado para auxiliar os outros ao longo de seu caminho espiritual. Assim, os que se aproximam do nirvana normalmente continuam no mundo como seres santificados, que são iluminados, mas vivos. Conhecidos como bodisatvas (e por vezes Budas), apresentam seis perfeições: generosidade, moralidade, paciência, vigor, meditação e sabedoria.

Os bodisatvas também atraem devoção, e em muitas culturas acredita-se que atendem aos apelos dos necessitados. Bodisatvas populares como Amitabha, o Buda da Luz Infinita, e Avalokitesvara, o Senhor que Olha para Baixo (com compaixão), são considerados deuses na China e em outros países.

ZEN-BUDISMO

Japão · Séc.XII d.C. · 5 milhões

No séc.XII uma forma de budismo chinês chamado ch'an firmou-se no Japão, onde se tornou conhecida como zen.

Segundo o zen, todos são um Buda, mas nem todos realizaram a sua budidade potencial ou tomaram consciência dela. Ademais, todos nós temos uma identidade única que une não só todos mas todas as coisas. Somos idênticos ao cosmo e compartilhamos nossa identidade com tudo o que há nele: da mais alta montanha ao menor grão de areia. O zen impregna cada aspecto da vida, e os zen-budistas aplicam suas crenças a cada atividade que executam, seja física ou espiritual, trabalho ou diversão. Entre as atividades especialmente expressivas no zen-budismo estão a criação de jardins minimalistas e a composição de poesia, muitas vezes na curta forma de 14 sílabas, conhecida como *haiku*.

Uma pintura que expressa a importância da meditação serena no zen-budismo.

ESCOLAS DE ZEN

As escolas de zen-budismo mais conhecidas são rinzai e soto. Fundada pelo monge Eisai (1141-1215), que levou o budismo da China para o Japão, o rinzai contesta modos de pensamento convencionais. Os mestres rinzai podem agir de maneira surpreendente, por vezes gritando com seus discípulos ou batendo-lhes. O objetivo é chocá-los para que, buscando outros meios de pensar, possam ter as intuições que levam ao nirvana. O zen soto foi levado para o Japão por um discípulo de Eisai chamado Dogen (1200-1253), e é mais calmo e contemplativo. Dogen estimulava seus seguidores a meditar por longos períodos. Conhecida como *zazen* ou "sentar-se em meditação", essa atividade destina-se a tranquilizar a mente, permitindo à pessoa realizar sua natureza de Buda.

Cada aspecto desse tranquilo e ordenado jardim zen no Japão é criado com diligência – completa absorção no ato de criação.

BUDISMO DA TERRA PURA

China · Séc.VII d.C. · 20 milhões

Originário da China, consiste hoje em várias seitas estabelecidas na China e no Japão. Todas são centradas no Buda conhecido em sânscrito como Amitabha (o Buda da Luz Infinita) ou, em japonês, como Amida. Diz-se que Amitabha é o soberano de uma espécie de paraíso chamado Terra Pura, onde ele senta sobre um lótus, brilhando com uma luz dourada. Crendo em Amitabha, ou apelando para ele na hora da morte, os budistas da Terra Pura almejam evitar o ciclo de morte e renascimento, e ir morar com Amitabha na Terra Pura, onde todos alcançam o *nirvana*. O principal texto do budismo da Terra Pura é o Sutra do Lótus, segundo o qual a devoção a Amitabha é o único caminho verdadeiro.

O Grande Buda (Daibutsu) em Kamakura, Japão, é uma gigantesca estátua de bronze do Buda Amitabha, com mais de 13m de altura.

BUDISMO DE NICHIREN

Japão · Séc.XIII d.C. · 2 milhões

O monge Nichiren (1222-1282) fundou sua escola de budismo no Japão no séc.XIII. Após estudar várias diferentes formas de budismo, viu-se atraído pela escola Tendai japonesa, devotada ao Sutra do Lótus, uma coleção de ensinamentos budistas do séc.I d.C. aproximadamente, que não está incluída no cânone páli (*p.192-3*). Nichiren estudou em detalhes o Sutra e pregou a importância de seu conteúdo, em especial cantar parte do texto e repetir o mantra "Eu me refugio no Sutra do Lótus da Lei Maravilhosa". Ele estava tão focado nesse ensinamento, e acreditava tão ardorosamente que apenas o estudo do Sutra do Lótus podia levar à budidade, que condenou todas as outras formas de budismo como falsas. Por ter ameaçado opor-se a qualquer governante japonês que não apoiasse os monges que ensinavam o Sutra do Lótus, passou dois períodos no exílio, sendo por fim anistiado em 1274.

Após a morte de Nichiren, várias seitas adotaram suas ideias, crendo ser ele uma das poucas pessoas a alcançar a budidade. Muitas seitas budistas de Nichiren ainda florescem no Japão, além de novos movimentos religiosos fundamentados em seus ensinamentos.

BUDISMO TIBETANO E TÂNTRICO

Tibete · Sécs. VII e VIII d.C. · 6 milhões

Consta que o budismo chegou ao Tibete na primeira metade do séc. VII d.C. durante o reinado de Songsten Gampo. Esse rei tinha duas esposas, uma da China e a outra do Nepal. Ambas eram budistas e levaram consigo a sua fé.

O budismo tibetano dedica especial respeito a Padmasambhava, um antigo pioneiro da fé.

A DIFUSÃO DA FÉ

O rei Gampo construiu templos budistas e, segundo alguns relatos, ordenou a invenção de um alfabeto tibetano especial que permitisse aos eruditos traduzir os textos budistas indianos na escrita tibetana. Não se sabe muito sobre a sua fé, mas seu sucessor no séc. VIII, Trisong Detsen, era um budista devotado que convidou missionários da Índia e construiu um mosteiro para monges budistas.

Do séc.XI em diante, o budismo tibetano se desenvolveu de um modo diferente do de outros países, com suas próprias ordens monásticas e práticas religiosas. Algumas dessas práticas envolvem o uso de mandalas, diagramas simbólicos que, segundo se acredita, representam o corpo, os ensinamentos e a mente do Buda. Diz-se que elas existem em vários níveis: como desenhos literais, como artifícios em que se focar para a meditação e como manifestações das qualidades da iluminação.

MONGES E LAMAS

Um traço que o budismo tibetano compartilha com outras variedades de budismo é a importância da vida monástica. Quatro ordens tibetanas de monges (Gelugpa, Nyingmapa, Kargyupa e Skya) sobrevivem hoje. Esses monges são eruditos e mestres muito respeitados. Os mais venerados são os que recebem o título de lama – um mestre espiritual que passou por rigorosa formação. Vários lamas são tidos como "encarnados", pessoas que teriam sido líderes espirituais numa vida anterior. Quando o fim de sua vida se aproxima, um lama dá uma série de pistas para a identificação de sua próxima encarnação. Então seus adeptos buscam, até encontrar, a criança que melhor corresponda às pistas, e começam a treiná-la como um líder espiritual também. O lama de mais renome internacional é o Dalai

BANDEIRAS E RODAS DE ORAÇÃO

Os budistas tibetanos creem ser possível "ativar" orações ou mantras permitindo que seus textos se movam fisicamente. Uma forma de conseguir isso é escrevê-los em bandeiras e pendurá-las em cordas para que tremulem ao vento. As rodas de oração produzem um efeito similar. Cada roda é um recipiente de metal cheio de folhas de papel impressas com orações, em geral pequena e que se pode segurar na mão. Quando girado, as folhas são movimentadas, ativando as preces.

Rodas de oração num mosteiro budista no Tibete. Mantras escritos são postos dentro das rodas que depois são giradas no sentido anti-horário.

Lama, chefe dos monges gelugpa e embaixador da fé no mundo inteiro.

OS TANTRAS

Um traço distintivo do budismo tibetano é o uso de textos conhecidos como tantras, que descrevem meios para uma pessoa poder realizar sua natureza de Buda mais depressa que em outras formas de budismo. Entre eles estão rituais específicos, meditação, o uso de mandalas e até mágica. Os tantras buscam conciliar todos os estados e emoções, reconhecendo que são parte da natureza essencial do Buda. Os budistas tântricos veneram muitos bodisatvas – entre os quais Amitabha, o Buda da Luz Infinita – e veem cada um como uma manifestação da natureza do Buda.

Um monge tibetano faz uma mandala com grãos de areia colorida. Depois de pronta, ela será varrida – para simbolizar a transitoriedade de todas as coisas.

TRADIÇÃO DA FLORESTA TERAVADA

Norte da Índia · Séc. VI a.C. · Mais de 100 milhões

Esse ramo do budismo é praticado por muitas pessoas no sudeste da Ásia e, cada vez mais, no Ocidente.

Baseado no budismo teravada tradicional (*p.200*), a mais antiga forma da fé, ele usa rigorosamente os ensinamentos do Buda e atribui alto valor aos membros do *sangha* ou comunidade de monges. Nessa tradição, monges carismáticos podem ser líderes espirituais inspiradores, chefiar ordens monásticas e dar orientação espiritual a leigos. Em busca de uma vida disciplinada longe do mundo, muitos deles passam ao menos parte de seu tempo em mosteiros em florestas distantes. Esses locais lhes permitem viver com rigorosa disciplina, e também meditar num ambiente silencioso e tranquilo. Mas os mosteiros da Tradição da Floresta Teravada não precisam ficar em locais bem afastados. Hoje há muitos deles em cidades ocidentais, onde os habitantes podem aprender sobre a fé, seja hospedando-se e aceitando o modo de vida monástico por um curto período, seja ordenando-se.

MEDITAÇÃO DA REFLEXÃO SERENA

Califórnia, EUA · 1970 · 8 milhões (zen soto)

Denominação usada pela Ordem dos Budistas Contemplativos para sua forma de zen soto (*p.202*). Esse ramo do zen-budismo tem muitos adeptos no mundo anglófono. Há um grupo no Reino Unido baseado na abadia Throssel Hole em Northumberland, e outro nos EUA na abadia Shasta na Califórnia.

Pode-se seguir o caminho da Meditação da Reflexão Serena como leigo ou optando pela vida monástica. Tanto leigos quanto monges aprendem a prática da meditação, aderem aos preceitos morais do budismo e creem na doutrina de que todos os seres têm a natureza do Buda. Acreditam também na expressão da compaixão através de atividades abnegadas.

A meditação, que está no cerne desse ramo do budismo, é vista como uma forma de se alcançar a verdade e aprender a aceitar o mundo tal como é, encontrando ao mesmo tempo a natureza real de seu próprio ser. Praticada com diligência, deve levar à transformação espiritual.

Monges com trajes cerimoniais participam de um culto na abadia e retiro para meditação budista Throssel Hole no norte da Inglaterra.

SOKA GAKKAI

Japão 1937-1945 20 milhões

Makiguchi Tsunesaburo e Toda Josei foram reformadores educacionais que quiseram criar um sistema de educação firmado mais em valores do que numa aprendizagem mecânica. Atraídos pelo budismo de Nichiren (*p.203*) em razão de sua ênfase na paz e no valor da vida humana, em 1937 fundaram uma sociedade educacional baseada em parte em seus princípios.

Makiguchi Tsunesaburo morreu em 1944, mas, depois da II Guerra Mundial, Toda Josei refundou a sociedade, ampliando-lhe o alcance, transformando-a numa organização religiosa e renomeando-a Soka Gakkai. Esse novo ramo do budismo fundava-se nas ideias do budismo de Nichiren, com forte ênfase no Sutra do Lótus e no ritual de entoar as palavras de seu título. Soka Gakkai atraiu muitos convertidos, primeiro no país de origem e depois em outros, em parte graças ao intenso trabalho de pregação e recrutamento; e continua sendo uma presença importante no Japão.

Dançarinos Soka Gakkai em um encontro anual internacional de sua fé, no Royal Albert Hall, em Londres.

FWBO

Londres 1967 1.000 (membros confirmados)

Monge budista de origem inglesa, Sangharakshita estudou na Índia antes de voltar para seu país. Para promover o budismo e explicar como seus ensinamentos básicos podem ser aplicados à vida moderna no Ocidente, fundou a Friends of the Western Buddhist Order (FWBO).

Seus membros são ordenados e passam a ser conhecidos pelo título "seguidor do darma", podendo optar por um modo de vida monástico ou leigo. Comprometem-se com vários princípios essenciais: buscar o "Tríplice Refúgio" no Buda, no *dhamma* e no *sangha* (*p.196-7*); adotar o ideal da budidade; e crer em outros ensinamentos extraídos do resto da tradição budista. Esses ensinamentos combinam um equilíbrio de preceitos morais, estudo e devoção.

A FWBO também desenvolveu novos meios de edificar um modo de vida budista no mundo moderno. Criou, p. ex., empresas budistas éticas, que unem seus membros num "meio de vida correto", e desenvolveu estruturas para uma vida em comunidade.

SIQUISMO

A religião sique foi fundada no fim do séc.XV no norte da Índia pelo guru Nanak, o primeiro guru (mestre). Foi sucedido por nove outros, que conduziram o siquismo entre o séc.XVI e o início do séc.XVIII. Os siques se comprometem a trabalhar com afinco, a servir os outros e a meditar regularmente sobre o nome de Deus.

O siquismo surgiu porque o guru Nanak rejeitou as filosofias e crenças do hinduísmo e do islã para criar sua própria religião. Os siques creem num só Deus, seguem a orientação dos Dez Gurus que guiaram a religião nos seus primórdios, aderem aos ensinamentos do livro sagrado sique, o Guru Granth Sahib, e não seguem nenhuma outra religião. Como os adeptos de outras religiões indianas, creem no conceito de carma, a lei de causalidade moral que diz que viver uma vida boa levará a uma reencarnação favorável. Almejam ascender através de uma série de estados morais, de malfeitor a *gurmukh*, um ser totalmente devotado a Deus. Por fim, esperam alcançar um estado de beatitude espiritual que os situe para além do ciclo de morte e renascimento. Deus os ajuda nesse esforço para chegar a esse estado de perfeição, mas, mesmo sendo esse um estado não mundano, eles não devem tentar alcançá-lo renunciando às coisas deste mundo. Ao contrário, uma vida cotidiana bem vivida é essencial no siquismo, e os siques são estimulados a ajudar os outros sempre que possível. Fundamental para isso é a Khalsa, a irmandade fundada pelo guru Gobind Singh, o Décimo Guru, no séc.XVII. Os siques empenham-se em servir sua comunidade, e a importância disso se reflete no culto regular no *gurdwara* (ou templo), onde, além de cantar hinos, fornecem uma refeição comunal gratuita. Essa refeição mostra que a hospitalidade sique se estende para além da Khalsa, porque a comida é oferecida a qualquer pessoa, seja qual for sua raça ou religião. Assim, embora tenham começado por rejeitar as outras fés da Índia para criar sua própria religião, e embora formem uma comunidade distinta, os siques são notáveis por sua generosidade e abertura para adeptos de outras fés.

Um sique carrega o Guru Granth Sahib, o livro sagrado do siquismo, sobre a cabeça numa procissão religiosa em Amritsar, noroeste da Índia.

ORIGENS E HISTÓRIA

O siquismo é originário de uma parte do sul da Ásia: o Punjab, no noroeste da Índia, que abriga a maioria de seus lugares sagrados. A história da fé está estreitamente ligada a seus fundadores – os "Dez Gurus" – e à história do subcontinente indiano.

GURU NANAK

Em 1499, o guru Nanak, fundador do siquismo, ouviu seu chamado espiritual. Nanak era um funcionário público nascido em Talwandi, no oeste de Lahore. Ele sempre se interessara por assuntos espirituais, mas nessa data, aos 30 anos, teve uma experiência mística. Após banhar-se no rio Bein, ficou mudo por um dia e depois fez o seguinte pronunciamento: "Não há nem hindu nem muçulmano, então que caminho seguir? Seguirei o caminho de Deus."

O guru Nanak pregou uma mensagem de tolerância e respeito, vendo todas as raças e credos como iguais.

A afirmação de Nanak de que não há nem hindu nem muçulmano pode ser interpretada de duas maneiras. Por um lado, pode significar que a maioria dos hindus ou muçulmanos de sua época não eram fiéis a seus credos. Por outro, pode significar que Deus é maior que a religião. O efeito prático dessa declaração foi que ele se tornou mestre e líder de uma nova fé firmemente centrada em Deus. Nanak viajou muito, explicando sua nova mensagem religiosa a comunidades de toda a Índia e fora dela. Segundo alguns relatos, pregou até em Meca, na atual Arábia Saudita. Em 1521, porém, ele se estabeleceu, fundou uma aldeia sique em Kartarpur, no Punjab, e criou um padrão de meditação e culto regular. Essa aldeia tornou-se o coração de uma comunidade sique que floresceu e se expandiu durante todo o resto da vida de Nanak.

OS SUCESSORES DO GURU NANAK

Pouco antes de morrer em 1539, Nanak nomeou um de seus seguidores, Labina, para sucedê-lo como guru e líder dos siques. Deu a Labina um novo nome, Angad ("membro" ou "parte de mim"), e ele se tornou o primeiro dos nove gurus sucessores que comandariam a comunidade sique até o início do séc. XVIII. Os gurus deram mostras tanto de visão espiritual como de coragem. Um deles, p.ex., o guru Tegh Bahadur (o Nono Guru), foi martirizado por sua

valente defesa dos brâmanes (sábios) que resistiam à conversão ao islã; seu filho, o guru Gobind Singh (o Décimo Guru), também reagiu à opressão dos adversários muçulmanos e hindus. Cada um dos Dez Gurus acrescentou alguma coisa à tradição sique. Entre as contribuições constam a fundação da cidade sagrada de Amritsar, no norte do Punjab, pelo guru Ram Das (o Quarto Guru) e a reunião de hinos que formam o Granth Sahib, o livro sagrado sique, pelo guru Arjan (o Quinto Guru).

Os siques têm grande respeito por seu livro sagrado, o Guru Granth Sahib, que o guru Gobind Singh declarou ser o Verdadeiro Guru da religião.

O ÚLTIMO GURU HUMANO

Gobind Singh tornou-se líder dos siques em 1675. Depois de Nanak, foi talvez o mais importante de todos os gurus. Sua primeira grande realização foi a fundação da Khalsa, a irmandade de siques do sexo masculino, em 1699. Isso proporcionou aos siques um grupo de elite que estabeleceu paradigmas morais e lhes deu o status de uma casta *(p.173)* na Índia.

Antes de morrer em 1708, Gobind Singh fez o espetacular anúncio de que ele seria o último guru humano. Declarou que dali em diante o livro sagrado, o Granth Sahib, seria o Verdadeiro Guru. Esses dois atos cruciais de Gobind Singh deram aos siques uma nova direção. Não mais liderada por um único homem, sua fé passou a ter um duplo foco. Em primeiro lugar, os siques eram o povo do livro, que recebeu o título de guru e se tornou conhecido como Guru Granth Sahib. Eles eram também a "comunidade dos puros" – homens que mostrariam dedicada liderança moral mas que seriam também preparados para defender seus companheiros siques, se atacados. Nas décadas seguintes, os siques seriam gratos ao guru Gobind Singh por tê-los preparado tão bem para a adversidade, pois sua fé passaria por tempos conturbados.

O norte do Punjab, de paisagem erodida e árida, foi dividido entre a Índia e o Paquistão em 1947, frustrando as esperanças de um Estado sique independente nesse berço da fé.

O Templo de Ouro em Amritsar, construído no séc. XVI sob a supervisão do guru Arjan (o Quinto Guru), é o centro espiritual da religião sique.

SOB OPRESSÃO

Não muito depois da morte de Gobind Singh, os problemas do siquismo começaram. Os soberanos mongóis da Índia, que eram de orientação muçulmana e violentamente contrários à contestação representada pelos siques, esmagaram seu poder em 1716. Os siques foram impelidos para os morros, mas nos anos seguintes o poder mongol declinou e eles reemergiram, fundando vários pequenos Estados no Punjab que finalmente foram unidos sob um líder poderoso, Ranjit Singh, que se declarou marajá do Punjab em 1801. Em 1820, Singh havia implantado um reino sique unido no Punjab, mas este não sobreviveu à sua morte em 1839. Fragmentado após duas breves guerras, o reino foi tomado pelos britânicos, que governaram a Índia até 1947.

Nas primeiras décadas do séc.XX, quando o movimento nacionalista na Índia ganhava força, os siques lutaram pelo controle de sua terra natal e, em especial, de seus lugares de culto. Os protestos culminaram no primeiro Massacre de Amritsar em 1919, quando tropas britânicas receberam ordem de atirar sem aviso em cerca de 10 mil siques, o que

“O SENHOR, O SER PRIMAL, É IMACULADO...”

Guru Granth Sahib, Raag Aassaa 4

resultou em c.400 mortes e mil feridos. Ainda que o comandante britânico que ordenou a fuzilaria, o general E.H. Dyer, tenha sido forçado a se reformar, o domínio britânico ficou manchado.

Gobind Singh, o Décimo (e último) Guru sique, decretou que nenhum guru humano o sucederia.

A DIVISÃO CONTESTADA

Em 1947, quando a Índia se tornou independente da Grã-Bretanha e foi dividida para formar o Paquistão, havia grande esperança de um subcontinente pacífico e próspero. Mas a divisão gerou problemas para os siques. Muitos deles viviam na região fronteiriça entre a Índia e a nova nação paquistanesa. Esses siques queriam ter seu próprio Estado, mas eram poucos para superar a reivindicação do Punjab pelo Paquistão. A Índia também não lhes quis conceder autonomia. Por fim, em 1966 as fronteiras do Punjab foram retraçadas para criar um estado indiano com maioria sique, mas a autonomia continuou a lhes ser negada. Sentindo-se marginalizados pelos vizinhos indianos, o resultado foram anos de atritos e violência na região.

O SEGUNDO MASSACRE

Em 1984, depois de líderes siques terem se refugiado no Templo de Ouro em Amritsar, um dos locais mais sagrados do siquismo, tropas indianas abriram fogo contra o edifício. Muitos foram mortos, e a primeira-ministra indiana Indira Gandhi foi acusada pelo ataque e assassinada.

A violência entre siques e muçulmanos continuou, e as divergências com o governo indiano dominaram a história sique até o fim dos anos 90.

Em 1999, porém, o ano do 300º aniversário da fundação da Khalsa, adotou-se uma nova orientação. A atitude positiva do povo indiano diante do aniversário, divulgada pela mídia mundial, convenceu os siques de que estavam sendo finalmente aceitos como um grupo político e religioso maduro no palco mundial, e a violência arrefeceu.

ESPERANÇAS DE PAZ

Nos últimos anos, o Punjab tem sido um estado pacífico. Nesse período mais tranquilo, os siques continuaram a ganhar respeito na Índia e fora dela, tanto por defender seus princípios políticos como por ser fiéis à sua religião.

Ao mesmo tempo, a comunidade sique se expandiu. Embora o Punjab ainda seja o centro da religião, muitos siques se mudaram para o Ocidente, sobretudo para a Grã-Bretanha, onde há agora muitas comunidades e templos, os *gurdwaras*. Essa expansão gerou uma maior compreensão dos siques e de sua fé, e mais reconhecimento da contribuição do siquismo para a história da humanidade e das religiões do mundo em particular.

O *KHANDA*

O símbolo do siquismo tem três partes distintas. No centro, ergue-se uma espada de dois gumes representando a liberdade e a justiça. Dos lados há um par de espadas curvas, ou *kirpans*, uma representando os interesses espirituais dos siques, a outra seus interesses mundanos. O terceiro elemento é um círculo, um símbolo de unidade (entre Deus e a humanidade) e equilíbrio.

CRENÇAS ESSENCIAIS

O Deus Uno está no centro de toda a crença sique. Os siques almejam não só cultuar a Deus mas alcançar uma experiência mais próxima e pessoal d'Ele por meios como a meditação, a repetição do Nome de Deus e a plena absorção dos ensinamentos dos gurus.

O DEUS UNO

Os siques creem que o Deus Uno é o criador eterno do universo. Veem Deus como Sat Guru ("o verdadeiro mestre"), mas também como o Absoluto, informe e indescritível. Por isso, seguem os gurus humanos, os dez líderes originais dos siques (*p.210-1*), e o "Décimo Primeiro Guru", o livro sagrado conhecido como Guru Granth Sahib (ou, às vezes, Adi Granth), como aqueles que revelaram a natureza e os ensinamentos de Deus.

O Guru Granth Sahib não contém uma explicação sistemática dos ensinamentos siques. É mais um livro de poemas e preces que de instrução moral. Mas o conhecimento de seu conteúdo é vital para os siques como um meio de se aproximar de uma compreensão e do amor de Deus. Nele, Deus é descrito como um ser imortal, sem medo ou ódio, que é encarnação da verdade. Os siques veem Deus, portanto, não só como o criador, mas como o ser de quem tudo depende. Por isso é importante para eles compreender a natureza de Deus, e também alcançar uma experiência pessoal, direta d'Ele.

O pente *kangha* dos siques é um dos objetos característicos da fé que eles levam consigo o tempo todo (*p.219*).

Guarda de honra perfilada durante uma festa sique. O uso de armas em defesa dos inocentes é permitido por seus textos sagrados.

O NOME DE DEUS

Segundo o guru Nanak, um modo de ter uma experiência pessoal de Deus é guardar o nome d'Ele no coração. O Nome de Deus é importante para os siques por conter o ser que ele é e mostrar como o Deus informe e absoluto está presente no mundo. O Nome é tão importante que o guru Nanak referia-se a Deus como Nam, ou Nome. Meditar sobre o Nome é uma das três promessas que um devoto faz ao ingressar na comunidade sique, e eles dedicam muito tempo a essa meditação para trazer Deus para dentro de seu próprio ser. As outras promessas são trabalhar árdua e honestamente e dar esmolas.

CICLO DE RENASCIMENTO

A lei do carma é o processo de causalidade moral que influencia o modo como nascemos após a morte. Na visão sique, o processo de morte e renascimento comporta cinco estágios de existência, cada um num plano moral mais elevado que o anterior. Uma pessoa pode levar

uma vida como um *manmukh* ("malfeitor") mas, através de uma série de renascimentos, pode alcançar o foco em Deus chamado *gurmukh* e o quinto e último estágio de *sachkand* (beatitude), o estado para além do renascimento. Na crença sique, levar uma vida boa é importante no processo de renascimento favorável, mas o modo como renascemos não está inteiramente em nossas mãos. Deus é tão grande que só mediante sua vontade uma pessoa pode conseguir um renascimento positivo ou alcançar o estado de beatitude. Este fato torna a concentração em Deus e seu Nome ainda mais centrais no siquismo.

OS SIQUES E OUTRAS FÉS

Um aspecto importante da crença sique é que todas as pessoas são iguais, uma vez que, mulher ou homem, sique ou não sique, todos foram criados por Deus. Os

O guru Nanak na companhia de Mardana, um muçulmano, e Bala, um hindu, que o acompanhavam em suas viagens. Como ambos eram músicos famosos, não se sabe ao certo quem toca nesta cena.

siques respeitam os que chegam à verdade através de suas próprias religiões. Assim, embora creiam fervorosamente na correção de sua fé, e tenham buscado ativamente converter outros ao siquismo no passado, são essencialmente tolerantes. Característica excepcional entre as religiões do mundo é o fato de o siquismo incluir em suas escrituras escritos de pessoas alheias à fé. O Guru Granth Sahib contém ensinamentos de vários homens santos muçulmanos e hindus, que os siques chamam de Bhagats. Essa manifestação de tolerância religiosa é plenamente coerente com a crença sique fundamental de que todas as pessoas religiosas cultuam em última análise o mesmo Deus.

"CULTUA O NOME DO SENHOR DENTRO DO TEU CORAÇÃO."

Guru Amar Das, Maru

O GURU GRANTH SAHIB

As escrituras siques estão reunidas num volume chamado o Guru Granth Sahib, ou Adi Granth (o que significa "Livro Primal"). O livro, central para a fé sique, encerra a mensagem de que a crença no sagrado Nome de Deus está no cerne da religião, e suas palavras fazem parte de todo culto sique. O local de culto dos siques, o *gurdwara*, é definido como um lugar em que um exemplar do Guru Granth Sahib é guardado.

A HISTÓRIA DO LIVRO

A ideia de uma coleção autêntica das escrituras siques veio do Quinto Guru, Arjan Dev (1563-1606). Para que não fosse mais preciso questionar se certos textos eram ou não de fato obra dos primeiros gurus, Arjan começou a reunir os manuscritos verdadeiros. Ao longo de vários anos, ele enviou companheiros de confiança para localizar manuscritos originais e depois, com seu seguidor Bhai Gurdas, copiou-os num volume. Em 1604 o volume ficou pronto, e Arjan ensinou seus adeptos a reverenciar o livro como a obra divinamente inspirada dos primeiros gurus. Cerca de cem anos mais tarde, o Décimo Guru, Gobind Singh,

organizou uma nova edição do livro, acrescentando-lhe os hinos do Nono Guru, Tegh Bahadur, e, modestamente, apenas um seu. O livro também contém obras de vários líderes espirituais respeitados e santos de outras fés (*p.215*). Depois que Gobind Singh declarou que o livro seria o último guru dos siques (*p.211*), este se tornou conhecido como o Guru Granth Sahib.

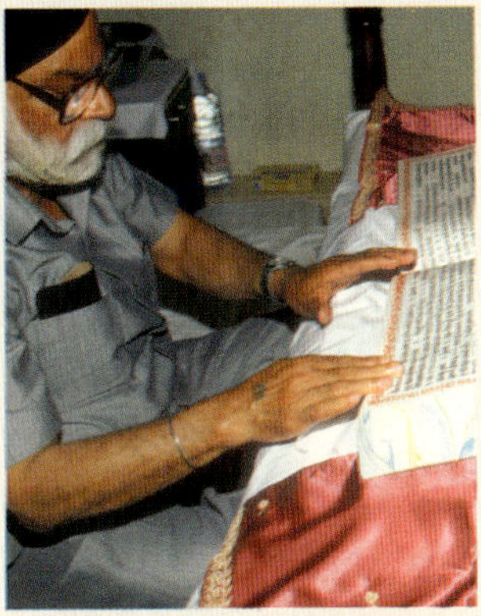

Ancião sique lendo o Guru Granth Sahib. Leituras completas, ininterruptas, podem durar até dois dias inteiros.

O CONTEÚDO DAS ESCRITURAS

Esse livro sagrado contém milhares de hinos em *gurmukhi*, uma escrita sique. Os hinos, arranjados em 31 seções, seguem formas musicais indianas tradicionais chamadas *ragas*. Dentro de cada seção, os hinos são agrupados segundo o guru que os escreveu, e os que não foram escritos por gurus vêm no fim. Juntos, os textos dos hinos expõem e celebram as crenças básicas do siquismo: Deus é o Único, é o criador universal, e todas as pessoas do mundo são iguais. Também indicam as metas morais e éticas da fé, de eliminar o mal a viver em humildade e compaixão. A maioria dos siques lê certas passagens essenciais na prece diária em casa. Outra maneira de usar o livro é ler o texto todo numa leitura contínua chamada *akhand path*, o que exige em geral c.48 horas e muitas vezes faz parte de algumas festas siques. Entre as ocasiões em que se usa esse modo de ler estão eventos familiares importantes e comemorações do nascimento ou morte de um dos gurus.

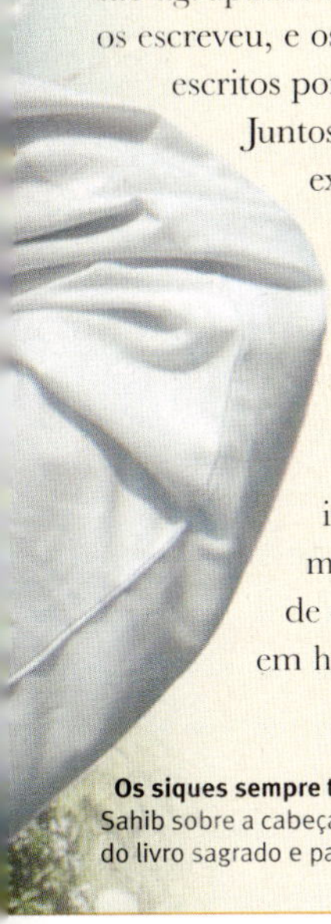

Os siques sempre transportam o Guru Granth Sahib sobre a cabeça em sinal da importância do livro sagrado e para mostrar reverência.

RESPEITO PELO LIVRO

Os siques devem guardar o Guru Granth Sahib apropriadamente e tratá-lo com respeito. O volume é mantido no *gurdwara*, sobre um pequeno trono encimado por um dossel próximo do teto. É envolto em panos que devem ser mantidos limpos e trocados diariamente, e é posto para repousar cerimonialmente à noite.

Os que leem o livro executam rituais especiais para mostrar sua reverência pelo conteúdo. Diante dele, as pessoas devem ficar descalças e cobrir a cabeça. Os siques se curvam perante o livro como reverência a Deus, e o leitor ou um voluntário (chamado *sewadar*) agita sobre ele o *chauri*, um espanador sagrado, em sinal de respeito durante a leitura. Quando alguém precisa transportar o livro, p.ex. numa procissão festiva, deve mantê-lo no alto, sobre a cabeça, para indicar seu status elevado.

ÉTICA, MORAL E LEI

A ética sique funda-se na necessidade de se fazer o bem no mundo. Há muitas maneiras de fazê-lo, mas duas são particularmente importantes: ajudar os outros através de uma ética prática de serviço e abraçar os elevados padrões morais da Khalsa, ou comunidade sique.

VIRTUDES E VÍCIOS

A ética do siquismo é guiada pela consciência de cinco virtudes e cinco vícios capitais. As virtudes são verdade, satisfação, serviço, paciência e humildade. Mantendo essas virtudes, os siques esperam obedecer à vontade de Deus e aproximar-se dele. Os vícios são lascívia, ira, cobiça, mundanismo e orgulho. Ceder a eles é visto como dar as costas a Deus, e adotar uma atitude de egoísmo e uma tendência a apegar-se ao lado mundano da vida. Os siques veem os vícios como uma ameaça e tentação constantes, e esperam evitá-los concentrando-se no Nome de Deus (*p.214*) e sustentando as virtudes com abnegação. Desse modo esperam atrair a graça de Deus.

Um sique amarra um turbante para o filho de dois anos. O turbante permite ao homem sique cobrir a cabeça e prender o cabelo, que nunca deve ser cortado.

SERVIÇO E IGUALDADE

Para os siques, uma maneira importante de servir a Deus é aderir à ideia de *seva*, "serviço", que na prática significa servir outras pessoas ou cuidar delas. O *seva* é aprendido tanto na família, onde as crianças são criadas para obedecer aos pais e respeitá-los, como no *gurdwara*, onde os membros da congregação se ajudam uns aos outros.

O *gurdwara* é também o lugar para a manifestação mais pública da crença sique na virtude do serviço a todos. No fim do culto, o templo oferece à comunidade uma refeição (chamada Langar) que em geral consiste em favas, arroz, hortaliças e pão. Embora os siques possam comer carne, essa refeição costuma ser vegetariana, porque eles estendem sua hospitalidade também a adeptos de outras fés, e asseguram que a comida seja adequada para todos.

Os siques devem ajudar os necessitados, adeptos do siquismo ou não. Esse serviço pode ser um trabalho filantrópico dentro e fora do *gurdwara*, mas influencia também os siques na escolha de um ofício, pois muitos optam por profissões altruístas, tornando-se médicos ou enfermeiros.

A extensão da ética de serviço a toda a humanidade é uma expressão de um princípio importante na moralidade sique. Eles creem que toda a humanidade foi criada por Deus, e portanto todos os homens são iguais. Embora tenham vivido (e em muitos casos continuem vivendo) em sociedades em que papéis específicos são atribuídos a mulheres ou a membros de uma classe social particular, prezam igualmente as pessoas de todas as raças, castas e status social, e não toleram discriminação. Homens e mulheres são considerados iguais na cultura sique.

A ÉTICA DA KHALSA

A comunidade dos siques adultos iniciados é chamada Khalsa (*p.211*). Embora originalmente seus membros fossem homens preparados para assumir um papel militar na defesa de seu povo e de sua fé, hoje o siquismo permite a ambos os sexos ingressar nessa comunidade especial. Nela, as mulheres membros são chamadas de Ardhangi ("a melhor metade"). Todos os membros são admitidos na Khalsa numa cerimônia de iniciação especial em que os homens adotam o sobrenome Singh ("Leão") e as mulheres Kaur ("Princesa").

O guru Gobind Singh estabeleceu um código de ética para a Khalsa. Os membros não devem cometer adultério, cultuar divindades hindus, ou usar álcool, tabaco ou narcóticos. Devem levantar cedo, ler as escrituras prescritas, e meditar sobre o Nome de Deus. Devem também manter a cabeça coberta – os homens com um turbante, as mulheres com um turbante ou uma mantilha. Por fim, devem usar os "Cinco Ks" simbólicos: *kesh* (cabelo longo, não cortado), *kangha* (pente para manter o cabelo no lugar), *kaccha* (calções usados como roupa de baixo), *kara* (um bracelete) e *kirpan* (uma espada curta). Até hoje os membros da Khalsa aspiram a estabelecer o mais elevado padrão de observância religiosa e conduta moral para os siques em toda parte.

O MOVIMENTO AKALI

O guru Gobind Singh chamou de Akalis (de Akal, "Deus, o Intemporal") os que se dispõem a morrer por sua fé. Nos sécs. XIX e XX, os Akalis se bateram com sucesso pela reforma dos *gurdwaras*, então sob o controle de sacerdotes corruptos que desviavam fundos e introduziam formas impróprias de culto. Após a fundação de um partido político em 1929, o Akali Dal, eles continuaram dominando os assuntos siques. Em décadas posteriores, participaram da campanha dos siques por um Estado de expressão punjabi, que foi instituído em 1966.

Siques preparam *rotis* (pães) para o Langar, a refeição comunal fornecida a todos que comparecem ao *gurdwara*.

Uma noiva sique usa os tradicionais adornos matrimoniais – anéis, pulseiras e roupas brilhantes. O casamento na cultura sique é uma ocasião ao mesmo tempo solene, assinalando a união de duas famílias, e alegre, prenunciando o futuro comum do casal.

PRÁTICAS E FESTAS

O culto e outras práticas religiosas dos siques têm por base o Guru Granth Sahib. O canto de hinos desse livro sagrado constitui uma parte importante do culto no *gurdwara*; rituais de ciclo de vida e festas anuais também têm por foco as suas palavras.

CULTO REGULAR

Um serviço comunal no *gurdwara* tem três partes principais: Kirtan, Anand e Langar. Kirtan consiste no canto de hinos do Guru Granth Sahib, acompanhado por instrumentos musicais como o harmônio e tablas (pequenos tambores). Em algumas seções do serviço os músicos cantam os hinos sozinhos, e em outras toda a congregação participa. A parte principal do serviço, chamada Kirtan, pode durar várias horas. O foco nos hinos do Guru Granth Sahib mostra a importância do livro na fé sique. O segundo elemento do serviço, Anand, inclui outros hinos e depois o recital do Mool Mantar (*p.223*). Essa prece, incluída no Guru Granth Sahib, contém segundo os siques as primeiras palavras registradas do guru Nanak após sua iluminação. Segue-se um curto sermão, e a distribuição para a congregação de *karah parshad*, comida doce sagrada feita de farinha de trigo, água, açúcar e *ghee* (manteiga clarificada). Uma prece comunal chamada Ardas encerra essa parte do culto. A última seção do serviço, Langar, é uma refeição comunal (*p.218*).

O CICLO DE VIDA

O siquismo marca todos os estágios da vida com cerimônias especiais. Duas das mais características assinalam a escolha do nome para as crianças e a iniciação de novos membros na Khalsa. Pouco depois de nascer, o bebê de uma família sique é levado ao *gurdwara* para sua cerimônia de denominação. Às vezes se dá à criança um pouco de *amrit*, néctar feito de cristais de açúcar e água que representa a natureza ambrosina do Nome de Deus. O Guru Granth Sahib é aberto ao

Ancião sique medita, na esperança de alcançar um estado sagrado de lucidez e compaixão pelos outros.

Um sique prosternado diante do altar de sua *gurdwara* local. Os cultos siques enfatizam a comunidade e o compartilhamento.

acaso e o *granthi*, que oficia, lê o hino do lado esquerdo da página. Deus assegura que essa leitura seja apropriada para aquele dia particular. Os pais escolhem então para a criança um nome que começa com a primeira letra da primeira palavra à esquerda da página aberta. Terminada a cerimônia, a congregação celebra com vivas.

Para a iniciação na Khalsa, cinco membros da comunidade (rememorando os cinco membros originais iniciados pelo guru Gobind Singh em 1699) realizam a cerimônia de iniciação. Os cinco se revezam para mexer *amrit* numa tigela de ferro, enquanto recitam versículos do Guru Granth Sahib. Os cinco tomam um pouco do *amrit* e os iniciados bebem o resto. Depois os cinco dizem o Mool Mantar e os iniciados o repetem cinco vezes. Em seguida é dito aos iniciados quais são seus deveres como membros da Khalsa, desde orar diariamente a usar os "Cinco Ks" (*p.219*). Uma leitura e o compartilhamento de *karah parshad* encerram o ritual.

FESTAS SIQUES

Como o siquismo teve origem no subcontinente indiano, os siques adotaram muitas das festas hindus tradicionais, dando-lhes significados peculiares à sua própria fé. Essas festas, conhecidas como *melas*, incluem Diwali, a festa das luzes, que para os siques evoca a libertação de Hargobind, o Sexto Guru, da prisão, no séc.XVII, quando as pessoas iluminaram suas casas com velas para lhe dar as boas-vindas. Hola Mohalla é o equivalente sique do Holi hindu e significa "Ataque e lugar de ataque", pois comemora o treinamento dos primeiros membros da Khalsa em artes marciais.

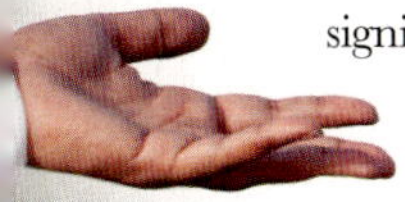

Além das festas adotadas dos hindus, o siquismo tem as suas próprias, chamadas *gurpurbs*, que marcam acontecimentos fundamentais na história da fé e na vida dos gurus. São celebradas com procissões em que os devotos carregam o Guru Granth Sahib pelas ruas. Uma parte essencial de muitos *gurpurbs* é frequentemente uma leitura completa do livro, que dura c.48 horas. Os adeptos também cantam hinos e promovem leituras ligadas ao guru particular que estão comemorando. O mais importante e sagrado dos *gurpurbs* assinala o aniversário do guru Nanak. Destacam-se também os que marcam o aniversário do guru Gobind Singh, o Décimo Guru, e o martírio de Tegh Bahadur, o Nono Guru.

O MOOL MANTAR

Aparece no início do Guru Granth Sahib e destila a essência do siquismo: o credo da religião, composto pelo guru Nanak. Suas palavras são tão importantes que os siques creem que elas não podem ser apropriadamente traduzidas. O Mool Mantar fala da Unicidade de Deus e sua existência eterna, e de seu papel como criador e sustentáculo de todas as coisas. Dele se diz que está além do tempo, do nascimento e da morte. As pessoas o conhecem através da graça do Guru, i.e., através dele mesmo, porque Nanak sempre se refere ao próprio Deus como "o Guru".

JAINISMO

Embora seja, entre as antigas religiões da Índia, a que tem menos adeptos, o jainismo é muito influente entre pessoas de todas as culturas e origens. Sua austera ética de ajudar a si mesmo e, em especial, sua filosofia de não violência inspiraram ativistas contra a violência e a opressão no mundo todo.

O jainismo é uma das mais antigas religiões da Índia. Não tem um fundador único, mas seus adeptos creem que sua fé foi revelada a vários líderes chamados *tirthankaras* ou *jinas*. O mais conhecido deles é Mahavira, que viveu no séc.VI a.C. e teria sido o mais recente de 24 líderes iluminados que estabeleceram os dogmas da religião. Suas palavras formam a base das escrituras jainistas. Monges e monjas memorizavam essas escrituras porque não lhes era permitido ter posses físicas, como livros. Com o tempo, algumas das palavras de Mahavira se perderam, em especial em meados do séc.IV a.C., quando muitos monges morreram num período de grave escassez. Mais tarde os textos foram registrados e foi permitido aos monges ter livros, graças ao que o resto das escrituras sobrevive.

A festa de Mahamastakabhisheka ("unção da cabeça") ocorre a cada 12 anos ao pé da estátua de 17m de Gomateswara, um homem santo jainista.

Nem todos os jainistas creem que as escrituras contêm as palavras do próprio Mahavira, mas todos as reverenciam em razão da verdade que encerram sobre a fé jainista. Para eles, a vida é um ciclo contínuo de morte e reencarnação, do qual a fé oferece uma via de libertação. Eles não reconhecem nenhuma divindade e não têm nenhum sacerdote para ajudá-los em seu caminho religioso; dá-se grande ênfase às ações do próprio crente. Vivendo de maneira certa, adotando o tipo correto de crença, conhecimento e conduta, os adeptos podem avançar rumo à libertação. Um princípio acima de todos os outros define e distingue o jainismo: o da *ahimsa*, ou não violência. Os jainistas creem que todo ser vivo tem uma alma, por isso evitam causar dano desnecessário até à mais humilde das criaturas; e são vegetarianos rigorosos.

Hoje na Índia há mais de 4 milhões de jainistas, mas o modo de vida austero da religião impediu sua ampla difusão para além do subcontinente.

ORIGENS E HISTÓRIA

Segundo seus adeptos, a história do jainismo remonta ao início dos tempos, mas a religião tal como é praticada hoje nasceu de fato no séc.VI a.C. na Índia, onde ainda se concentra a maioria de seus seguidores, que vivem uma vida centrada em não fazer mal aos outros.

MAHAVIRA

O jainismo começou no séc.VI a.C. com a missão de Mahavira, o mais recente de 24 líderes espirituais chamados *tirthankaras* ou *jinas*. Ele nasceu na classe guerreira na área da bacia do Ganges, na Índia. Aos 30 anos, tornou-se um asceta errante e 12 anos depois alcançou a iluminação. Teve 12 discípulos que fizeram de seus ensinamentos a base das escrituras jainistas. A nova fé espalhou-se pela Índia, mas de modo lento, por ser o jainismo uma religião rigorosa, que exige total não violência e propõe o completo desprendimento do asceta em sua forma mais exaltada.

DOIS TIPOS DE JAINISMO

No séc.IV d.C. ocorreu uma grande cisão no jainismo. Segundo um grupo, todas as posses representavam barreiras à libertação e era preciso alcançar o total desprendimento. Até roupas, a seu ver, sugeriam ideias de modéstia descabidas

O templo jainista em Ranakpur, Índia, erguido há mais de 500 anos, é um dos principais centros da fé.

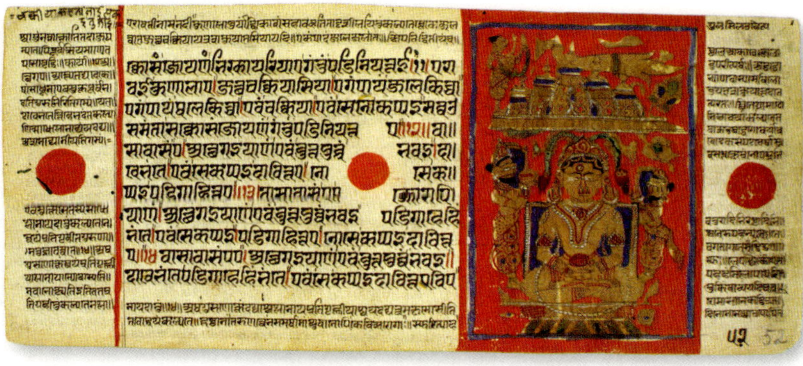

Descrições documentadas dos preceitos e da história do jainismo acabaram substituindo a frágil tradição oral da fé – como neste antigo texto sagrado.

para os que eram desapegados do mundo; além disso, corria-se o risco de matar outros seres vivos ao lavar roupa no rio. Esse grupo de jainistas abandonou tudo o que possuía e se tornou os Digambaras, ou ascetas "vestidos de céu". O grupo remanescente, para o qual a pureza tinha mais a ver com a mente que com as roupas, tornou-se os Svetambaras. Apesar desse cisma, o início da Idade Média foi o período de maior florescimento do jainismo, embora sua difusão tenha sido finalmente sustada por uma ressurgência do hinduísmo em seitas devotadas a Xiva e Visnu.

O JAINISMO NOS TEMPOS MODERNOS

Hoje a maioria dos jainistas vive na Índia ocidental e central. A influência dos Svetambaras é particularmente forte no Rajastão e no Gujarat, enquanto os Digambaras se concentram na área em torno de Mysore.

O jainismo influenciou o mundo moderno sobretudo através de sua doutrina da *ahimsa*, ou não violência. No séc.XX, p.ex., o mestre jainista Raychandbhai Mehta ajudou Mahatma Gandhi a perceber a força da ética jainista da não violência. A história da Índia, com a resistência não violenta dos nacionalistas ao domínio britânico, que levou por fim à independência, poderia ter sido diferente, e mais sangrenta, sem a influência jainista sobre Gandhi.

"AO PURO PERTENCEM A FÉ E O CONHECIMENTO."

Pravachansara 274

CRENÇAS ESSENCIAIS

A meta do jainista é viver a vida mais pura e disciplinada possível para se aproximar do objetivo espiritual supremo da iluminação. Embora compreendam que a iluminação é um estado sublime que a maioria das pessoas não será capaz de atingir, todos os jainistas aspiram a ela.

DEUSES, CORPO E ALMA

Os jainistas não creem num deus criador supremo, e embora reconheçam deuses que existem no universo, não os consideram objetos de culto nem potências capazes de ajudá-los na busca da iluminação. Apesar disso, reconhecem cinco níveis de seres supremos que ajudam os crentes ao longo de seu caminho espiritual e que eles reverenciam *(abaixo, quadro)*.

Seres iluminados conhecidos como *tirthankaras* são venerados como guias espirituais no jainismo.

No jainismo, considera-se que um ser vivente é constituído de duas partes: um corpo e uma alma. O corpo é essencialmente um recipiente físico; a alma (chamada *jiva*) é que realmente importa. A *jiva* é eterna e nos fornece nossa responsabilidade moral. Tal como os adeptos de outras religiões indianas, os jainistas creem que a vida é um ciclo de mortes e renascimentos e que os atos de uma pessoa ao longo da vida atraem carma (um sistema de crédito e débito espiritual), o qual influencia o modo como ela renascerá. Na visão peculiar do jainismo, o carma consiste numa espécie de substância física que se prende à alma, e, para romper o ciclo interminável de morte e renascimento, é preciso removê-lo. Para tal, a pessoa tem de passar por um processo de purificação e disciplina descrito nos ensinamentos dos guias espirituais, os *tirthankaras*.

O CAMINHO ESPIRITUAL

Em particular, os jainistas procuram seguir o caminho das Três Joias: Conhecimento reto, Fé reta e Conduta reta. Para os que seguem o caminho espiritual mais exigente, tornando-se monge ou monja e adotando uma vida de renúncia quase total, os jainistas acrescentam uma quarta Joia, a do

OS CINCO SERES SUPREMOS

No topo da hierarquia espiritual jainista estão os *jinas* ou *tirthankaras*, as figuras que geraram os ensinamentos originais da fé e alcançaram a iluminação. Em seguida vêm os *siddhas*, almas libertadas que residem no Céu. Depois, vêm os mestres religiosos superiores que dirigem as ordens monásticas jainistas, seguidos pelos mestres que, embora não dirijam suas próprias ordens, desempenham um papel vital instruindo os monges e as monjas sobre as escrituras. Em quinto lugar vêm os próprios monges.

A "roda cósmica" jainista incorpora em seu desenho os Cinco Seres Supremos e ilustra a hierarquia espiritual da fé.

Ascetismo (por vezes chamada Penitência reta). Eles fazem cinco "Grandes Votos": renunciar à violência, falar a verdade, abster-se de sexo, não tomar o que não é dado e desapegar-se de pessoas, lugares e coisas. Os leigos fazem votos semelhantes, mas menos restritivos. Não se espera, p.ex., que renunciem às relações com outras pessoas. Mas também renunciam à violência, só comem comida vegetariana e fazem trabalhos que não envolvam a deliberada destruição da vida. Mesmo esses preceitos podem ser de difícil cumprimento. Os que cultivam a terra, p.ex., podem facilmente destruir sem querer as vidas de insetos ou outras criaturas, e essas vidas, desprezadas na maioria das religiões, são tão importantes para os jainistas quanto as de outras espécies, como a humana. Mas os jainistas aspiram a se aproximar o mais possível desse ideal, e com isso avançar por um caminho de aperfeiçoamento espiritual. Um texto estabelece 14 estágios nesse caminho, que começa com uma espécie de sono espiritual e termina com a completa libertação do apego ao mundo físico. A maioria dos devotos espera ascender através desses níveis de aperfeiçoamento espiritual, mas admite que não chegará nem perto dos últimos estágios, reservados somente para as almas libertas e os *tirthankaras*.

Sacerdotes dispõem oferendas na forma de uma mandala – representação geométrica do universo segundo a cosmologia jainista.

"NÃO MATEIS NENHUM SER VIVO."

Mahavira, in Acaranga 4:23

ÉTICA, MORAL E LEI

A ética jainista deriva de votos que proíbem o pecado, o apego a coisas mundanas e, acima de tudo, a violência contra seres vivos. O rigor dos votos varia, conforme a capacidade do indivíduo de se aproximar do ideal ascético representado por monges e monjas jainistas.

VOTOS DE CONDUTA RETA

A atitude jainista diante da moral deriva das Tres Joias conhecidas como Conhecimento reto, Fé reta e Conduta reta (*p.228*). Os jainistas creem que as duas primeiras joias – conhecer os princípios do jainismo e acreditar neles – nada são sem a terceira: realmente segui-los. Assim, os leigos fazem uma série de votos que os guiam pelo caminho moral reto.

Os cinco primeiros votos são versões menos restritivas daqueles feitos por monges e monjas (*p.227*) de renunciar à violência, dizer a verdade, não roubar, abster-se de sexo e evitar o apego a coisas materiais. Em seguida vem uma série de votos "auxiliares", destinados a ajudar o adepto a manter os cinco primeiros. Incluem pecados como a cobiça; desestimulam a violência ao proibir a posse de armas; e restringem a área em que o pecado pode acontecer limitando as viagens. Um terceiro conjunto de votos centra-se na observância religiosa. Os jainistas prometem passar pelo menos 48 minutos (um trigésimo do dia) meditando diariamente. Também prometem passar períodos ocasionais de 24 horas vivendo numa comunidade monástica. E prometem ajudar os mosteiros, o que podem fazer doando coisas que os monges têm permissão para aceitar: comida, água, roupas, móveis, panelas e cobertas.

Estudantes jainistas europeus aprendem os valores morais e éticos que sustentam a religião durante uma aula vespertina ao ar livre no Reino Unido.

Os jainistas creem que seguindo todos esses preceitos morais se beneficiam fisicamente, pois essa vida formará um corpo saudável, e espiritualmente, porque ela reduzirá o carma nocivo. Alguns optam por seguir um caminho de maior rigor, fazendo mais 11 outras promessas morais que quase emulam o modo de vida monástico. Elas incluem jejuar entre o pôr do sol e o raiar do dia, abster-se por completo de sexo, só comer restos, viver como um monge por seis períodos a cada mês, e tentar o tempo todo levar uma vida ascética.

Um símbolo jainista da alma "liberta", representando a meta final da vida ética.

NÃO VIOLÊNCIA

O princípio que distingue a ética jainista de todas as outras é o da *ahimsa*, a não violência. Ele é muito mais praticado que em outras fés porque o jainismo tem um profundo respeito tanto pelas formas superiores quanto pelas inferiores de vida, e considera até substâncias como terra, ar e metal seres vivos que podem ser feridos pela atividade humana.

A ética jainista reconhece que, se todas essas coisas são vivas, é impossível para o ser humano viver sem danificá-las. Mas creem que devem limitar esse dano. Todos os jainistas são vegetarianos, e a maioria come apenas frutas, frutos secos como castanhas e nozes, além de leite, tidos não como seres vivos, mas como subprodutos destes. A religião proíbe várias ocupações, como a agricultura, porque o cultivo resulta em dano para criaturas no solo e até para o próprio solo. A carpintaria também é inaceitável porque serrar a madeira é feri-la. Os trabalhos aceitáveis limitam-se ao comércio, às finanças e a campos como ensino e arte.

A não violência impregna ainda mais profundamente a vida monástica. Ao andar, os monges carregam uma vassourinha para varrer os insetos de seu caminho; filtram a água para evitar beber pequeninos organismos; e não usam lamparinas para que mariposas não morram em suas chamas. Nesses detalhes, o monasticismo leva o respeito jainista à vida às últimas consequências.

A PALMA ABERTA

Os jainistas adotaram esse símbolo em 1975, quando, segundo eles, celebraram o 2.500º aniversário da iluminação de Mahavira. A palma aberta denota a ordem para deter a violência (muitas vezes traz a inscrição *ahimsa*). Em outras palavras, é um ícone da paz, que aparece entalhado nas paredes dos templos e também em publicações dedicadas aos jainistas.

PRÁTICAS E FESTAS

Embora não reconheçam um deus supremo, os jainistas têm templos e santuários com estátuas dos *tirthankaras*, as quais cultuam. Creem que, honrando-os mas sem apelar para sua misericórdia, podem se aproximar da iluminação.

CULTO REGULAR

Cada templo jainista tem em seu interior uma estátua de um dos *tirthankaras* (antigos mestres da fé) que o preside; e para a maioria dos jainistas essa imagem é central para seu culto.

A forma mais simples de culto jainista é chamada *darshan*. Esse ritual, usado também no hinduísmo, envolve o contato visual com a imagem do *tirthankara*, enquanto quase sempre se recita um mantra (som ou versículo sagrado). Os jainistas creem que o *darshan* põe o devoto em contato com o *tirthankara* e seus ensinamentos, o que o faz progredir no caminho espiritual.

Outra forma de culto destinada a aproximar o devoto dos seres supremos envolve a limpeza da imagem do *tirthankara*, ungindo-a com substâncias como o açafrão e decorando-a com flores. Alguns adeptos defendem o uso de flores ou pétalas que já tenham caído da planta, para não infringir a ética da não violência. Por fim, os devotos podem também fazer oferendas ao *tirthankara*. Além dos templos e santuários comunais, muitas casas jainistas têm pequenos santuários onde os moradores praticam rituais de culto. Esses santuários domésticos podem ser elaboradamente esculpidos em estilo semelhante ao dos templos, e conter estátuas dos *tirthankaras* e de seus assistentes. O culto de imagens em templos e santuários comunais ou domésticos é comum entre a maioria dos jainistas.

Concentrar-se em imagens de seres iluminados, como a dessa estátua, é parte importante do culto jainista.

Contudo, há duas seitas jainistas, a dos sthanakvasis e a dos terapanthis, que rejeitam o culto de imagens mas praticam a devoção a monges superiores.

RITUAIS DIÁRIOS

Jainistas leigos tentam praticar o maior número possível de rituais diários tradicionais de sua fé: dedicar tempo à prece e à meditação, inclusive uma meditação de 48 minutos quando o devoto almeja estar em paz com o mundo; visitas a um templo ou santuário (melhor pela manhã e ao entardecer) e leitura das escrituras. Os jainistas cultivam também o hábito de ajudar os necessitados, cuidar do próximo e fazer doações regulares para monges e monjas.

Santuários e altares em casa são comuns no culto jainista, permitindo o culto privado de *tirthankaras*.

Prece numa comunidade jainista na Índia. As máscaras de pano sobre a boca e o nariz visam a evitar a inalação acidental de insetos.

O CICLO DE VIDA

Os jainistas celebram os ritos de passagem para os leigos de modo parecido com os hinduístas. As cerimônias de casamento podem ser elaboradas, incluindo a declaração da intenção de casar pelos noivos, os presentes para a noiva, a troca de votos e outros rituais. A cerimônia principal geralmente é conduzida por um sacerdote jainista ou por um membro respeitado da comunidade. Enfatiza-se que os adeptos não devem gastar tempo e dinheiro com a cerimônia, mas executar os rituais com a seriedade apropriada a uma celebração que só ocorre uma vez na vida.

JEJUM E FESTAS

Uma religião austera, o jainismo dá forte ênfase ao jejum em datas importantes, em particular no fim do ano jainista durante a festa de Paryusana Parva, a qual se estende por oito dias durante a estação da monção (em geral agosto). A maioria dos jainistas para de trabalhar, jejua e passa algum tempo em mosteiros e templos; os mais devotos ficam ao menos 24 horas seguindo a rotina dos monges ou monjas. A festa termina com um ato de reconciliação: pedidos de perdão entre as pessoas e votos de não levar para o Ano-Novo nenhum ressentimento. Os jainistas jejuam em outros dias também, como na lua cheia a cada mês, e durante festas que comemoram o nascimento e a morte de Mahavira.

Algumas festas jainistas são adaptadas do hinduísmo. A mais popular é Diwali, a festa das luzes, mas enquanto para os hindus ela é dedicada à deusa Laksmi (*p.174-5*), para os jainistas é uma celebração da iluminação de Mahavira.

“SOMENTE A VERDADE É A ESSÊNCIA NO MUNDO.”

Mahavira, in Prasnavyakarna 2:2

RELIGIÕES ORIENTAIS

NAS RELIGIÕES da China e do Japão há uma profusão de deuses e espíritos, e na China, em especial, diferentes tradições se misturam. Mas vários sistemas de crença orientais, notadamente o confucianismo, o taoismo e o xintoísmo sobressaem da mistura. O xintoísmo está quase totalmente restrito ao Japão, mas as ideias de Confúcio e dos taoistas são influentes no mundo todo.

Durante centenas de anos, estudiosos da religião chinesa falaram sobre San-chiao (os três caminhos), para se referir ao confucianismo, taoismo e budismo. Essas três religiões moldaram o modo como os chineses pensam a vida, a morte e o cosmo há mais de 2.000 mil anos. O confucianismo e o taoismo surgiram na própria China, enquanto o budismo (*p.182-207*) foi da Índia para lá há c.2.000 anos.

Buda, Confúcio e Lao-tse representados num *inro* japonês, estojo decorado para pequenos objetos.

MISTURA DE CRENÇAS

Durante grande parte desse período, os três caminhos coexistiram pacificamente. Muitos chineses não sentiram necessidade de escolher uma fé e rejeitar as outras, preferindo tomar das três o que é melhor ou mais conveniente para si. Da filosofia do grande sábio Confúcio (*p.313*), aprenderam a importância de um código ético baseado no respeito aos outros e na manutenção da relação correta entre pai e filho, marido e mulher, governante e governado. Nesse aspecto, o confucianismo foi também um importante instrumento para a manutenção do poder da família real chinesa nos tempos imperiais. Os imperadores cultuavam o Céu e acreditavam que isso lhes dava o direito de governar; mas empregavam sábios confucianos para dirigir o serviço público.

No taoismo, os chineses encontraram uma filosofia muito diferente, que busca seguir um caminho, o Tao, que envolve sensibilidade aos padrões do universo e o cultivo do fluxo natural de energia

"PRESERVA TUA PUREZA."

Escritos Vermelhos e Mistérios de Jade (texto taoista)

através do corpo. E o budismo ofereceu meios para compreender o sofrimento no mundo e superá-lo. Os chineses adotaram o budismo maaiana com seus muitos bodisatvas, e algumas escolas de budismo chinês baseiam-se na devoção a esses seres santos.

A combinação dos três caminhos acabou por gerar a religião popular chinesa, em que as pessoas buscam a ajuda dos deuses (que podem ser bodisatvas, imortais taoistas ou figuras deificadas como Confúcio), em especial em épocas conturbadas ou difíceis.

RELIGIÕES JAPONESAS

A religião no Japão é também o resultado de 2.000 anos de evolução. Durante esse tempo, a maioria das tradições religiosas da China chegou ao país e ganhou uma interpretação caracteristicamente japonesa, p.ex. as linhagens zen e Nichiren do budismo (*p.202-3*).

Mas a religião exclusivamente japonesa é o xintoísmo, uma fé conhecida como "*kami no michi*", "a maneira condizente com os *kami*", ou apenas "a maneira dos *kami*". Os *kami* são um vasto panteão de seres divinos: os espíritos de animais, aves, árvores, montanhas, e outros fenômenos naturais, mais os deuses e deusas imortais que vivem no Céu e controlam nossas vidas. O xintoísmo ainda é amplamente praticado, e seus adeptos não só creem na importância de cultuar os *kami* corretamente, mas também têm preces especiais que lhes são oferecidas quando diante de desafios tais como fazer um exame ou enfrentar um perigo.

Templo de peregrinação taoista no pico norte de Hua Shan, uma das cinco montanhas sagradas da China.

CONFUCIANISMO

Os escritos atribuídos ao grande sábio chinês Kong Fuzi (Confúcio) são lidos no mundo todo. Eles são admirados por suas qualidades humanas, sua sabedoria e sua linguagem direta. Na China, Confúcio tornou-se tão venerado, e seus ensinamentos tão identificados com ideias religiosas, que hoje o confucianismo é considerado uma religião em si mesmo.

Confúcio nasceu em 552 a.C. no pequeno estado de Lu (parte da atual província de Shandong). Exerceu ofícios em geral humildes na corte de Lu, mas quando mais velho dedicou a maior parte de seu tempo ao ensino da moral, adquirindo um círculo de discípulos. Seu renome cresceu após sua morte em 479 a.C., e ele se tornou o mais respeitado mestre de moral da China. Confúcio ensinava o conceito de *jen* (bondade, humanidade ou benevolência), insistindo que essa qualidade podia ser aprendida; não era, como muitos pensavam, uma prerrogativa das classes superiores. Com seus ensinamentos estimulava os adeptos a amar e respeitar os outros, realizar boas obras e observar a tradição. Insistia que sua mensagem era tanto moral quanto religiosa – suas ideias vinham do Céu, dizia. Depois da morte de Confúcio, seus alunos difundiram suas ideias pela China com a ajuda de vários livros, conhecidos em conjunto como os Clássicos, que eram atribuídos ao mestre.

Durante o séc.I a.C. o confucianismo tornou-se a religião oficial da China. Só deixou de sê-lo em meados do séc.XX.

A mensagem religiosa nesses livros, além de enfatizar o valor de *jen*, estimula as pessoas a cultivar a moderação em suas vidas e emoções para alcançar um estado de harmonia mental e espiritual. Ademais, as ideias de Confúcio sobre o respeito à tradição reforçaram um movimento religioso mais antigo na China: a veneração aos ancestrais combinada com o culto do Céu. O próprio Confúcio foi reverenciado por suas inspirações, e seus ensinamentos foram extremamente influentes, em especial na corte imperial chinesa, onde os imperadores acreditavam que seu direito de governar vinha do próprio Céu.

Os discípulos de Confúcio não afirmavam que ele era um deus. Mas era um mestre tão ilustre e venerado que os seguidores de outros sistemas de crença chineses, como a religião popular dos templos de beira de estrada (*p.256-7*), o incluíram em seu panteão.

ORIGENS E HISTÓRIA

Os valores essenciais do confucianismo – harmonia, instrução e respeito pelos ancestrais – foram preservados na China desde tempos imemoriais. Hoje, qualificados de confucianos, eles continuam a influenciar a cultura na China e também no mundo.

PRIMÓRDIOS

As raízes do confucianismo remontam a centenas de anos antes do nascimento de Confúcio em 552 a.C. Muitos dos valores que ele defendeu já eram esposados na China durante a dinastia Shang (c.1766-c.1050 a.C.), sobretudo na corte imperial. Os imperadores atribuíam grande valor aos membros de seu *entourage* que eram bem instruídos, versados nos rituais corretos e motivados pela virtude. Esses valores essenciais voltaram ao primeiro plano no tempo da dinastia Zhou (1050-771 a.C.), mas no séc.VI a.C. os imperadores Zhou começaram a perder seu poder. Vários sábios propuseram ideias sobre o melhor modo de restaurar a ordem. Um deles foi Confúcio, e foram suas ideias que ganharam mais apoio. O que hoje chamamos de confucianismo estava tomando forma.

TEXTOS CONFUCIANOS

À medida que o confucianismo ganhou terreno, uma série de livros conhecida como os Cinco Clássicos (*p.244*) foi compilada. Todos eles – Mudanças, História, Poesia, Ritos e os Anais – promovem o conceito confuciano fundamental da harmonia em todas as coisas.

Os livros foram atribuídos a Confúcio, mas não se sabe ao certo quem os compilou. Todavia, juntamente com outras obras como os Analectos, que sintetizam os ensinamentos de Confúcio sobre ordem e harmonia, eles

Yung-lo, o terceiro imperador da dinastia Ming (1368-1644), foi um dos muitos soberanos a adotar ideias confucianistas.

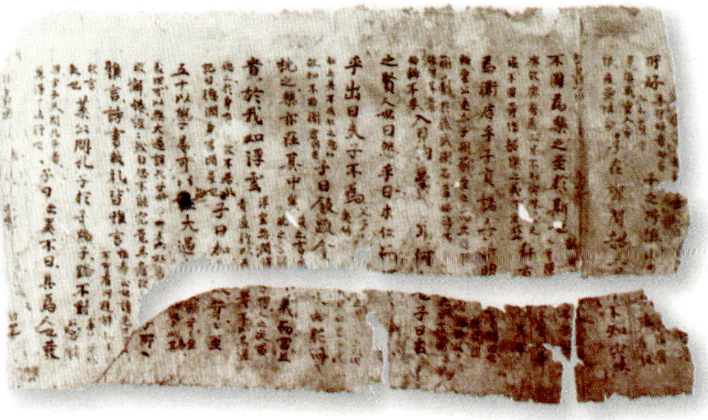

Parte de um manuscrito dos Analectos de Confúcio, da dinastia Tang (618-907 d.C.), que fornece um resumo das ideias do filósofo.

sempre foram vistos como um resumo de suas ideias. Esses escritos são suplementados pelas obras de outros autores, entre os quais o filósofo chinês Xunzi (que floresceu c.298-c.238 a.C.). Ele propôs a ideia de que os seres humanos precisavam ser disciplinados por leis.

A FÉ E O ESTADO

Sob a dinastia Han (206 a.C.-220 d.C.), a corte imperial aderiu entusiasticamente às crenças confucianas. Sábios imperiais combinaram as ideias de Confúcio e Xunzi para criar um sistema de crenças que sobreviveu no centro da cultura chinesa por cerca de 1.700 anos. Os soberanos Han deram uma estrutura organizacional ao confucianismo, fundando uma universidade, mandando reeditar os Clássicos e instaurando um sistema de concursos para o serviço público baseado nos princípios confucianos. Logo a fé chegou também ao Vietnã e à Coreia.

Durante o período Song (960-1279 d.C.), o movimento neoconfucianista desenvolveu as ideias confucianas. Seu foco era o papel do indivíduo, que podia usar a filosofia de Confúcio para seguir o caminho do autodesenvolvimento e da iluminação.

O MUNDO MODERNO

Os valores confucianos continuaram no centro da vida chinesa até o fim do período imperial no início do séc.XX. Quando a China se tornou comunista, o Estado deixou de ter por eixo os ideais confucianos. O povo chinês, porém, continuou prezando as virtudes da harmonia, respeito e equilíbrio; alguns as consideravam fundamentais para o caráter chinês e tão aplicáveis num Estado comunista como num imperial. No final do séc.XX, novos estudiosos mostraram como o povo podia continuar aplicando os valores do antigo filósofo aos tempos modernos. Alguns sugeriram até que o confucianismo sustentou o recente sucesso econômico da China.

OS SÁBIOS CONFUCIANOS

Os escritos de Confúcio aconselham os chineses sobre muitos aspectos da vida, das relações familiares ao protocolo diplomático. Por isso os devotos o consideravam um sábio com profundas intuições e viam os eruditos confucianos posteriores de maneira semelhante. Alguns destes lecionavam em escolas, transmitindo sua sabedoria à geração seguinte. O Estado fundou academias de estudos avançados onde os alunos discutiam os ensinamentos de Confúcio no intuito de se tornarem altos funcionários, assistentes imperiais e sábios.

Confúcio legou ensinamentos políticos e espirituais que foram interpretados e desenvolvidos por uma longa linhagem de sábios e estudiosos.

CRENÇAS ESSENCIAIS

No cerne da crença confuciana está o conceito de harmonia em todos os níveis – do indivíduo à totalidade do cosmo. Esse conceito fundamental impregna a discussão confuciana da moralidade pessoal, do governo, dos fenômenos naturais, da história e até dos deuses.

OS DEUSES

O confucianismo envolve dois diferentes conceitos de deus. Primeiro, há uma realidade suprema, *Taiji*. Trata-se de uma força absoluta incognoscível que ordena o universo. Desde o tempo do neoconfucianismo (*p.241*), muitos acreditaram que por meio da erudição, contemplação, meditação e outras disciplinas mentais é possível alcançar uma espécie de unidade com *Taiji*, que pode alçar a mente para um outro plano. Mais acessíveis às pessoas comuns, porém, são os inúmeros deuses menores – as divindades, espíritos e ancestrais imortalizados que vivem no Céu. Esse Céu é concebido como dotado de uma estrutura social semelhante à da China imperial, com um soberano imortal chamado Imperador de Jade e categorias de piedosos funcionários públicos que administram seu reino. Essa hierarquia era especialmente importante para os imperadores chineses, que viam o culto correto dessas divindades como uma maneira de validar seu próprio governo na Terra, um sistema que chamavam de Mandato Celeste.

YIN E YANG

No pensamento chinês tradicional todas as coisas possuem dois aspectos essenciais, conhecidos como yin e yang. Yin descreve as coisas escuras, úmidas, moles, frias e femininas; yang refere-se às que são claras, secas, duras, quentes e masculinas. Todas as coisas no universo, desde o funcionamento do Estado aos relacionamentos humanos e à saúde de uma pessoa, têm qualidades yin e yang em variadas proporções. A meta é manter esses dois aspectos da existência em equilíbrio, de modo que a harmonia prevaleça.

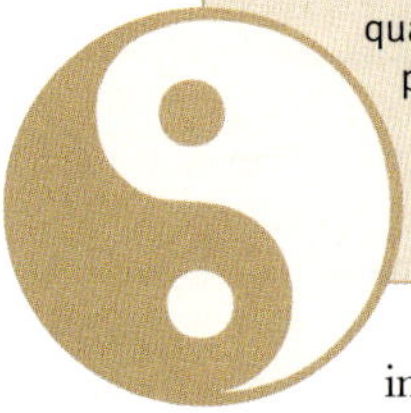

ORDEM E HARMONIA

Segundo Confúcio, os mundos divino e humano são sustentados por um cosmo regido por dois princípios fundamentais, o yin e o yang (*acima, quadro*). O confucianismo também exprime as forças cósmicas vitais em termos das "Cinco fases" – fogo, madeira, metal, água e terra. Cada uma dessas "fases", ou elementos, é compreendida nos níveis espiritual e físico. A cada momento um deles domina o cosmo, e o equilíbrio entre eles influencia a harmonia da vida.

O equilíbrio está presente também em alguns dos outros princípios-chave do confucianismo, entre os quais a

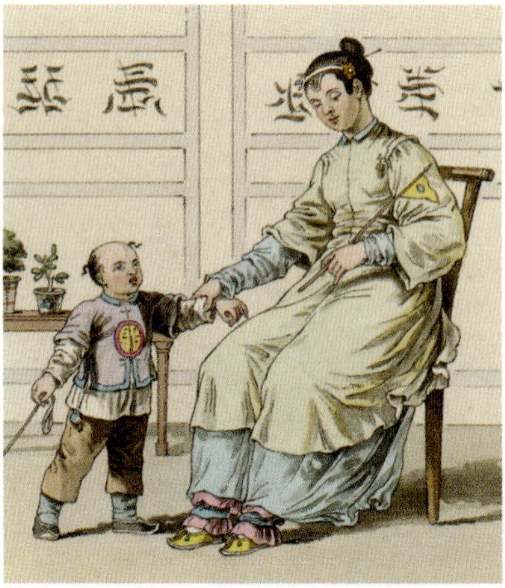

Confúcio deu especial ênfase à necessidade de vida harmoniosa na unidade familiar, que considerava a base do resto da sociedade.

Associada tanto ao yang quanto ao yin, e portanto ao imperador e à imperatriz, a fênix foi um símbolo auspicioso nos tempos imperiais.

famosa e mais sucinta fórmula moral de Confúcio, que é sua versão da regra de ouro do cristianismo: "Não faças aos outros o que não queres que te façam". Esse preceito moral é claramente parte do ideal confuciano de equilíbrio.

O ESTUDO DOS CLÁSSICOS

Confúcio acreditava que os livros hoje conhecidos como os Cinco Clássicos (*p.244*) encerravam os ensinamentos mais importantes. Confucianos posteriores classificaram ainda quatro outras obras, conhecidas como os Quatro Livros, como igualmente importantes. O primeiro, conhecido como Analectos, contém os ensinamentos do próprio Confúcio e mostra como a execução correta dos ritos dos primeiros imperadores fornece um modelo para a conduta humana e governamental ideal. O segundo, o Mêncio, contém os ensinamentos do filósofo chinês Mêncio ou Mengzi (c.372-c.289 a.C.) e enfatiza a bondade das pessoas e o poder da instrução para promover o aperfeiçoamento intelectual e moral. O terceiro, o Grande Aprendizado, mostra como o desenvolvimento do indivíduo é a chave para uma maior harmonia na sociedade. O quarto, a Doutrina do Meio, mostra como alcançar a unidade do cosmo e da humanidade.

Os confucianos estudam todos esses textos, aprendendo com cada um deles a equilibrar yin e yang para promover e manter a harmonia em si mesmos, em seu ambiente e no cosmo.

"SE DESEJAS O QUE É BOM, O POVO SERÁ BOM."

Confúcio, Analectos 12:19

ÉTICA, MORALIDADE E LEI

Os valores morais do confucianismo visam sempre à obtenção da harmonia no nível pessoal e nos níveis do Estado e do governo. Espera-se dos adeptos que ajam de maneira cultivada e humana e observem modos de conduta que reflitam aqueles estabelecidos por Confúcio.

LI E *REN*

No Confucianismo, os adeptos podem alcançar a harmonia de dois modos: *li* (ritual ou protocolo) e *ren* (conduta humana). *Li* é sintetizado pela conduta dos antigos sábios nos Cinco Clássicos (*abaixo, quadro*), e envolve uma mistura correta de ritual, maneiras e cerimônia. Uma pessoa pode alcançar *li* estudando exemplos passados de conduta correta e mediante o desenvolvimento pessoal. O confucianismo estimula seus adeptos a estudar as artes, pois os sábios antigos eram poetas e músicos consumados. Essas habilidades ajudam a tornar a pessoa mais refinada, e mais bem desenvolvida moralmente.

Confúcio ensina suas ideias sobre a criação de uma sociedade harmoniosa a seus primeiros discípulos.

Ren abarca uma série de virtudes, como bondade, amor, humanidade e generosidade. O confucianismo insta seus adeptos a se guiar por *ren* no relacionamento com outras pessoas, e sobretudo a levar em conta as vontades e necessidades delas, em vez de pensar somente em si.

VALORES DA FAMÍLIA

O confucianismo tem vários valores centrados na família e destinados a levar harmonia para as relações familiares. Confúcio expôs a natureza correta das relações entre pais e filhos, marido e mulher, irmãos mais velhos e mais moços, amigo e amigo, e soberano e súdito. A piedade filial é primordial; o confucianismo insiste em que a crianças devem respeitar e honrar os pais e sempre obedecer aos mais velhos. Por vezes o Estado levou esses ideais a extremos – em alguns períodos, embora os filhos não pudessem testemunhar contra os pais num tribunal, podiam

OS CINCO CLÁSSICOS

Confúcio usou livros conhecidos como os Cinco Clássicos para ensinar seus discípulos. O primeiro, o Livro das Mudanças, abarca a metafísica do cosmo e a relação da humanidade com o universo. O Livro da História dá exemplos de governo ideal. O Livro da Poesia é um tesouro de poesia chinesa antiga sobre todos os aspectos da vida. O Registro dos Ritos é um manual de ações corretas. Por fim, os Anais da Primavera e do Outono são compostos de uma série de julgamentos sobre boa liderança.

Eruditos confucianos desenvolveram os ensinamentos originais de Confúcio após sua morte e os aplicaram à sociedade ao longo dos séculos.

"A VIRTUDE NÃO É DEIXADA SOZINHA."

Confúcio, Analectos 4:25

cumprir sentenças penais em lugar deles. Fundamentalmente, porém, Confúcio pretendia que os valores familiares fossem recíprocos – os filhos devem obedecer aos pais e estes devem sustentá-los.

VALORES NACIONAIS

Segundo Confúcio, famílias harmoniosas constroem um Estado harmonioso. O ideal de respeito aos anciãos da família reflete-se em suas ideias sobre as relações corretas entre cidadãos e governo. Os governantes precisam respeitar os deuses, e os governados devem respeitar os governantes. Durante os tempos imperiais, em especial, esperava-se que os soberanos assegurassem que seus súditos cultuassem o Céu e cumprissem os ritos religiosos de tal modo que a família real pudesse continuar a governar com o Mandato do Céu. Esperava-se também que os soberanos vivessem segundo *li* e *ren* e fossem refinados e cultos. Os membros da sociedade também deviam dar sua contribuição para o bem-estar do Estado, em especial os agricultores, que deviam trabalhar arduamente porque os chineses dependiam deles para sua provisão de alimentos.

Embora essa ética estatal se aplicasse em particular sob o governo imperial, a China atual herdou muitos desses valores. A nova constituição de 1913 pôs a ética confuciana em seu cerne, e eles também continuam influentes em Estados como Cingapura. Valores como a tolerância religiosa, a primazia da comunidade, e a consciência do papel-chave da família na vida moral ainda inspiram muitos na Ásia e em outros lugares.

Uma chinesa trabalha num arrozal na China. Disposição para trabalhar e respeito pela hierarquia social são importantes na ética confuciana.

Dragões adornam o telhado de um mausoléu a Confúcio. Embora poderosos, os dragões eram considerados na China criaturas bondosas, justas e honestas a quem as pessoas pediam favores. O uso de dragões como um emblema confuciano se estendeu ao Japão, onde se localiza essa construção.

子廟

PRÁTICAS E FESTAS

Em seus primórdios, o confucianismo envolvia vários rituais e práticas, muitos dos quais eram celebrados pelo próprio imperador. Hoje, os que seguem as crenças confucianas tendem a fazê-lo pela ética prática de seus ensinamentos, mais do que pelos rituais e cerimônias.

RITUAIS CHINESES

A religião chinesa sempre foi uma síntese de diferentes tradições que mesclam ideias confucianas, taoistas e budistas. O ano chinês é pontuado por muitas festas, mas elas não são eventos especificamente confucianos. Na verdade, o conteúdo de muitas das festas que se desenvolveram nas comunidades chinesas do mundo provém em grande parte das práticas do taoismo (*p.250-61*). O confucianismo é basicamente um sistema de crenças centrado na ética e na conduta, e hoje os rituais não são tão importantes quanto no tempo de Confúcio, quando eram considerados essenciais para a preservação dos ritos corretos.

CULTO IMPERIAL

No confucianismo tradicional, as cerimônias religiosas essenciais eram aquelas realizadas pelo imperador e seus funcionários. Nelas o imperador devia fazer certas oferendas para manter sua relação harmoniosa com o Céu e confirmar seu mandato governamental. Os rituais podiam envolver sacrifícios não só aos ancestrais do próprio imperador mas também aos dos outros imperadores e aos deuses ou heróis da cultura, como Fu Xi, aos quais se atribuía a fundação da China em passado remoto. Era responsabilidade do imperador

Devotos se reúnem para orar no templo Lung Shan, na Tailândia. A importância dos rituais confucianos declinou nos últimos tempos.

Os espíritos dos mortos residem nas tabuinhas de madeira entalhada dos ancestrais, segundo os adeptos da fé confuciana.

realizar esses atos de culto, em especial os que tinham lugar em datas importantes no calendário, como os solstícios – os dias mais longos e mais curtos do ano. (Um departamento do serviço público imperial encarregado da astronomia calculava quando essas datas iriam ocorrer). Praticar esse culto era manter a harmonia entre Céu e Terra. Essas cerimônias imperiais findaram com a queda do império, mas alguns de seus locais sagrados, como o Templo do Céu em Pequim, sobrevivem.

CICLO DE VIDA

A reverência pelos ancestrais era o equivalente pessoal do culto imperial promovido pelo Estado, sendo também uma forma de manter a harmonia entre o mundo da Terra e o reino dos imortais. Tinha ainda um objetivo moral, pois honrar os ancestrais era uma atividade que lembrava às pessoas a importância do respeito pelos anciãos e a piedade filial, que estavam entre os valores essenciais do confucianismo (*p.244-5*). Os chineses iam visitar os túmulos dos pais e fazer oferendas – este era particularmente um dever dos filhos. Os ancestrais eram também venerados em santuários domésticos. Em geral instalados na sala de estar da casa, consistiam em um altar sobre o qual eram colocadas diversas tabuinhas, onde se dizia que os espíritos dos ancestrais residiam. O mais importante rito de passagem confuciano é o casamento, porque assinala a criação de uma nova unidade familiar em que se deverá promover a harmonia e desejar filhos. O casamento no confucianismo envolve uma complexa série de rituais, com procedimentos corretos que regem a proposta, o noivado, o pagamento de um dote e de um preço da noiva, e a troca de votos. Um momento central da cerimônia tradicional de casamento é aquele em que o noivo leva a noiva às tabuinhas dos ancestrais de sua família, e o casal se curva diante delas. Esse gesto apresenta a noiva efetivamente aos ancestrais de sua nova família, e permite a estes abençoar a união.

Os outros rituais de ciclo de vida importantes do confucianismo ocorrem quando alguém morre e se junta aos ancestrais. Os membros da família usam roupas de luto de material rude, e parentes e amigos chegam ao funeral com presentes de dinheiro e incenso como sua contribuição para custeá-lo. Junto com o corpo do falecido, oferendas como comida e bens preciosos são postos no caixão. Um ramo de salgueiro, que simboliza a alma do morto, é levado junto com o caixão para o local do enterro e depois para o altar doméstico, onde é usado num ritual que instala a alma no santuário da família.

Temíveis guardiães de pedra erguem-se sobre os túmulos na China, realçando o valor dos ancestrais na sociedade confuciana.

TAOISMO

O taoismo é uma religião chinesa que começou com a obra de dois filósofos. O primeiro, Lao-tse (Laozi), que alguns consideram lendário, provavelmente viveu durante o séc.VI a.C.; o segundo, Zhuangzi, viveu 300 anos mais tarde. Ambos escreveram textos fundamentais que ajudaram a criar uma religião mística que vem se renovando há milhares de anos.

O taoismo assume duas formas principais: o taoismo filosófico (*tao-chia*) e o taoismo religioso (*tao-chiao*). A forma original, *tao-chia*, começou com os ensinamentos de Lao-tse, que teria sido contemporâneo de Confúcio. Atribui-se a ele a autoria do Tao Te Ching, livro que provavelmente foi escrito no séc.IV ou III a.C. A obra revela uma filosofia profundamente mística e introspectiva, mas Lao-tse foi também um professor prático, que ensinou a alcançar a plenitude espiritual. Ele estimulou as pessoas a olhar para si mesmas para descobrir que tipo de pessoa deviam ser. Ao fazê-lo, elas encontrariam o Tao ("caminho"), que era ao mesmo tempo a fonte da ordem no cosmo e o caminho que deviam seguir no mundo. Os adeptos de Lao-tse aspiravam a viver segundo o Tao.

Uma mulher ora diante de um altar no templo Man Mo em Hong Kong. As espirais de incenso e a iluminação suave são típicas dos templos taoistas.

O Tao Te Ching e outros escritos filosóficos, como o Zhuangzi (chamado pelo nome de seu autor), continuam sendo muito lidos por suas revelações e orientação espiritual. O *Tao-chiao*, ou taoismo religioso, contudo, leva essas ideias filosóficas muito mais longe. O Tao é visto como um caminho para a imortalidade, e para segui-lo devemos canalizar as forças da natureza em nosso próprio corpo. O taoismo religioso, portanto, dá forte ênfase a questões como dieta, exercício e respiração, bem como aos tipos de conduta moral que nos permitem viver em harmonia com o Tao.

O taoismo tornou-se também associado à religião popular da China (*p.256-7*), um fascinante sistema de crenças que envolve muitas divindades. Estas são vistas como imortais – homens e mulheres de notável virtude ou sabedoria que alcançaram a vida eterna. Muitas teriam controle sobre aspectos específicos da vida na Terra, e os adeptos da religião popular fazem oferendas para uma delas quando enfrentam uma dificuldade específica.

ORIGENS E HISTÓRIA

Muitas ideias filosóficas centrais no taoismo são anteriores aos autores antigos a quem se atribui a fundação da fé. Contudo, ao acrescentar suas próprias ideias aos princípios essenciais, esses sábios criaram um sistema de crenças novo e característico.

PRIMÓRDIOS

Entre as ideias fundamentais do taoismo estão as das duas forças primais, yin e yang (*p.242, quadro*), e da energia ou força vital conhecida como *qi*, bem como a noção de que o cosmo é povoado por uma miríade de divindades. O mais eminente escritor a contribuir para essas ideias foi Lao-tse (ou Laozi), que escreveu o Tao Te Ching (ou Daode jing). Os outros textos pioneiros do taoismo são o Zhuangzi e o Huainanzi, escritos entre os sécs. IV e II a.C. Eles exploram o ideal de seguir um caminho, ou Tao, que está em sintonia com o cosmo, a relação entre as pessoas e o universo, e práticas de meditação.

O filósofo chinês Lao-tse (que viveu no séc.VI a.C.) é em geral considerado o principal fundador do taoismo.

TAOISMO RELIGIOSO

Durante a dinastia Han (206 a.C.-220 d.C.), as ideias filosóficas do taoismo dos primeiros textos tornaram-se uma religião. Lao-tse foi visto como um deus e as pessoas versadas em seus ensinamentos como capazes de guiar outros adeptos para a imortalidade. Nos séculos seguintes o taoismo se adaptou, dando origem a novas seitas e rituais, desenvolvendo práticas médicas e mágicas destinadas a prolongar a vida, e promovendo a meditação.

No tempo dos imperadores Tang (618-907 d.C.), o taoismo era apreciado na corte: templos eram patrocinados pelo Estado e o Tao Te

Ching usado como texto nos cursos de preparação para o serviço público.

O apoio à religião continuou durante as dinastias Song e Yuan (960-1368). A escola Quanzhen de taoismo (séc.XIII) viu a importância das três principais religiões chinesas – taoismo, confucianismo e budismo – e estimulou as pessoas a lerem os textos de todas elas. Essa atitude aberta para com outras fés mostrou-se inspiradora numa cultura que absorve influências externas e se apropria delas. Como a outra eminente escola de taoismo desse período, a Zhengyi, a Quanzhen atraiu adeptos. De fato, o taoismo continuou influente em geral até o início do séc.XX.

O TAO TE CHING

Essa obra, que supostamente contém os ensinamentos de Lao-tse, provavelmente combina as palavras de muitos dos antigos mestres espirituais. O texto explica o princípio do Tao, que guia e sustenta todas as coisas no universo e permanece imutável enquanto tudo o mais flui à sua volta. O Tao Te Ching também enfatiza qualidades femininas, dóceis, que, conforme ensina, são como a água – ao mesmo tempo suave e forte.

Os sábios taoistas acreditavam que seguindo o Tao com diligência e rigor poderiam alcançar a imortalidade.

DESENVOLVIMENTOS RECENTES

Com a ascensão do comunismo na China, a sorte do taoismo mudou. Os comunistas condenaram os sistemas de crenças rivais como supersticiosos. Os ataques mais agressivos ao taoismo ocorreram durante a Revolução Cultural dos anos 1960 e 1970, quando o Estado demoliu templos e queimou livros taoistas. Desde então o clima se tornou mais tolerante. Nas comunidades chinesas fora do continente chinês, como Taiwan, o taoismo é popular. Sua atenção às técnicas de meditação e a preocupação com a descoberta de um caminho em sintonia com a natureza atraíram para ele o interesse tanto de ocidentais em busca de caminhos espirituais alternativos quanto de pessoas preocupadas com o meio ambiente.

Montanhas e rios são sagrados para o taoismo, que toma a harmonia e a serenidade do mundo natural como um modelo para o equilíbrio espiritual.

CRENÇAS ESSENCIAIS

No cerne da crença taoista está o conceito do Tao, ou Caminho. O Tao é o princípio eterno e inabalável que sustenta o universo. Seguindo-o, os crentes cuidam que terão uma vida longa e saudável, e a possibilidade de se unir aos imortais no Céu.

O CAMINHO

Como Lao-tse ressaltou: "Os caminhos dos homens são condicionados pelos do Céu, os caminhos do Céu pelos do Tao, e o Tao veio a ser por si mesmo". Fenômeno misterioso, o Tao seria inativo, ao mesmo tempo em que jamais deixaria coisa alguma por fazer.

Os adeptos do taoismo tentam viver em sintonia com o Tao. Essa aspiração foi especialmente importante para os governantes, tanto por seu poder de influenciar a vida dos outros, como porque seus súditos os viam como exemplos de conduta correta. Assim o taoismo promove o caminho do soberano sábio, que cultiva o desapego, despreza luxos materiais e não busca o domínio pelo domínio. Outros também desejam viver de acordo com esses ideais.

Os Oito Imortais estão entre as mais proeminentes divindades taoistas e simbolizam prosperidade e longevidade.

OS CAMINHOS EXTERNOS E INTERNOS

Os taoistas creem que o mundo será saudável e tudo estará bem quando yin e yang estiverem em equilíbrio e quando as pessoas viverem em harmonia entre si e com o cosmo. Os fundadores da filosofia rejeitaram os ideais confucianos de deferência para com os anciãos e os superiores porque acreditavam que esses eram conceitos forjados pelo homem, e não de origem celeste. Os taoistas estão mais interessados no que veem como uma harmonia espiritual, e almejam também um equilíbrio interno, que traz saúde ao corpo e à mente. Sua abordagem desse equilíbrio interno envolve um complexo conjunto de crenças sobre o corpo humano. Acreditam que o corpo contém muitos canais invisíveis ao longo

ENERGIA VITAL

Para uma pessoa ser saudável, a energia ou *qi* deve fluir constantemente através de uma série de meridianos (canais) no corpo. Quando a doença bloqueia esse fluxo, várias práticas da medicina chinesa podem liberá-lo. Na acupuntura e na reflexologia, p.ex., o médico pressiona certos pontos do corpo para restaurar o livre fluxo de *qi* ao longo dos meridianos. Restabelecer esses fluxos (i.e., deixá-los livres e em equilíbrio) promove o bem-estar tanto físico quanto mental e favorece a longevidade.

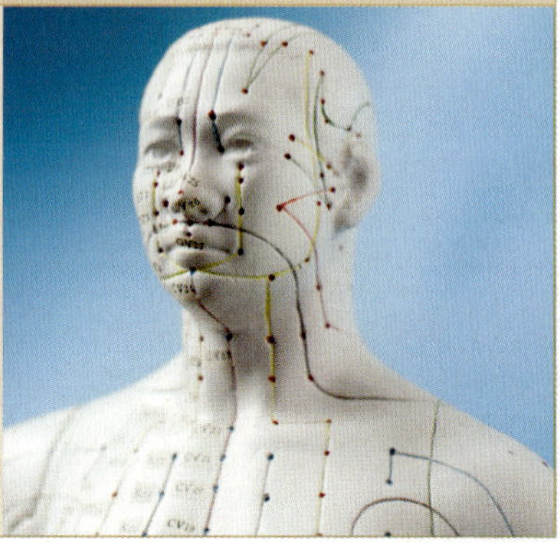

Manequim médico mostrando os meridianos no corpo humano. A energia vital *qi* flui através de 12 meridianos principais.

dos quais flui a energia vital *qi*. Na medicina tradicional chinesa, os médicos visam a restaurar a harmonia interna da pessoa de modo que a energia flua livremente – a chave para a saúde.

OS IMORTAIS

Equilibrar yin e yang seguindo o Tao e usando suas técnicas para alcançar a saúde e a satisfação são objetivos que valem a pena por si sós, mas a meta final é a imortalidade. No taoismo filosófico, há uma noção espiritual de imortalidade: uma pessoa que alcança equilíbrio espiritual atinge um plano acima do mundano e para além das coisas materiais, tornando-se assim imortal de um modo conceitual. Mas o taoismo religioso desenvolveu toda uma mitologia do Céu e dos imortais, e os adeptos do Tao esperam unir-se a essas divindades quando morrerem. Para muitos chineses, os imortais devem ser cultuados e podem ajudar em momentos de dificuldade (*p.256-7*). Mas os imortais também transmitem uma mensagem profunda. Muitos dos habitantes do Céu são vistos como pessoas que viveram na Terra e alcançaram a imortalidade por meio de obras notáveis, ou seguindo coerentemente oTao. Suas histórias são muitas vezes pitorescas ou cheias de peripécias, mas a mensagem é clara: a devoção ao Caminho resultará na imortalidade.

O tai chi é uma prática que ajuda a energia vital *qi* a fluir livremente através do corpo.

RELIGIÃO POPULAR CHINESA

A expressão designa a mistura de taoismo, confucianismo e budismo praticada por muitas pessoas em comunidades chinesas no mundo todo, em especial Taiwan, Hong Kong, Malásia e Cingapura. Essa síntese de credos enfatiza os imortais, as festas que unem a comunidade e um grande número de outras práticas religiosas.

A HIERARQUIA NO CÉU

No cerne da religião popular chinesa estão os muitos milhares de "imortais" que vão desde seres espectrais, sublimes mas misteriosos, a figuras muito conhecidas, cujas imagens são vistas em vários lares chineses. No topo da hierarquia celeste estão o Imperador de Jade e sua esposa a Imperatriz, seguidos pela corte de deuses que agem como seus criados e funcionários. Esses burocratas celestes são um paralelo do enorme serviço público terreno existente na China imperial.

Como o Imperador de Jade e muitos dos cortesãos são excelsos demais para lidar diretamente com mortais na Terra, há divindades mensageiras inferiores que atuam como intermediários entre os devotos e o Céu. Os mais populares são o Deus da Cozinha e sua mulher, que supostamente produzem um relatório anual sobre os atos de cada pessoa e o entregam ao Imperador de Jade. Em muitos lares chineses há uma gravura representando esse deus e sua esposa acima do fogão na cozinha. No fim do ano, as donas de casa lambuzam a boca do deus com mel para tornar seu relatório "doce", cheio de boas palavras; depois tiram a gravura da parede e a queimam no fogão, para que a fumaça leve o relatório do deus para o Céu.

Kuan Yin, a deusa da misericórdia, é uma das divindades mais populares no panteão chinês.

O APELO AOS DEUSES

A religião popular chinesa é altamente pragmática. Os devotos invocam a ajuda dos seus deuses quando enfrentam dificuldades ou se veem diante de um novo desafio em suas vidas. As muitas divindades têm diferentes papéis. Há deuses responsáveis pela saúde, outros que supostamente ajudam os que estão prestando exames ou iniciando novos negócios, e outros ainda que cuidam das novas mães. Além disso, certas divindades são populares por terem papéis mais gerais. Entre elas estão os três deuses da boa fortuna, Fu Hsing (deus da felicidade), Lu Hsing (deus da riqueza) e Shou Hsing (deus da longevidade). Destes, Shou Hsing é o mais popular, pois a vida longa é muito valorizada na cultura chinesa, só sendo alcançada mediante um bom equilíbrio de yin e yang. Ele está associado também ao sul, a mais auspiciosa das direções cardeais.

Uma família chinesa estoura fogos em honra ao Deus da Cozinha, que era considerado o protetor do lar na religião popular chinesa.

Outra divindade muito estimada é a deusa da compaixão, Kuan Yin, um dos bodisatvas do budismo maaiana (*p.201*). Diz-se que ela é infinitamente misericordiosa e sempre atende às preces de seus devotos.

Os adeptos oram a todos esses deuses, usando fumaça de incenso para enviar suas mensagens para o Céu. Essas oferendas são feitas em templos da religião popular onde há vários altares, cada qual com a estátua de uma divindade diferente a quem os devotos pedem ajuda e apoio. As pessoas escolhem uma divindade de acordo com seu problema, mas podem também orar a uma deusa favorita, como Kuan Yin.

Adeptos da religião popular chinesa acendem varetas de incenso para que a fumaça transporte suas preces para o Céu.

ÉTICA, MORAL E LEI

Como muitas religiões orientais, o taoismo é considerado um caminho para uma vida ética. Embora aos olhos ocidentais possa parecer passivo seguir uma fé que aceita o mundo como ele é, o taoismo também tem muitos preceitos morais que mostram como respeitar os outros e viver bem.

O CAMINHO PARA A BONDADE

O princípio ético supremo do taoismo é *wu-wei*, o conceito de não interferência, ou de seguir o fluxo. A natureza e o Tao não têm favoritos, e o adepto do Tao deve mostrar uma imparcialidade semelhante. Sábios do taoismo filosófico eram estimulados a se desprender do mundo e viver em sintonia com a natureza. No taoismo religioso esses ideais ganhavam uma nova interpretação: o Tao e o sábio deviam preferir o bem. Os adeptos eram ensinados a seguir *wu-wei*, a tentar ser "flexíveis" em suas reações ao mundo, a ser humildes e a cultivar seu lado feminino. Ao mesmo tempo, os taoistas deviam evitar a cobiça, a fornicação, o roubo, o mexerico, a quebra de promessas, a ira e a crueldade, e vícios como praguejar, usar linguagem rude e insultar os outros.

OS TRÊS CAMINHOS

Na China, as metas éticas do taoismo combinaram-se muitas vezes com as do confucianismo e do budismo. Os taoistas abraçaram virtudes confucianas como o respeito pela ordem, juntamen-

"É O CAMINHO DO TAO AGIR SEM AGIR."

Tao Te Ching 63

Um herborista chinês prepara tratamentos para doenças. Os taoistas creem que a boa conduta leva à saúde tanto quanto remédios e boa dieta.

te com ideais budistas de autoaperfeiçoamento e escolha de um caminho moral. Eles entendiam que cada um dos "Três Caminhos" oferecia aprendizados espirituais e éticos compatíveis. Logo os ensinamentos foram codificados em listas de preceitos morais. Algumas dessas formavam a base dos votos que os adeptos faziam ao se comprometer com uma vida moral (como os votos dos monges budistas). Prometiam evitar o mal e pensamentos cruéis, cultivar a benevolência e o amor, evitar o excesso em todas as coisas e aceitar os ensinamentos dos sábios taoistas.

BOA CONDUTA

Para o taoismo, basta simplesmente seguir o caminho ético com diligência para viver mais. Alguns sábios antigos recomendavam que as pessoas tomassem preparados químicos para prolongar a vida, mas dizia-se que esses elixires só funcionavam se os que os administravam e os que os tomavam vivessem segundo princípios morais taoistas. Hoje, os rituais que os sacerdotes taoistas executam para promover a saúde e prolongar a saúde supostamente só são eficazes se o celebrante viver uma boa vida. Se as pessoas forem benevolentes, o mundo se tornará um lugar melhor; mas se houver excesso de pecado, preveem alguns escritos taoistas, haverá um cataclismo, seguido pela aparição do Senhor Lao (Lao-tse em sua forma imortal), que renovará o mundo moral e espiritualmente. Os taoistas não esperam passivamente que isso aconteça, mas fazem o possível para cultivar a benevolência em suas vidas, pelo seu próprio bem e pelo bem dos outros.

O lago do Dragão Negro perto de Kunming, China, evoca a parábola moral de um dragão cruel forçado a se converter a uma vida de benevolência.

PRÁTICAS E FESTAS

Os taoistas participam de muitas práticas religiosas, nem todas relacionadas ao Tao. Esses ritos incluem oferendas no templo, participação em festivais para equilibrar yin e yang, e execução dos ritos fúnebres corretos para realizar a esperança do morto de se unir aos imortais no Céu.

OBSERVÂNCIA RELIGIOSA

As observâncias religiosas taoistas assumem várias formas que envolvem o autodesenvolvimento mediante práticas como a meditação, e oferendas em templos, onde imagens de divindades taoistas podem estar junto às de outros deuses e deusas chineses (*p.256-7*). O taoismo dá muita importância a lugares sagrados, como fontes, cavernas e sobretudo montanhas, e por isso a peregrinação é uma outra prática valorizada. Montanhas sagradas como Tai Shan no leste da China, com centenas de santuários, são locais de peregrinação populares.

CICLO DE VIDA

Na China, a família e a vida familiar são instituições muito respeitadas. Por isso, alguns dos rituais e costumes mais importantes na vida chinesa cercam o casamento. A astrologia tem importante papel nos preparativos tradicionais para esse evento. Um astrólogo traça os horóscopos dos noivos, verifica sua compatibilidade, e ajuda as duas famílias a escolher o dia mais auspicioso para a cerimônia. Antes, há vários rituais de noivado para promover o equilíbrio do yin e yang individual e introduzir harmonia na relação. Um casamento auspicioso inaugura uma nova família que sustentará a estabilidade social e trará mais pessoas ao mundo para seguir o Tao. Assim, os participantes dos

Sacerdote taoista medita numa clareira. Meditar e viver uma vida harmoniosa e equilibrada são importantes no taoismo.

Mulher se ajoelha para rezar no templo Wong Tai Sin em Hong Kong. Visitar locais sagrados, como templos e montanhas, é importante para os taoistas.

ritos matrimoniais observam cuidadosamente a correta localização física dos convidados: a família do noivo a leste (yang) e a da noiva a oeste (yin).

Os últimos ritos executados quando uma pessoa morre merecem igual consideração. Os presentes ao funeral expressam as relações de yin e yang respeitando também lugares preestabelecidos (homens a leste, mulheres a oeste), bem como a orientação correta do corpo do falecido com a cabeça voltada para o sul. Em sua casa, o altar da família é coberto com panos brancos (a cor do yin e do luto).

Os enlutados podem também queimar dinheiro e artefatos simbólicos de papel para facilitar a viagem da alma para o Céu. Por razões semelhantes, após o funeral eles podem ir até as câmaras subterrâneas sob os templos e oferecer sacrifícios para assegurar que a alma passe o mais rápido possível pelo processo de julgamento na vida após a morte.

Usam-se moedas para prever o futuro em certos sistemas oraculares taoistas.

FESTAS

O ano chinês tem muitas festas. Uma delas, especificamente taoista, é a cerimônia *jiao* que ocorre no dia ou perto do solstício de inverno e marca a renovação do yang, a força masculina e celeste, nesse ponto do calendário. A cerimônia é celebrada por sacerdotes taoistas que passaram por rituais de purificação e usam vestes suntuosas, ao passo que o conjunto do festival *jiao* é comemorado com música, dança e efígies gigantescas dos deuses destinadas a afugentar espíritos malévolos.

Outras entre as muitas festas anuais chinesas também podem ser conduzidas por sacerdotes taoistas. Começam com a festa do Ano-Novo, uma ocasião para limpar a casa e saldar dívidas antigas. Essa é mais uma celebração da renovação do yang, e os enfeites em geral são de cores yang como vermelho, laranja e dourado.

Segue-se a festa das Lanternas, com suas muitas oferendas aos deuses; e também a festa de Qingming, uma ocasião para lembrar os mortos e celebrar a chegada da primavera. No meio do verão, a festa do Duplo Cinco marca o auge da força yang. Destina-se a proteger as pessoas do excesso de yang pelo uso de cinco "venenos" – centopeia, escorpião, cobra, sapo e lagarto – que aparecem estampados nas roupas e em forma de amuletos; e cinco cores (azul, vermelho, amarelo, branco e preto). A festa dos Fantasmas Famintos marca um tempo em que, diz-se, as portas do Inferno estão abertas, permitindo a saída dos espíritos malévolos. Os sacerdotes realizam cerimônias para estimular os espíritos a se arrepender – ou a retornar ao Inferno.

XINTOÍSMO

É a religião nativa do Japão, antiga, enraizada em práticas e crenças que remontam a tempos pré-históricos, e que continua a atrair e conservar muitos adeptos. De maneira um tanto incomum para uma fé tão viva, o xintoísmo mantém-se quase totalmente restrito aos japoneses que vivem em sua terra natal.

O termo "xintoísmo", em geral traduzido como "o caminho dos deuses", foi dado à religião nativa do Japão em 720 d.C., poucas décadas após a chegada do budismo ao país. Os japoneses o usavam para distinguir as crenças japonesas locais do novo caminho do Buda. As crenças do xintoísmo provavelmente já existiam havia milhares de anos. Deviam ter raízes no animismo, com sua noção de que fenômenos naturais, como montanhas, árvores e animais, eram dotados de poder divino.

O xintoísmo reconhece diversos seres divinos chamados *kami* em japonês. Supostamente são em número infinito, incluindo todos os tipos de forças naturais e entidades, além de uma profusão de espíritos, divindades geradoras de vida e outros fenômenos. Na verdade, tudo que exibe impressionante poder ou força vital pode ser considerado um *kami*. Os seguidores do xintoísmo cultuam esses inúmeros seres em casa e em milhares de santuários espalhados pelo Japão. Alguns *kami* são divindades eminentes, como a deusa do Sol Amaterasu ou Inari, o deus do arroz; outros são espíritos dos ancestrais; outros ainda são divindades só conhecidas em certas regiões do Japão. A despeito da importância de divindades individuais como Amaterasu, não há uma hierarquia de *kami* – todos são dotados de poder espiritual.

Donzelas executam um *kagura*, dança ritual xintoísta, no santuário Meiji, em Tóquio. A dança faz parte de um tradicional rito de purificação.

Embora o budismo tenha se tornado importante na espiritualidade japonesa após sua introdução no país, o xintoísmo continua sendo uma parte essencial e definidora da vida, da cultura e da crença japonesas. A religião experimentou um grande reflorescimento na segunda metade do séc.XIX e ainda continua forte. Muitas pessoas visitam os santuários para fazer pedidos aos *kami*, pedem a sacerdotes xintoístas que celebrem cerimônias de ciclo de vida como casamentos, e comemoram as festas anuais xintoístas.

ORIGENS E HISTÓRIA

A influência do xintoísmo sobre a identidade japonesa ficou clara nos sécs. XIX e XX, quando a fé foi estreitamente associada ao Estado japonês. Desde então, o xintoísmo se dissociou do governo, e hoje se sustenta por si só entre as outras religiões do Japão.

"SÃO TANTOS OS ESPÍRITOS QUANTO AS LÂMINAS DE CAPIM."

Poema japonês anônimo

ORIGENS DO XINTOÍSMO

As práticas de tipo xintoísta começaram a emergir no período Yayoi (c.300 a.C.-c.300 d.C.), quando o cultivo do arroz se firmou e o povo japonês passou a executar rituais de semeadura e colheita. No séc.VI d.C., quando o budismo maaiana (*p.201*), com seus muitos Budas ou bodisatvas, chegou ao Japão, o culto dos *kami* (*p.266-7*) estava bem estabelecido. Muitos viram os Budas que chegavam como rivais dos *kami*, e dois clãs disputaram o poder no Japão nessa época: um cultuava os *kami* e o outro, os Budas. Os budistas venceram e erigiram muitos templos, eclipsando os *kami* locais. Apesar disso, o culto dos *kami* continuou, e logo se tornou conhecido como xintoísmo. As duas fés coexistiram até que os xoguns Tokugawa (1603-1867) assumiram o controle do Japão e promoveram sistemas de crenças rivais, inclusive o taoismo e o confucianismo, o que reduziu acentuadamente a influência xintoísta.

O XINTOÍSMO RENASCE

Durante o séc.XVIII, estudiosos retornaram aos textos xintoístas; depois, em 1868, o reflorescimento xintoísta se completou quando o imperador Meiji tomou o poder de volta dos xoguns e fez do xintoísmo uma religião oficial. A família imperial afirmava descender da deusa do Sol Amaterasu, que enviara seu neto, Ninigi, para governar o Japão. Santuários maiores, como o de Ise, começaram a suplantar os santuários menores. Estes, outrora devotados a *kami* locais, passaram a se dedicar ao culto imperial, que se tornou conhecido como o "xintoísmo estatal" e era usado para promover o nacionalismo japonês. Templos budistas foram destruídos e as pessoas que contestavam o xintoísmo estatal foram punidas.

XINTOÍSMO MODERNO

Após a II Guerra Mundial, tudo mudou. A nova constituição do Japão

Os xintoístas creem que Izanagi e Izanami (simbolizados por esses "rochedos casados") criaram o Japão e foram os pais da deusa do Sol Amaterasu.

OS IMPERADORES E A DEUSA DO SOL

A estreita identificação do Japão com o Sol, desde o símbolo em sua bandeira nacional até seu nome popular, "Terra do Sol Nascente", ajudou a reforçar afirmações de que a família real descendia da deusa do Sol Amaterasu, o mais importante de todos os *kami*. Os imperadores cultuavam Amaterasu no santuário de Ise, a sede do xintoísmo estatal. Em 1946 o imperador renunciou publicamente a essa linhagem divina, para se tornar meramente um chefe de Estado constitucional.

Essa bandeira marítima japonesa exibe o sol nascente com seus raios. A bandeira nacional ostenta apenas o disco do sol nascente.

aboliu o status do xintoísmo como religião patrocinada pelo Estado e deu liberdade de culto aos japoneses. Dissociado do Estado, o xintoísmo se reorganizou, formando o Jinja Honcho, uma nova associação de santuários que pôde organizar a religião e promovê-la como uma fé nacional, mas não nacionalista.

A influência do xintoísmo aparece também em outros aspectos da vida japonesa como na luta sumô, baseada em seus rituais. Na verdade, essa antiga fé ainda é uma parte importante de toda a identidade nacional japonesa, apesar da atitude progressista do país.

As processões são vitais na prática xintoísta, como essa, de sacerdotes a caminho do templo.

CRENÇAS ESSENCIAIS

A crença xintoísta centra-se numa miríade de divindades chamadas *kami*, que vão de seres poderosos, como a deusa do Sol Amaterasu, a espíritos locais pouco conhecidos. A manutenção das relações corretas entre seres humanos e o panteão dos *kami* é fundamental para o xintoísmo.

Os *kami* são uma vasta população de espíritos que influenciam a vida humana e tudo o que acontece na Terra. São descritos em vários textos sagrados japoneses, inclusive o Kojiki ("Registro de Assuntos Antigos"), escrito em 712 d.C. por Ono Yasamaro, e o Nihonshoki, compilado alguns anos depois por um grupo de eruditos xintoístas. Esses textos descrevem inúmeros *kami* com características muito diversas. Alguns são divindades relacionadas a uma família ou clã específicos; outros são os espíritos de fenômenos naturais (quedas-d'água, montanhas etc.); outros ainda são específicos de santuários de determinadas regiões, onde lendas locais contam suas histórias. Alguns *kami* são espíritos benévolos, outros são maus. Alguns dos mais temidos são fantasmas, ou *obake*.

O sol nascente é regido pela deusa Amaterasu, segundo a crença xintoísta.

Entre os *kami* mais famosos estão os deuses e deusas centrais na mitologia japonesa. À frente deles está o casal primal Izanagi e Izanami. Seus filhos são a deusa do sol Amaterasu e o deus da tempestade Susano. Dos dois irmãos, Amaterasu foi a divindade xintoísta que atraiu mais veneração, seja como ancestral da linhagem imperial (*p.265, quadro*), ou como a deusa gentil cujo Sol aquece a Terra. Muitos outros *kami* são amplamente cultuados. Um deles é o deus do arroz Inari. Tradicionalmente cultuado por agricultores que queriam assegurar uma boa colheita de arroz, atrai hoje a devoção de todos, em especial no mundo dos negócios, pois oferece esperança de prosperidade. Outra divindade antiga cujo culto se desenvolveu é o deus guerreiro Hachiman, um exemplo de

Peregrinos visitam um templo nas encostas do monte Fuji no Japão. A montanha é um dos locais mais sagrados no xintoísmo.

Santuário xintoísta no meio de uma paisagem vulcânica em Nagano, Japão. Os *kami*, espíritos de todas as coisas naturais, são centrais no xintoísmo.

kami cultuado nos templos budistas e xintoístas. Para os xintoístas, civis ou militares, ele é o protetor do Japão; para os budistas, é uma reencarnação do Buda Amida (*p.203*).

ESPÍRITOS DOS ANCESTRAIS

Os adeptos do xintoísmo creem que, quando uma pessoa morre, sua alma se junta aos *kami*, o que faz dos espíritos dos ancestrais uma importante classe espiritual. A maioria dos *kami* ancestrais não são muito conhecidos fora de sua família imediata, que os cultua em pequenos santuários domésticos. Mas um ou dois, inclusive os dos antigos imperadores, são objeto de cultos mais significativos.

Os japoneses mortos na guerra também são reverenciados como *kami*, e os xintoístas os cultuam num santuário em Tóquio chamado Yasukuni. Esse santuário é alvo de controvérsia, especialmente quando é frequentado por políticos, pois, embora o Estado japonês se tenha dissociado da religião em 1945, muitos identificam o Yasukuni com o nacionalismo extremo da era pré-1945.

RITUAL E VIDA

Cultuando os *kami* através de rituais corretos (*p.270*), os devotos creem que estão ajudando a purificar o mundo. Os *kami* governam e cuidam dos variados aspectos do mundo, desde o Sol a uma caverna ou pequeno regato. Mas, além de serem dotados de grande poder, eles são espíritos caprichosos e imprevisíveis. Os xintoístas creem que observando os rituais apropriados de devoção ajudam a assegurar que os *kami* continuarão a agir com benevolência e a manter o mundo girando suavemente.

“RENDO-LHE LOUVOR COM O RITUAL CELESTE.”

Yengishiki, Ritual do Fogo

ÉTICA, MORAL E LEI

O xintoísmo não é uma religião dogmática e não tem códigos legais complexos, listas de virtudes cardeais ou inventários de pecados mortais como muitas outras fés. Em vez disso, funda-se numa série de conceitos morais essenciais que guiam as pessoas e servem de focos para seus valores.

HARMONIA

Provavelmente o conceito moral mais importante no xintoísmo é a harmonia. A ética japonesa deriva de uma mescla de influências: além do xintoísmo, os sistemas de crenças taoista, confuciano e sobretudo budista tiveram grande penetração no Japão. Todas essas religiões valorizam a harmonia cósmica e a pessoal. Uma das contribuições especificamente xintoístas é o conceito de *wa*, uma espécie de harmonia positiva que os devotos devem promover tanto nos negócios humanos quanto no mundo mais amplo. O xintoísmo estimula pensamentos, ações e emoções que preservam e nutrem *wa*, e desestimula tudo que o perturba e destrói. Assim, em essência, apoia todo comportamento convencional e moral que preserva as relações familiares, mantém a sociedade unida e protege o equilíbrio natural do ambiente. Isso significa que, embora tenda a encorajar a harmonia social, o xintoísmo também apoia esforços para preservar o ambiente e assume a liderança em iniciativas como campanhas antipoluição.

O ritual xintoísta é mais uma maneira de promover a harmonia. Costumes como o banho regular são vistos como atos de purificação, e também como uma forma de preservar a harmonia do mundo ao assegurar que as pessoas estejam ritualmente puras, a limpeza do devoto no santuário e as reconstruções periódicas desses locais.

A IMPORTÂNCIA DA RESPEITABILIDADE

Outro importante conceito ético xintoísta é *tatemae*, ou respeitabilidade. Pessoas que violam as normas sociais, cometem erros ou decepcionam a sociedade de algum

O TORII

A maioria dos santuários tem um portão cerimonial ou *torii*, na forma de um par de colunas inclinadas que suportam duas peças atravessadas, e que pode ser feito de madeira, pedra ou metal. Em geral rubro, o *torii*, pelo qual os devotos entram, demarca o limite entre o mundo externo e o espaço sagrado do santuário. Alguns santuários grandes, especialmente aqueles dedicados ao deus do arroz e da prosperidade, Inari, têm muitos *torii*, porque os negociantes os doam ao santuário como forma de agradecimento pela ajuda e pelo sucesso alcançado.

Durante as festas *matsuri*, devotos em traje tradicional podem carregar santuários xintoístas pelas ruas (aqui, na capital do Japão, Tóquio).

modo perdem a respeitabilidade e se expõem à vergonha. Para muitos, tal ameaça é um freio para a conduta imoral, mas espera-se dos que agem mal que expiem o erro. Para um delito pequeno, um pedido público de desculpas pode bastar; transgressões graves podem requerer uma doação compensatória. Espera-se dos adeptos que efetuem esses atos de expiação não para atrair bom carma (*p.168*), nem para assegurar um lugar no outro mundo, mas porque efetuá-los é correto e ajuda a preservar a estrutura da sociedade. Os valores xintoístas tradicionais sustentavam que uma pessoa que pecou gravemente – em especial se o pecado tiver afetado a vida dos outros – devia cometer o suicídio.

FAMÍLIA E SOCIEDADE

Na ética xintoísta, o grupo é em geral mais importante que o indivíduo. Historicamente, os indivíduos pertenciam a um clã, cada qual com seus próprios *kami*, e seus membros eram obrigados a cultuá-los. Sentia-se que a sociedade se dissolveria se as pessoas não honrassem seu clã. Hoje, as pessoas são leais ao *ie*, termo que abarca uma espécie de família extensa, que inclui os *kami* e os membros vivos.

Os adeptos do xintoísmo devem também uma lealdade mais ampla à sociedade. No xintoísmo estatal (*p.264*), isso significava que a religião dava forte ênfase à lealdade ao soberano e à manutenção deste no poder; um imperador seguro significava uma sociedade estável. Hoje, o objetivo é promover o bem-estar e a estabilidade da sociedade como um todo.

***Torii* flutuante** *ao pôr do sol. Esses portões dão ao Japão algumas de suas mais notáveis peças de arquitetura xintoísta.*

PRÁTICAS E FESTAS

O objetivo das práticas religiosas xintoístas é manter uma relação harmoniosa entre pessoas e *kami*. Diariamente, nos santuários, devotos pedem a ajuda dos *kami* em suas vidas. Nas festas, celebrantes se reúnem para mostrar aos espíritos sua reverência e devoção.

O CULTO XINTOÍSTA

Muitas práticas religiosas xintoístas se baseiam na necessidade. Uma pessoa realiza um culto se tem um problema específico em sua vida e quer pedir a ajuda dos *kami*. Para isso, visita um santuário e faz alguma das várias formas de oferenda. Uma das mais populares é um objeto sagrado, espécie de tabuinha votiva chamada *ema*, na qual está escrita uma mensagem para o *kami*. Comprada no santuário, a *ema* pode exibir o símbolo do santuário ou uma imagem que represente as esperanças da pessoa. Uma *ema* comprada por um estudante que deseja ser aprovado num exame, p.ex., pode trazer a imagem de um erudito ilustre, como o patrono da educação do séc.IX, Sugawara-no-Michizane. O suplicante compra a *ema*, escreve nela a mensagem ao *kami* e pendura-a no santuário. Depois de exposta por algum tempo, ela é queimada como uma oferenda ao *kami*. Pode-se também comprar amuletos protetores chamados *omamori*, que em geral têm a forma de saquinhos que o devoto leva consigo. Dentro de cada saquinho, há um pedaço de papel em que a pessoa escreve sua prece. Ou ainda uma placa de madeira com uma inscrição, chamada *fuda*, que tem efeito

Banhar-se em água gelada enquanto se ora assegura, segundo se crê, a boa saúde do participante no Ano-Novo.

Uma das muitas festas sazonais, a "festa do pêssego" na primavera agradece pela saúde das filhas; a flor do pessegueiro simboliza a beleza feminina.

similar, e que o devoto põe num local de destaque em casa, de preferência no santuário doméstico. A maioria das pessoas não crê literalmente no poder mágico desses objetos (*ema, omamori* e *fuda*), mas eles funcionam como símbolos do compromisso de viver em harmonia com os *kami*.

CICLO DE VIDA

O xintoísmo tem vários rituais tradicionais de ciclo de vida destinados a criar e reforçar a relação de uma pessoa com os *kami* e seu santuário. O primeiro, chamado *hatsumiyamairi*, ocorre cerca de 30 dias após o nascimento. O bebê, em geral carregado pela avó, é levado a um santuário e abençoado, e passa a ser protegido pelos *kami* daquele lugar. Crianças são reapresentadas aos *kami* num ritual chamado *shichigosan*, realizado todos os anos a 15 de novembro. Nesse dia, os pais levam meninas de sete e três anos e meninos de cinco a seu santuário local, onde são abençoados mais uma vez. Anualmente, no dia 15 de janeiro, homens e mulheres que chegaram à maioridade oficial (20 anos) visitam o santuário para agradecer na festa de *seijinshiki*; já na festa de *yakudoshi*, pessoas que chegaram a uma idade tida como inauspiciosa (33 anos para as mulheres e 42 para os homens) têm uma oportunidade de fazer visitas especiais ao santuário e adquirir amuletos que as protejam dos supostos problemas que tal idade acarreta. Alguns santuários se especializam nesse serviço de proteção contra a má sorte.

Um *omamori kami*, rosa tradicional, oferenda vendida na maioria dos santuários xintoístas.

FESTAS XINTOÍSTAS

Conhecidas como *matsuri*, palavra que encerra muitos significados, p.ex. ritual, celebração, veneração e prece, todas as festas xintoístas visam a honrar e agradecer aos *kami* para que protejam o Japão e seu povo. Elas tendem a ser ocasiões de alegre celebração, com música, dança, procissões e comidas especiais. Estátuas dos *kami* são muitas vezes levadas a santuários temporários consagrados, onde ficam como objetos de devoção especial durante o período do *matsuri*. O maior de todos os *matsuri* é a festa do Ano-Novo, quando as pessoas fazem uma refeição comemorativa e depois visitam santuários para pedir aos *kami* que as apoiem no ano vindouro. Até nos menores santuários do Japão há uma atmosfera festiva e o sentimento de que em todo o país as pessoas estão realizando as mesmas celebrações.

Seguem-se numerosas outras festas ao longo do ano, muitas delas associadas a eventos importantes no ciclo agrícola: em abril, o plantio do arroz; no verão, festas para proteger as plantações de condições meteorológicas extremas e no outono, para celebrar as colheitas.

NOVOS MOVIMENTOS RELIGIOSOS

Nos sécs.XIX e XX o mundo assistiu a uma explosão de movimentos religiosos que iam desde novos ramos de fés já existentes a outras completamente originais, descritas neste capítulo. A maioria começou com a crença singular ou uma forte experiência religiosa de uma só pessoa, e a personalidade e carisma desses fundadores é muitas vezes o que lhes dá seu caráter.

O mundo no séc.XIX tornava-se cada vez mais secular. As pressões da vida moderna e a necessidade de conciliar o desenvolvimento científico com certos aspectos da crença estabelecida levou membros de algumas religiões a reinterpretar sua fé (p.ex. movimentos como o judaísmo humanístico e reconstrucionista) e às vezes, ao contrário, levou as pessoas de volta a fundamentos religiosos ou a uma leitura mais literal das escrituras (p.ex. as muitas variedades de cristianismo pentecostal). Movimentos como o ISKCON no hinduísmo (*p.180*) encontraram novos aspectos na religião existente; outros ainda acrescentaram novas visões e abordagens à fé estabelecida; os salvacionistas, p.ex., impuseram um modelo militar a seu cristianismo (*p.117*). É possível perceber, porém, que as crenças essenciais de todos esses ramos religiosos são as mesmas da fé original.

COMEÇAR DE NOVO

Novas religiões, por outro lado, têm poucas ligações, ou nenhuma, com o que existia antes, advindo diretamente da visão de seus fundadores. Um grupo, o dos chamados movimentos "de negação do mundo" – como os Meninos de Deus –, exige que seus seguidores vivam num nível diferente

As Pedras de Callanish na ilha de Lewis na Escócia estão entre os sítios pagãos antigos hoje visitados por adeptos das religiões da Nova Era.

O Matrimandir em Auroville, Índia, é um centro para seguidores de Sri Aurobindo.

do resto da sociedade, às vezes se desligando por completo de suas comunidades vizinhas. Eles podem ser autoritários e rigorosos, valores que às vezes os tornaram objeto de controvérsia.

Muitos outros novos movimentos religiosos, em contraposição, abraçam o mundo. Convertendo um grande número de pessoas a seu modo de pensar, pretendem promover uma ampla transformação que torne o mundo um lugar mais consciente espiritualmente. Num nível individual, visam a transformar seus adeptos conduzindo-os por um caminho espiritual que estimule a autorrealização e o crescimento pessoal. Preocupam-se menos com distinções entre o sagrado e o profano do que outras religiões, e dão mais atenção à saúde espiritual de seus seguidores. Movimentos como a Meditação Transcendental (*p.281*) atribuem grande valor à experiência pessoal dos adeptos e em geral têm uma perspectiva igualitária; oferecem salvação ou crescimento espiritual para todos os que aceitam suas ideias. Uma ou duas religiões, entre elas o bahaísmo (*p.280*), são ainda mais ambiciosas, pretendendo promover a unidade mundial mediante a maior tolerância entre todas as pessoas e todas as fés.

"OS DEUSES ESTÃO ONDE QUER QUE VOCÊ OLHE."

Zelador de templo, Hong Kong

NOVOS MOVIMENTOS RELIGIOSOS

A religião evolve constantemente. Concebidos a partir das visões singulares de pensadores modernos inspirados, e lançando mão da sabedoria e das crenças dos antigos, vários novos movimentos religiosos se destacam por sua vasta influência espiritual.

OMOTO

Japão 1892 150.000

Em 1892, a japonesa Deguchi Nao foi possuída pela divindade popular Ushitora-no-Konjin. Em consequência, ela e o genro, Deguchi Onisaburo fundaram o Omoto, centrado nesse deus. Essa fé atraiu muitos adeptos, mas na época o xintoísmo era a religião nacional do Japão, e as autoridades viram-na como uma contestação tanto ao xintoísmo quanto ao imperador. Em 1921 o governo proibiu o Omoto, mas em 1945, quando os japoneses passaram a gozar de liberdade religiosa, a fé se reformou, concentrando-se em obras filantrópicas, atividades culturais e campanhas pela tolerância religiosa. Os adeptos lêem os escritos de Deguchi, *Fudesaki* ("Da ponta do pincel"), que descreve suas revelações, bem como textos de Deguchi Onisaburo e outros líderes.

O grupo estimula as artes japonesas, como o teatro nô e a cerimônia do chá, e patrocina uma organização voluntária que faz trabalho assistencial, lidera campanhas pela paz e promove o entendimento internacional por meio da língua universal esperanto.

A cerimônia japonesa do chá, um ritual notável no zen-budismo e no xintoísmo, também foi adotada no Omoto.

MAHIKARI

Japão · 1959; 1978 · 800.000

Nome de duas religiões japonesas. A primeira, Sekai Mahikari Bunmai Kyodan ("Organização Religiosa Mundial da Civilização da Verdadeira Luz") foi fundada por Okada Kotama em obediência a uma ordem divina de salvar as pessoas do fim do mundo. A segunda, Sukyo Mahikari ("Suprarreligião da Verdadeira Luz"), foi criada após a morte de Okada. Ambas compartilham muitas ideias e práticas, algumas das quais de origem xintoísta. Ademais, os adeptos afirmam que a mudança climática anuncia o início de uma nova era, e que as pessoas devem abandonar os valores materiais e se preparar para o mundo renovado. Creem num ritual de purificação em que, pela imposição das mãos, a luz divina atravessa o doador e impregna o receptor.

O Santuário Mundial Mahikari em Takayama, Japão, é a sede do movimento religioso Sukyo Mahikari.

AGONSHU

Japão · 1978 · Mais de 300.000

Nos anos 50, Kiriyama Seiyu teve uma revelação religiosa: acreditou ter sido salvo pelo bodisatva Kannon (*p.314*). Ele viveu como asceta por vários anos tendo depois outra revelação, de que se libertara do carma (o sistema de crédito espiritual) e devia ensinar os outros a seguir o mesmo caminho espiritual. Julgava estar criando um novo tipo de budismo, embora na verdade sua fé misture ideias budistas com noções japonesas, como o culto dos ancestrais e a cura espiritual. Kiriyama ensinou que boas obras, e práticas específicas como a meditação, podem eliminar o carma nocivo e também ajudar a resolver o problema do mal-estar espiritual mais geral do mundo. Os seguidores do Agonshu creem que a discórdia mundial ocorreu porque foi permitido às pessoas morrer antes de eliminar seu carma negativo ou sem os ritos fúnebres corretos. Isso gerou uma crise espiritual mundial acumulada que podemos remediar seguindo diligentemente o Agonshu.

Kannon é um Buda feminino cultuado por membros da fé Agonshu.

TENRIKYO

Japão 1838; 1970 1 milhão

Em 1838, Nakayama Miki, mulher de um agricultor, relatou estar possuída pelo espírito Tenri-o-no-Mikoto ("Senhor da Razão Celeste") e começou a desenvolver poderes de cura. Logo angariou muitos adeptos, e a religião que se desenvolveu em torno de suas crenças ficou conhecida como Tenrikyo, sendo: *ten* ("céus"), *ri* ("verdade" ou "razão") e *kyo* ("ensinar").

Edifício-sede do Tenrikyo na cidade de Tenri, Japão. A religião possui centros em vários países, como EUA, Grã-Bretanha e Austrália.

O DESENVOLVIMENTO DE TENRIKYO

De início, o sistema de crenças Tenrikyo envolvia muitos espíritos, mas à medida que se desenvolveu a religião se concentrou em um deus, em geral chamado de Oyagami ("Deus o Pai").

Nakayama Miki compôs dois livros sagrados, o Mikagurauta, texto cantado em todos os serviços, e o Ofudesaki. Ambos tratam das ideias básicas do Tenrikyo, entre as quais a de viver uma boa vida.

HOKORI

Segundo o Tenrikyo, atos egoístas ou pecaminosos causam uma substância chamada *hokori*, ou poeira espiritual, que se deposita sobre a mente e a alma da pessoa. Vícios como cobiça, mesquinhez, injustiça, ódio, animosidade, avareza e ira causam diferentes tipos de *hokori*. Essa poeira obstrui a felicidade, mas as pessoas podem evitá-la tentando viver bem e em harmonia com os outros e com a natureza; dedicando tempo à reflexão sobre pensamentos e ações; e recebendo graça divina.

Uma vez livres de *hokori*, as pessoas em toda parte alcançarão sua meta de levar uma vida alegre e o mundo será transformado.

A fé Tenrikyo dá especial ênfase à natureza sagrada da maternidade. A fundadora da religião, Nakayama Miki, tem o título de "Honrada Mãe".

CAO DAI

Vietnã 1929 8 milhões

Desde seu início modesto no Vietnã, o Cao Dai tem como objetivo unificar todas as religiões do mundo – sem amalgamá-las numa única "grei", mas reconhecendo suas várias qualidades e promovendo a tolerância. Essa fé vê todas as pessoas como irmãs oriundas de uma fonte divina comum e, se pudermos reconhecer esse fato, poderemos avançar para um destino divino unificado de paz interna e externa. A princípio o Cao Dai encontrou muitos adeptos no Vietnã, mas em 1975 o país foi dominado pelos comunistas, que aboliram a fé Cao Dai, o que estimulou sua difusão no resto do mundo.

O ESPÍRITO DO CAO DAI

O fundador dessa fé, Ngo Van Chieu, era funcionário do governo francês do Vietnã. Interessado em espiritualismo, frequentava sessões e numa delas disse ter recebido mensagens de um espírito chamado Cao Dai, nome que significa "Torre Alta" e que os taoistas (*p.250-61*) usam para a Divindade Suprema. Nas mensagens o Cao Dai esboçou vários ensinamentos, inclusive o vegetarianismo e a necessidade de uma perspectiva universal na religião. Na época havia uma espécie de vácuo religioso no Vietnã sob domínio francês, em que o budismo estava em declínio e muitas pessoas buscavam uma nova liderança espiritual. Assim, esses ensinamentos logo encontraram muitos adeptos no mundo todo e uma nova fé nasceu.

Uma grande congregação assiste a um serviço religioso inspirado em muitas tradições religiosas num templo Cao Dai no Vietnã.

Desde o princípio o Cao Dai absorveu ideias de muitas religiões diferentes. Do confucianismo, ideias sobre a sociedade; do taoismo, seu nome e alguns ritos; e do budismo e religiões indianas, suas noções sobre renascimento. Fez uso também das experiências que Ngo Van Chieu e seus amigos tinham tido com o espiritualismo (*p.289*). Outras sessões revelaram mais mensagens do próprio Cao Dai.

Assim como vários novos movimentos religiosos – a teosofia, o Omoto (*p.276*) e o bahaísmo (*p.280*) –, o Cao Dai aspira a unificar religiões orientais e ocidentais.

SÍNTESE RELIGIOSA

Dois princípios básicos unificam a aparente diversidade das ideias que inspiraram o credo Cao Dai. O primeiro é que todas as religiões têm a mesma origem, em outras palavras, que Deus, Alá, o Tao etc. são todos um só. O segundo é que todas as pessoas devem seguir uma moralidade baseada no amor e na justiça para se unir a Deus. Esse foco na unidade essencial da criação é sintetizado num importante aforismo Cao Dai: "O céu, a terra e dez mil coisas têm uma mesma constituição." Esses ensinamentos estão registrados num texto sagrado, o Thanh Ngon Hiep Tuyen.

Em 1975, com a ascensão do governo comunista no Vietnã, a sede do Cao Dai mudou-se para o Canadá, onde tem agora muitos devotos. Há também adeptos em comunidades vietnamitas exiladas em outros países ao redor do mundo.

BAHAÍSMO

Pérsia (atual Irã) 1844 5-7 milhões

Seus ensinamentos começaram em 1844 com a missão do filho de um mercador chamado Siyyid 'Ali-Muhammad que ficou conhecido como o Bab ("Portão"). O Bab ansiava pela chegada de um grande profeta, que seria chamado de Baha'u'llah ("A Glória de Deus") e que mostraria à humanidade como viver em paz. Em 1853 Mirza Husayn-'Ali, um nobre persa e seguidor do Bab, teve uma revelação religiosa de que era "Aquele Que Deus Tornará Manifesto", e foi aceito como o profeta Baha'u'llah. Ele produziu um vasto e abrangente corpo de escritos sobre todos os assuntos, da espiritualidade ao governo, e esses escritos, conhecidos como Tabuinhas, formam as principais escrituras do bahaísmo.

Há três princípios fundamentais nessa fé. Primeiro, há um só Deus, e todas as fés cultuam o mesmo Deus, qualquer que seja seu nome. Segundo, há uma só religião. Todas as fés do mundo se valem das mesmas verdades espirituais básicas, e todas foram fundadas por alguém da linhagem das "Manifestações de Deus", que inclui Moisés, Jesus, Maomé, o Buda e outros – e Baha'u'llah. Terceiro, há uma só humanidade. Fomos todos criados por Deus e pertencemos à família mundial, e o bahaísmo visa a unir essa família, superar as diferenças que nos dividem, e assim levar a salvação tanto para os indivíduos como para o mundo.

Hoje, a sede do bahaísmo fica no Centro Mundial Bahaísta perto de Haifa, em Israel, embora haja adeptos em muitos países.

Locais de culto bahaísta, como o templo Lótus de Bahapur em Déli, Índia, têm nove lados e um domo central significando a unidade do mundo.

O santuário de cúpula dourada do Bab fica no meio de belos jardins em Haifa, Israel. O Bab foi sepultado aqui após sua morte em 1850.

A IGREJA UNIVERSAL E TRIUNFANTE

EUA 1958 (como Summit Lighthouse); 1974 (como IUT) 30.000

Trata-se de um pequeno movimento com sede nos EUA apoiado em algumas ideias do movimento teosófico do fim do séc.XIX, que reconhecia diversos seres divinamente inspirados (entre os quais o Buda, Jesus e os líderes da teosofia) como mestres espirituais, guiando o mundo para uma nova era da verdade. Na IUT, como em outros novos movimentos religiosos, essa é chamada a Era de Aquário.

Nos anos 50, um homem de nome Mark Prophet afirmou ser um mensageiro dos mestres espirituais ascendidos e fundou um grupo religioso conhecido como Summit Lighthouse. Em 1974, após a morte do profeta, sua viúva Elizabeth reorganizou o grupo como a IUT. Elizabeth Prophet recebe mensagens ou "ditados" dos mestres ascendidos, tal como seu marido outrora.

A Igreja crê que a luz espiritual se manifesta como sete raios. O sétimo raio, uma chama violeta, desce sobre o coração do crente para engendrar misericórdia, perdão, justiça, liberdade e transmutação. Os membros da IUT estudam as palavras dos mestres tal como registradas pelos profetas antes de se tornarem divulgadores plenos da igreja. Os rituais incluem mantras e preces pela sabedoria e a transmutação do carma.

MEDITAÇÃO TRANSCENDENTAL

Índia 1957 3 milhões

O cientista e professor indiano Maharishi Mahesh Yogi desenvolveu as técnicas da Meditação Transcendental nos anos 50 como uma forma moderna dos ensinamentos do antigo Sutra da Ioga. Nos anos 60 o movimento atraiu o interesse dos Beatles e outras celebridades, o que aumentou sua popularidade. Os que ensinam a Meditação Transcendental a veem não como uma religião, mas como uma prática de meditação que permite levar a mente a um ponto de plena quietude mental (e para alguns, a estados de iluminação ou beatitude). O corpo fica imóvel, mas o meditador não dorme. Os interessados em praticá-la frequentam uma curta série de palestras e sessões individuais com um mestre. Depois de aprender a técnica, meditam durante cerca de 20 minutos por dia.

Maharishi Mahesh Yogi, o fundador da Meditação Transcendental, morreu em 2008.

Adeptos do vodu se banham em águas barrentas como parte de rituais conduzidos num templo da fé em Souvenance, Haiti, na sexta-feira santa. Esse templo é o único centro haitiano do ramo de Daomé da crença vodu, que tem raízes na religião tribal do oeste da África.

RASTAFARIANISMO

Jamaica 1930 1 milhão

Começou como um sistema de crenças específico do povo negro oprimido do Caribe e dos EUA. Hoje é um movimento global, apreciado por seus ensinamentos e também por suas manifestações culturais, como a música *reggae*. Os rastafáris acreditam em Deus, que chamam de Jah, e que o imperador etíope Haïlé Selassié I (1892-1975) foi uma encarnação de Deus.

MARCUS GARVEY

O jamaicano Marcus Garvey (1887-1940) dedicou sua vida à emancipação negra. Em 1914, fundou a Associação Universal para o Progresso Negro e propôs que negros do Novo Mundo se estabelecessem na Libéria e formassem um novo Estado negro. Obteve amplo apoio, mas o governo liberiano rejeitou seus planos. Daí em diante sua estrela entrou em declínio, mas suas ideias continuam estimulantes.

A MANEIRA AFRICANA

O rastafarianismo rejeita a civilização moderna, que chama de "Babilônia", e abraça uma visão de uma sociedade africana ideal conhecida como "Sião". Originalmente, mostrou-se popular entre partidários do movimento de "retorno à África", que pretendia reassentar a população negra no continente de seus ancestrais. Os rastafáris consideram o modo de vida africano mais natural que a civilização moderna, convicção simbolizada por seu característico penteado em *dreadlocks*. Ressaltam também que os primeiros seres humanos vieram da África, e se vinculam a símbolos africanos como as cores pan-africanas: vermelho, verde, amarelo e preto.

CULTO E PRÁTICA

Os rastafáris veem Haïlé Selassié I, cujos títulos incluem "Leão de Judá" e "Rei dos Reis", como um salvador messiânico cuja vinda foi prevista na Bíblia cristã. De fato, alguns membros se consideram cristãos, embora muitos se oponham ao cristianismo. Em regra, o rastafarianismo rejeita a intelectualização da erudição bíblica e atribui muito mais valor a percepções e intuições pessoais. Uma relação pessoal com Jah é vital, e os crentes também veem o divino como algo interno, parte do eu individual. Para chegar a julgamentos corretos sobre a vida, os rastafáris meditam e participam de discussões religiosas em grupo conhecidas como "de instrução fundamental". O resultado dessas práticas, dizem, é o conhecimento de Deus e não a mera crença n'Ele.

A roupa desse rastafári tem as cores vermelha, verde, preta e amarela, símbolos da unidade africana.

VODU, *SANTERÍA* E CANDOMBLÉ

Haiti, Cuba, Brasil | Sécs. XVIII e XIX | Mais de 30 milhões

Com raízes no Novo Mundo, essas três religiões derivam sobretudo de crenças africanas trazidas através do Atlântico por escravos e imigrantes e depois combinadas com o cristianismo. Essas religiões usam rituais como batucadas, cantos e danças para que os crentes possam se comunicar com divindades e invocar sua ajuda.

VODU

Também chamado de vodum (embora ambos sejam termos usados por estranhos à crença), é uma religião do Haiti que combina religião africana com elementos do catolicismo romano. Hoje é reconhecido como uma religião nativa no Benim. Os adeptos creem em espíritos chamados *loa*, que representam ancestrais de deuses africanos da Nigéria, Benim e Zaire, e também um remoto Deus supremo chamado Bondye. O vodu usa a possessão por espíritos para que as pessoas se comuniquem com os *loa* e para permitir que eles participem de celebrações religiosas.

SANTERÍA E CANDOMBLÉ

A *santería* é uma religião cubana que mistura crenças africanas iorubás com catolicismo espanhol e, em particular, identifica os santos católicos com divindades iorubás: santa Bárbara, p. ex., torna-se Changó, deus do trovão. Os adeptos cubanos reconhecem 16 dessas divindades, os americanos só admitem sete.

O candomblé surgiu no Brasil e representa outra importação de divindades iorubás num país em que o catolicismo foi imposto por governantes estrangeiros. As divindades oferecem conselho e apoio aos devotos através de médiuns e em troca de oferendas.

Haitianas dançam nas ruas de Souvenance, Haiti, durante a cerimônia vodu anual da Páscoa, fruto de uma mistura com a tradição cristã.

ESPIRITUALIDADES DA NOVA ERA

A expressão "Nova Era" é usada para descrever vários sistemas de crenças e práticas que ganharam destaque na segunda metade do séc.XX. Originárias do mundo ocidental mas recorrendo intensamente a religiões indianas e outras, as ideias da Nova Era mostraram-se influentes numa vasta série de aspectos da vida humana – da espiritualidade pessoal à ecologia global.

CRENÇAS ESSENCIAIS

Uma variedade de crenças e atividades, da astrologia à ioga, foi rotulada de "Nova Era" para indicar que a Terra estava no alvorecer de uma nova era de consciência espiritual, e que certas ideias eram reinterpretações de sistemas de crenças antigos. Embora os vários movimentos Nova Era pareçam ter pouco em comum, muitos compartilham a ideia de que a percepção espiritual provém de várias fontes: de gurus ou mestres espirituais, dos mortos ou de seres extraterrestres, ou mesmo de dentro de cada indivíduo. Outra crença comum é a da nossa capacidade de nos curarmos; muitos adeptos da Nova Era buscam terapias, como *reiki* e *shiatsu*, para alcançar bem-estar físico e mental. Por fim, as religiões da Nova Era em geral não se preocupam com o pecado; os problemas são vistos como exemplos de negatividade a superar.

A astrologia, ou previsão do futuro pela observação de fenômenos celestes, é uma prática da Nova Era.

O Goetheanum, em Dornach, Suíça, abriga a escola de espiritualidade fundada por Rudolf Steiner nos anos 1920.

Muitas crenças da Nova Era estão estreitamente centradas no indivíduo, mas sua filosofia vai mais além, crendo que, se as pessoas mudarem para melhor, a sociedade e todo o planeta mudarão também.

NÍVEIS DE CRENÇA

Para os que creem mais literalmente na Nova Era, estamos no alvorecer de um tempo de profunda mudança na espiritualidade do mundo. Um número muito maior, porém, concentra suas crenças na ação pessoal. Tendem a ser "buscadores espirituais", procurando uma solução para sua própria crise de crença. Podem fazê-lo dedicando-se à meditação ou à ioga, estudando xamanismo, ou seguindo um novo movimento religioso.

Para outros ainda, a Nova Era parece oferecer respostas para problemas da sociedade. Esses adeptos podem se envolver com movimentos ecológicos, com grupos pacifistas e filantrópicos, ou com a medicina "alternativa", mas continuam conscientes dos benefícios espirituais do que buscam.

Stonehenge, em Wiltshire, Inglaterra, é um antigo centro para devotos pagãos, dos druidas a adeptos de modernas crenças da Nova Era.

GEORGE GURDJIEFF

George Ivanovich Gurdjieff nasceu por volta de 1866 e cresceu em Kars, na fronteira da Rússia com a Turquia. Crendo que o homem perdera a capacidade de funcionar de maneira harmoniosa, praticou curas em São Petersburgo até a Revolução Russa, quando fugiu para a França. Em Fontainebleau, fundou o Instituto para o Desenvolvimento Harmonioso do Homem, e seus ensinamentos, que ajudavam as pessoas a "conhecer a si mesmas" e a recobrar sua harmonia interior, são influentes em muitos movimentos da Nova Era.

ESPIRITUALIDADE PSICODÉLICA

Grã-Bretanha e América do Norte · Anos 1930 e 1950 · Desconhecido

O termo "psicodélico", que significa "manifestação da mente ou da alma", foi cunhado para descrever os efeitos percebidos de certas drogas que alteravam a mente. Algumas pessoas creem que as alterações provocadas por drogas em nossas percepções sensoriais podem abrir novos níveis de discernimento ou compreensão, como em certas experiências religiosas místicas.

O escritor Aldous Huxley foi um dos primeiros a comentar os efeitos de drogas psicodélicas.

O uso de drogas para desencadear uma experiência religiosa tem uma longa história. Há indícios dele em sociedades pré-históricas, e escritos hindus louvam a *soma*, uma planta alucinógena. Mas o uso moderno de substâncias psicodélicas data dos anos 30, com o desenvolvimento do LSD, e 50, quando o escritor britânico Aldous Huxley escreveu sobre suas experiências místicas com a mescalina, vista por ele como uma forma de gerar uma nova percepção, mais vívida, do mundo. Quando escreveu sobre isso em *As portas da percepção* (1954), várias pessoas adotaram suas ideias. Nos anos 60, muitos artistas e músicos se dedicaram a produzir obras que desencadeassem ou acentuassem experiências psicodélicas.

RISCO POTENCIAL

Adeptos da espiritualidade psicodélica justificaram o uso de drogas relacionando-as a práticas espirituais de culturas primais, e afirmaram que o uso de alucinógenos naturais, como cogumelos "mágicos", inspira um misticismo próximo da Terra. Logo ficou claro, porém, que as drogas psicodélicas podiam ser nocivas física e mentalmente, e hoje várias substâncias que alteram a mente são ilegais em muitos países. E, embora alguns usuários afirmem ter percepções espirituais, outros criticam esse misticismo "instantâneo" quimicamente induzido, crendo que a verdadeira espiritualidade é fruto de uma prática longa e devotada.

Cogumelos "mágicos", quando comidos, produzem os fortes efeitos psicotrópicos que inspiraram figuras eminentes na espiritualidade psicodélica.

ESPIRITUALISMO

Hydesville, Nova York, EUA 1848 11 milhões

Comum em muitas épocas e culturas, o "espiritualismo" centra-se na ideia de que os praticantes podem entrar em contato com os espíritos dos mortos. Surgiu como um novo movimento religioso com a obra do filósofo sueco Emanuel Swedenborg (1688-1772), que afirmou ter falado com espíritos e anjos e escreveu sobre a natureza e a estrutura do mundo espiritual. A obra do médico e cientista alemão Franz Anton Mesmer (1734-1815) também foi influente. Mesmer desenvolveu técnicas de hipnotismo que supostamente induziam as pessoas a estados de transe e lhes permitiam entrar em contato com seres espirituais.

Os espiritualistas creem que o tabuleiro Ouija pode revelar mensagens do mundo espiritual durante uma sessão.

DIFUSÃO DO MOVIMENTO

O espiritualismo se difundiu em meados do séc.XIX, depois que as irmãs Kate e Margaret Fox atraíram a atenção de milhares ao dizer que tinham conversado com um espírito em Hydesville, no estado de Nova York, em 1848. Nas décadas seguintes, fundaram-se igrejas espiritualistas e muitas pessoas (em particular mulheres das classes média e alta nos EUA e na Europa) dedicaram-se ao espiritualismo em casa, incentivando espíritos a dar batidas em mesas, falar através de médiuns ou escrever mensagens num tabuleiro Ouija (dispositivo inventado em 1869). A criação de grupos como a Associação Espiritualista da Grã-Bretanha, em 1872, e a Associação Espiritualista Nacional dos EUA, em 1893 (hoje Associação Espiritualista Nacional de Igrejas), formalizou o movimento, que sobrevive hoje com muitos adeptos.

CRENÇAS ESPIRITUALISTAS

A maioria das igrejas espiritualistas crê em vários dogmas essenciais: a paternidade de Deus; a irmandade do gênero humano; a comunicação com os espíritos e anjos; recompensa ou punição após a morte pela vida vivida na Terra; responsabilidade pessoal; e algum tipo de caminho ou progressão. Os adeptos valorizam em especial revelações que vêm dos espíritos, que creem estarem metafisicamente mais perto de Deus. Os crentes levam a sério os conselhos morais e éticos dos espíritos, e muitos os consideram como guias em assuntos tanto terrenos quanto celestes. Alguns espiritualistas julgam estar seguindo a tradição cristã, e apresentam sua comunicação com espíritos como uma "terceira revelação", após as do Antigo e do Novo Testamento. O cristianismo convencional rejeita essa interpretação.

PRÁTICAS ESPIRITUALISTAS

Para muitos espiritualistas, porém, a prática regular do espiritualismo e o desenvolvimento de habilidades mediúnicas são mais importantes que conceitos. Centros espiritualistas realizam serviços regulares, que em geral incluem algum tipo de elemento mediúnico ou clarividente. Por vezes desenvolvem também a prática da cura espiritual.

WHATSOEVER · HE · SAITH · UNTO · YOU · DO · IT

QUEM É QUEM EM RELIGIÃO

SÃO INÚMEROS os deuses das fés politeístas e os profetas e mestres das religiões monoteístas; seus aspectos são diversos, fascinantes e por vezes desconcertantes, em especial para as pessoas que chegam a eles a partir de outras culturas ou sistemas de crenças. Este capítulo descreve figuras capitais nas religiões monoteístas, indianas e orientais.

As religiões mais antigas eram tipicamente politeístas, i.e., veneravam muitos deuses. Da Grécia Antiga à Índia, da África ao Japão, as religiões politeístas tentaram explicar as forças enigmáticas do cosmo. O Sol e as estrelas, a chuva e o trovão, as montanhas, os morros, as árvores e os rios, cada força tinha sua própria divindade. Esses deuses ajudavam a entender fenômenos cujas causas eram desconhecidas, como as condições meteorológicas ou as fases da Lua.

Algumas divindades se destacaram por controlar forças poderosas como o Sol ou o mar, ou por participar da criação do cosmo; ou ainda por razões relacionadas a seu lugar na hierarquia celeste. A partir dessas muitas divindades desenvolveram-se enormes e sofisticados panteões, ou conjuntos de deuses, ainda presentes nas religiões mais influentes do mundo. O hinduísmo, o xintoísmo e as religiões da China têm todos muitos deuses, por vezes milhares deles. Este capítulo resume as biografias e os papéis de uma pequena seleção dos deuses mais proeminentes em seus panteões, e mais cultuados hoje. Sua natureza varia com a cultura que lhes deu origem. A religião popular chinesa inclui muitas divindades que viveram primeiro como seres humanos e alcançaram a imortalidade graças a seu caráter

notável. As divindades xintoístas são vistas como *kami*: espíritos inerentes a fenômenos naturais. Os deuses do hinduísmo são os mais diversos de todos, mas alguns vêm à Terra sob forma humana. As páginas que se seguem são um primeiro passo para a compreensão dessa enorme variedade e dessas diferenças.

Ilustração do séc.XIX de vários deuses chineses, que aparecem entre as nuvens do céu.

RELIGIÕES MONOTEÍSTAS

O ponto de vista das religiões monoteístas é muito diferente. No judaísmo, cristianismo e islã, o Deus Uno é um ser infinito e absoluto, um conceito tão amplo que não pode ser expressado em linguagem comum. Por isso o Deus Uno da religião monoteísta não aparece neste Quem é Quem, exceto na pessoa de Jesus Cristo, que os cristãos veem como o Filho de Deus feito homem e que, para os muçulmanos, é um profeta. As fés monoteístas reconhecem também muitos profetas e mestres, cujas obras nos ajudam a compreender a Deus e que expõem instruções morais para os fiéis. Este capítulo resume as vidas e os ensinamentos dos profetas do judaísmo e do islã, e dos profetas e grandes mestres do cristianismo – as pessoas que dedicaram suas vidas a mediar entre o mundo infinito de Deus e o mundo finito dos homens. Para os fiéis, sua obra é uma janela para o absoluto, e suas vidas mostram como explicar e defender as próprias crenças, muitas vezes em condições desfavoráveis ou hostis. Hoje, como no passado, são figuras que instruem e inspiram.

Divindades hindus no *gopuram* (torre) no templo Sri Meenakshi em Madurai, Índia. O panteão hindu é muito diverso.

AS RELIGIÕES MONOTEÍSTAS

O judaísmo, o cristianismo e o islã compartilham muitas figuras fundamentais, embora por vezes seus papéis variem de uma fé para outra. O islã, p.ex., reconhece várias figuras bíblicas, entre as quais Jesus, como profetas.

Adão

✦ Judaísmo, cristianismo, islã 🕮 Primeiro homem, profeta (no islã)

As religiões monoteístas interpretam a vida de Adão de diversas maneiras, mas para todas elas o fato mais importante foi ele ter comido o fruto da Árvore do Conhecimento estimulado por sua mulher, Eva, e pela serpente, em geral interpretada como Satanás.

No judaísmo e no cristianismo, Adão é o primeiro homem, criado por Deus à sua própria imagem. Deus o faz do pó da Terra, e depois sopra vida sobre ele, criando a humanidade.

A princípio, Adão vive uma vida tranquila com Eva no Jardim do Éden. Depois de comerem o Fruto da Árvore do Conhecimento, o que Deus os proibira de fazer, são expulsos do jardim e têm de trabalhar para viver. Perdem sua vida de idílica felicidade e, envergonhando-se de sua nudez, vivem uma vida árdua e punitiva.

Para os cristãos, a Queda é um desastre: ela contamina a humanidade, que precisa ser redimida por meio de Jesus Cristo (visto como um "segundo Adão").

No judaísmo, embora se considere que Adão perdeu seu esplendor após comer o fruto, esse evento não é entendido como uma tragédia; ele gera novo conhecimento e novas oportunidades para Adão e o resto da humanidade.

No islã, Adão é também o primeiro homem. Deus faz um pacto com ele, que se torna o primeiro profeta. O ato de comer o fruto não é visto como "queda". Adão se arrepende e Alá o trata com misericórdia. Segundo o relato islâmico, ele vai depois a Meca para construir a primeira Caaba (*p.142-3*).

Adão e Eva no Éden, um símbolo permanente da inocência perdida, foram tema de milhares de obras de arte ao longo dos séculos.

Noé

✦ Judaísmo, cristianismo, islã 🕮 Patriarca, profeta (no islã)

Nas três religiões monoteístas, Noé é famoso como o homem que ouviu os avisos de Deus sobre o grande dilúvio, construiu a arca e salvou a humanidade do desastre.

O livro bíblico do Gênesis descreve como Noé salva a humanidade e os animais do dilúvio. Depois que as águas baixam, Deus o abençoa e faz um pacto com ele. Isso representa um novo começo para a humanidade.

A história é popular nas três religiões monoteístas. O judaísmo e o islã, em particular, desenvolveram o relato no Gênesis. Fontes judaicas posteriores enfatizam a honradez de Noé. No islã, sua arca leva 40 homens e 40 mulheres que, findo o dilúvio, encontram uma cidade chamada Thamanin ("Os Oitenta"). Seu esforço representa uma nova consciência da Unidade de Deus.

Noé é mais conhecido como o construtor da arca, mas é visto também como o inventor ou "pai" do vinho na tradição cristã.

Abraão

✦ Judaísmo, cristianismo, islã 🕮 Patriarca, profeta (no islã)

Para judeus e cristãos, Abraão é o exemplo primordial de uma pessoa de fé. No islã ele é conhecido como Ibraim e foi a primeira pessoa a se submeter a Alá – em outras palavras, o primeiro muçulmano.

O livro bíblico do Gênesis narra como o profeta Abraão deixou sua cidade natal em Ur na Mesopotâmia (atual Iraque) e viajou para Canaã, onde, segundo a promessa de Deus, se tornaria o pai de uma grande nação. Abraão ainda não tinha filhos, e sua mulher, Sara, parecia velha demais para conceber. Mas Abraão manteve sua fé, e o casal gerou um filho, Isaac. Nessa e em outras ocasiões, a confiança de Abraão em Deus é vista por judeus e cristãos como um excelente exemplo da importância da fé. Ele é o protótipo do judeu e do profeta cristão.

Abraão é também uma figura importante no islã. O Corão conta como ele restaurou o culto do Deus Uno em Meca. Sua obediência a Deus, sua recusa a cultuar ídolos, e ainda o fato de ser ascendente de Maomé fazem dele o muçulmano arquetípico, e o islã é por vezes chamado de a religião de Ibraim.

Ismael

✦ Judaísmo, cristianismo, islã
Profeta

Ismael é filho de Abraão e sua serva Agar. Depois que a mulher de Abraão, Sara, deu à luz Isaac, Ismael e Agar foram expulsos do acampamento de Abraão e jogados no deserto. Quando ficaram sem água, Agar, em pânico, correu entre Safa e Marva, dois montes próximos de Meca. Repetir esse feito tornou-se parte do ritual do Hajj (*p.139*), um rito da peregrinação inspirado por Ismael e Agar.

Diz-se também que Ismael construiu a Caaba em Meca com seu pai.

Ló

✦ Judaísmo, cristianismo, islã (como Lut)
Profeta (no islã)

Ló, sobrinho de Abraão, estabeleceu-se perto de Sodoma, uma das cidades da planície que Deus destruiu mais tarde por causa do comportamento imoral de seus habitantes. Ló teve permissão para fugir com sua família contanto que não olhassem para trás. Sua mulher desobedeceu e foi transformada num pilar de sal, mas ele e o resto da família se salvaram.

As tradições cristã e islâmica louvam Ló como um homem probo e no islã ele tem status de profeta.

Ló e as filhas fugiram da destruição das cidades da planície para um refúgio nas montanhas.

Jacó

✦ Judaísmo, cristianismo, islã (como Ya'qub) Patriarca

Jacó é uma figura axial na história antiga dos judeus: é o terceiro patriarca e o ancestral das tribos de Israel. Homem de caráter complexo, Jacó é conhecido também como um trapaceiro, um ancestral e, curiosamente, um lutador.

Jacó era neto de Abraão e filho de Isaac e Rebeca. Seu irmão mais velho era Esaú. Foi previsto que os dois irmãos seriam os pais de grandes nações, mas que o mais velho serviria o mais novo.

A última parte da profecia foi cumprida quando Jacó, usando de embuste, apossou-se da herança do irmão e induziu o pai a lhe dar a bênção que deveria caber ao primogênito da família. Jacó foi ele mesmo enganado pelo tio Labão em cuja casa se refugiara. Labão o fez trabalhar 14 anos antes de lhe permitir desposar Raquel, a mulher que ele desejava.

A primeira parte da profecia se cumpriu porque Jacó foi o ancestral do povo de Israel. Uma importante história do Livro do Gênesis descreve as raízes místicas dessa ancestralidade, quando Jacó teve um encontro misterioso com um anjo, ou talvez com o próprio Deus, numa viagem à terra de Canaã. Ele lutou com essa figura; depois da luta, ganhou o novo nome de Israel e fez as pazes com Esaú. Com suas duas esposas e duas concubinas, teve 12 filhos que se tornaram os ancestrais das 12 tribos de Israel. Esaú tornou-se o ancestral dos edomitas.

Moisés

✦ Judaísmo, cristianismo, islã (como Musa) 🕮 Profeta

O grande líder judaico Moisés é famoso por ter conduzido seu povo para a "terra prometida" de Canaã e ter recebido de Deus as tábuas da lei. No islã, é um profeta.

Moisés nasceu no Egito, e quando foi ordenado que todos os bebês judeus do sexo masculino fossem mortos, seus pais o esconderam entre juncos nas margens do rio Nilo. Encontrado pela filha do faraó, foi adotado por ela e criado no palácio real. Quando cresceu, teve uma visão em que Deus lhe apareceu numa sarça ardente e lhe mandou conduzir seu povo para fora do Egito, embora ele tenha morrido antes que os judeus chegassem à terra prometida. No monte Sinai, Deus lhe revelou a Torá (*p.68-9*), o que faz dele para os judeus uma combinação de líder, profeta, legislador e fundador da religião baseada na Torá.

No cristianismo, é visto como um precursor de Jesus (*p.301*). No islã, ele e Abraão (*p.295*) são os dois profetas mais importantes do monoteísmo antes do próprio Maomé (*p.305*).

O nome Moisés, em algumas interpretações, significa "Filho da Água", alusão a ter sido ele encontrado no rio Nilo.

Josué

✦ Judaísmo, cristianismo, islã (como Yusha')

🕮 Profeta, líder

Pouco antes de morrer, Moisés escolheu Josué para substituí-lo como líder dos judeus. Josué liderou seu povo na conquista de Canaã e distribuiu a terra entre seus seguidores, os representantes das 12 tribos de Israel. Este e os demais eventos de sua vida são narrados no livro de Josué, que descreve a ocupação da terra prometida pelos judeus e sua divisão, e relata falas de Josué.

Além de líder inspirado, Josué era também muito sábio, tendo adquirido sua sabedoria quando Moisés impôs as mãos sobre ele.

Samuel

✦ Judaísmo, cristianismo

🕮 Profeta, juiz

Samuel, que ao nascer foi dedicado a Deus pela mãe, Ana, tornou-se um notável profeta, juiz e líder militar judeu. A Bíblia hebraica retrata-o como um grande líder e homem muito probo, que pôde criticar reis e os demais quando romperam a Aliança dos judeus com Deus. Incapaz de derrotar os inimigos dos judeus, os filisteus, ele fortaleceu Israel apoiando a ideia de uma monarquia e ungindo o primeiro rei, Saul. Quando este se mostrou um rei tíbio, Samuel promoveu seu sucessor Davi. Seus feitos são expostos nos dois livros de Samuel.

Davi

✦ Judaísmo, cristianismo, islã (como Dawud)
📖 Rei, profeta

Quando jovem, Davi tornou-se um herói ao matar o gigante filisteu Golias. Mais tarde tornou-se rei, unindo os reinos de Israel e Judá e derrotando muitos inimigos. Atribui-se também a ele a composição de muitos salmos. Como um rei ideal e devoto, ele ocupa uma posição singular no pensamento e na identidade nacional dos judeus.

No islã, sob o nome Dawud, é um profeta. Sua musicalidade e piedade são louvadas e sua sabedoria é considerada divina.

A vitória de Davi sobre seu temível adversário Golias o pôs no caminho do trono de Israel.

Natã

✦ Judaísmo, cristianismo
📖 Profeta

Foi um profeta na corte do rei Davi. Diz-se que escreveu um "Livro de Natã, o profeta", que incluía descrições dos reinados de Davi e Salomão (esse texto é mencionado no Livro das Crônicas). Como os profetas bíblicos que lhe sucederam, era capaz tanto de prever o futuro quanto de estabelecer padrões morais. Embora criticasse Davi por seu romance com Betsabé, apoiou Salomão, o filho dos dois, ajudando-o a se tornar rei e salvaguardando a linhagem de Davi.

Salomão

✦ Judaísmo, cristianismo
📖 Rei, profeta

Filho de Davi e Betsabé, foi um dos mais prestigiosos de todos os reis judeus. Reinou sobre um vasto reino que se estendia desde o rio Eufrates até a fronteira com o Egito. Promoveu o comércio internacional, recorreu à diplomacia e patrocinou grandes projetos de construção, entre os quais um enorme palácio para si mesmo e, sobretudo, o Templo em Jerusalém. Famoso por sua sabedoria, é supostamente o autor do livro bíblico dos Provérbios e do Cântico dos Cânticos.

O rei Salomão e a rainha de Sabá conversam em seu histórico encontro, nessa pintura medieval.

Elias

✦ Judaísmo, cristianismo
📖 Profeta

Foi profeta no tempo do rei judeu Acab. Os principais acontecimentos de sua vida, como o assassinato dos profetas do deus Baal, são narrados no Primeiro Livro dos Reis.

O Livro de Malaquias prevê que no Dia do Juízo Elias retornará, predição que lhe dá o status de símbolo do Messias, conferindo-lhe especial importância na crença judaica.

Essa noção de que ele retornará é repetida nos Evangelhos, fazendo do profeta uma figura-chave nas ideias cristãs sobre o Juízo Final.

Isaías

✦ Judaísmo (como Sha'va), cristianismo,
📖 Profeta

Foi um grande profeta judeu e autor do livro que tem seu nome. Viveu durante o reinado de quatro reis de Judá (Ozias, Jotão, Acaz e Ezequias), participou da vida política de seu país e talvez tenha morrido como mártir. Ensinou a supremacia, a santidade e os padrões morais de Deus. Seu livro inclui profecias contra os inimigos de Israel, críticas aos deslizes morais de seu povo, relatos do exílio judaico em Babilônia e esperanças de um futuro "renascimento" de Jerusalém.

Eliseu

✦ Judaísmo, cristianismo
📖 Profeta

Escolhido como sucessor de Elias, foi profeta durante os reinados dos reis Jeroboão, Jeú, Joacaz e Joás. Embora fosse o herdeiro profético de Elias, tinha um caráter muito diferente. Enquanto Elias era uma figura solitária, Eliseu chefiou guildas de profetas. Envolveu-se com os soberanos da época, aconselhando-os, participando de suas guerras e estimulando uma rebelião. Também operou milagres, e os cristãos o consideram um importante precursor de Jesus.

Jeremias

✦ Judaísmo, cristianismo
📖 Profeta

Um dos maiores profetas da tradição judaico-cristã, viveu quando os judeus foram dominados pelos babilônios. Muitos judeus se exilaram em Babilônia, mas Jeremias foi levado para o Egito. Segundo a tradição cristã, ele morreu como mártir, apedrejado. O Livro de Jeremias, além de narrar os principais eventos do tempo do profeta, contém suas profecias, sermões e ditos. Também encerra uma série de passagens conhecidas como Confissões de Jeremias – expressões de pesar pelo sofrimento humano.

O tema do pesar prossegue no livro seguinte da Bíblia, Lamentações, por vezes atribuído a Jeremias. Este consiste numa série de poemas que expressam desgosto e ira ante o saque de Jerusalém. Esses escritos aproximam o leitor de Jeremias mais que os de qualquer outro profeta bíblico, porque o pesar que traduzem é muito pessoal.

Ezequiel

✦ Judaísmo, cristianismo
📖 Profeta

Era um sábio sacerdote que viveu mais ou menos na mesma época que Jeremias e se tornou profeta durante o exílio babilônico. Suas profecias estão registradas no Livro de Ezequiel. Sua mensagem era de reverência à santidade de Deus, com reflexões sobre a futura reconstrução do templo; ele enfatizou a responsabilidade moral de cada pessoa.

As profecias de Ezequiel incluíam a revelação de que o povo judeu viria a ter sua própria terra, que habitaria após um período de exílio.

João Batista

✦ Judaísmo, cristianismo, islã (como Yahya) 📖 Mestre, profeta

Contemporâneo de Jesus, pregou no vale do Jordão. Atacava o comportamento imoral e encorajava as pessoas a se arrepender de seus pecados sob pena de incorrer na ira de Deus, preparando o caminho para a missão de Jesus.

João Batista era explícito em sua condenação dos pecadores, entre os quais o rei Herodes Antipas, que reinou na área em torno da Galileia como um preposto dos romanos. Ao se casar com Herodíade, mulher de seu irmão Filipe, Herodes despertou a cólera de João. O Evangelho de Marcos conta que Herodes por fim mandou decapitá-lo. Flávio Josefo, um historiador judeu do séc.I, registra que João foi executado para impedir a eclosão de uma revolta.

Era renomado como um pregador que batizava seus seguidores no rio Jordão, e um deles foi Jesus. De fato, os primeiros cristãos o viam como um precursor de Jesus, uma espécie de reencarnação do profeta Elias do Antigo Testamento (*p.298*), que, segundo se afirmara, retornaria à Terra para anunciar a vinda do Messias.

No islã, João é um profeta a quem Deus tornou sábio quando criança, e enviou para confirmar Sua palavra.

Maria

✦ Judaísmo, cristianismo, islã 📖 Mãe de Jesus

Os Evangelhos contam como um anjo visitou Maria e lhe disse que ela teria um filho por intervenção do Espírito Santo. Como mãe de Jesus, Maria se tornou a figura mais reverenciada entre todos os santos cristãos. Inspirou mesmo um ramo especial da teologia chamado mariologia.

Os Evangelhos de Mateus e Lucas dizem que Maria concebeu Jesus quando era virgem. Após o nascimento de Jesus, é pouco mencionada na narrativa da vida e da missão de seu filho até o fim, quando então é descrita junto da cruz, e vista com os discípulos após a Ressurreição.

À medida que o pensamento cristão se desenvolveu nos séculos posteriores à vida de Jesus na Terra, Maria tornou-se mais venerada. Os primeiros cristãos passaram a atribuir um valor especial ao celibato, fazendo da virgindade de Maria objeto de particular devoção. A ênfase na divindade de Jesus tornou Maria mais especial. Por fim, desenvolveu-se a doutrina da Imaculada Conceição, que isentava Maria da mancha do pecado original desde o nascimento, e ela passou a ser venerada pelas Igrejas Católica e Ortodoxa.

No islã, é descrita como livre de pecado e uma das quatro melhores mulheres no Paraíso.

A Natividade é a célebre história do nascimento de Jesus em Belém, no humilde cenário de um estábulo junto a uma hospedaria.

Jesus

✦ Judaísmo, cristianismo, islã 📖 Mestre, Filho de Deus, profeta

Os quatro Evangelhos oferecem os únicos relatos antigos substanciais da vida de Jesus. Descrevem seu nascimento em Belém, sua vida e missão na Galileia e sua crucificação e posterior ressurreição.

Os Evangelhos contam como Jesus nasceu, filho de Maria e José, que viviam em Nazaré na Galileia. Mateus e Lucas dizem que Maria o concebeu quando ainda virgem, pela intervenção do Espírito Santo. Sabe-se muito pouco sobre o início de sua vida, embora Lucas relate como ele falou sabiamente com os doutores do Templo quando sua família visitou Jerusalém.

A MISSÃO DE JESUS

Com c.30 anos Jesus começou a pregar na região da Galileia, a princípio em companhia de João Batista, que o batizara no rio Jordão. O cerne de sua mensagem era o reino de Deus, que ele às vezes descrevia como algo que chegaria em breve, e em outras como algo já existente. Curava os enfermos e era capaz de fazer milagres, o que via como uma demonstração do poder de Deus, não seu. Passados alguns anos, foi preso e julgado em Jerusalém. Seu crime era que suas pregações levavam à contestação das autoridades do Templo na interpretação da lei judaica, o que ofendia os governantes romanos da Judeia, pois as autoridades judias colaboravam com eles. Ele foi crucificado, mas Mateus, Lucas e João narram como ele apareceu a seus discípulos após a morte.

A IMPORTÂNCIA DE JESUS

Para os judeus, Jesus foi um notável mestre que tinha o poder de curar, e com rigorosos padrões morais. Para os cristãos, é o Filho de Deus e o foco de sua fé; seguir seus ensinamentos e crer nele como seu salvador os conduzirá à salvação. Para os muçulmanos, Jesus é um importante profeta: um homem que fazia milagres, curava os doentes, e dizia às pessoas que cultuassem Alá; não é visto como o Filho de Deus.

A imagem de Jesus é reconhecida em todo o mundo como um símbolo de compaixão e piedade. Ela inspirou a rica tradição da arte cristã.

Os apóstolos

✦ Cristianismo 📖 Mestres, líderes, seguidores de Jesus

Jesus atraiu muitos seguidores, mas selecionou um grupo de 12 homens que o ajudaram mais de perto em sua missão e levaram-na adiante depois dele. São chamados seus discípulos (do verbo latino *discere*, "aprender"), ou seus apóstolos (da palavra grega para mensageiro).

Encontramos os discípulos pela primeira vez nos Evangelhos quando Jesus os chama para segui-lo. André, Tiago, João e Simão (conhecido como Pedro) eram pescadores que Jesus convidou a serem "pescadores de homens". Mateus era um coletor de impostos que colaborava com os romanos. Os outros eram Filipe, Bartolomeu, Tomé, Mateus, Tiago, Tadeu, Simão Cananeu e Judas Iscariotes. A todos Jesus disse que abandonassem seu trabalho e o seguissem, ajudando-o em sua missão de ensinar, pregar e curar, contando com a boa vontade alheia para se sustentar.

Ao escolher 12 apóstolos, Jesus talvez aludisse às 12 tribos de Israel e afirmasse sua renovação pelo grupo. De início os apóstolos pregavam aos judeus, mas após a ressurreição de Jesus voltaram-se (junto com seus sucessores) também para comunidades não judaicas. São vistos, sob muitos aspectos, como modelos para os cristãos. Abriram mão de seu sustento e laços de família em nome de Jesus, aceitaram as agruras que este dizia acompanharem o discipulado, e em geral lhe foram leais. Mas essa lealdade era falha. Muitas vezes os apóstolos compreendiam mal o ensinamento do mestre e, no Evangelho de Mateus, este por vezes os acusa de ter "pouca fé". Até Pedro, o favorito de Jesus e seu mais entusiástico seguidor, acaba negando-o, como Jesus previra. E o discípulo Judas entrega o mestre aos romanos em troca de dinheiro. Os discípulos são personalidades complexas, enraizadas num mundo de difíceis escolhas morais.

Cristo é frequentemente representado entre apóstolos, como nesse mosaico bizantino. Mais tarde eles foram responsáveis pela difusão da fé cristã na Europa.

Maria Madalena

✦ Cristianismo 📖 Seguidora de Jesus

Jesus tinha vários seguidores, muitos dos quais eram mulheres. Algumas o ajudavam em seu ministério, e entre as mais devotas estava Maria Madalena, que vinha de uma cidade na margem oeste do lago da Galileia.

Segundo o Evangelho de Lucas, Jesus curou Maria de sete espíritos malignos. Essa história de exorcismo sem dúvida estimulou alguns comentadores a vê-la como uma prostituta regenerada, e a identificá-la com outras mulheres chamadas Maria nos Evangelhos, em especial a que unge os pés de Jesus. Não há evidências dessas identificações. Mais importante é seu aparecimento nos quatro Evangelhos antes e depois da crucificação. Ela estava presente nessa ocasião e em outras após a Ressurreição. O Evangelho de João narra que ela foi ao túmulo de Jesus, constatou que estava vazio e depois se encontrou com o Jesus ressuscitado.

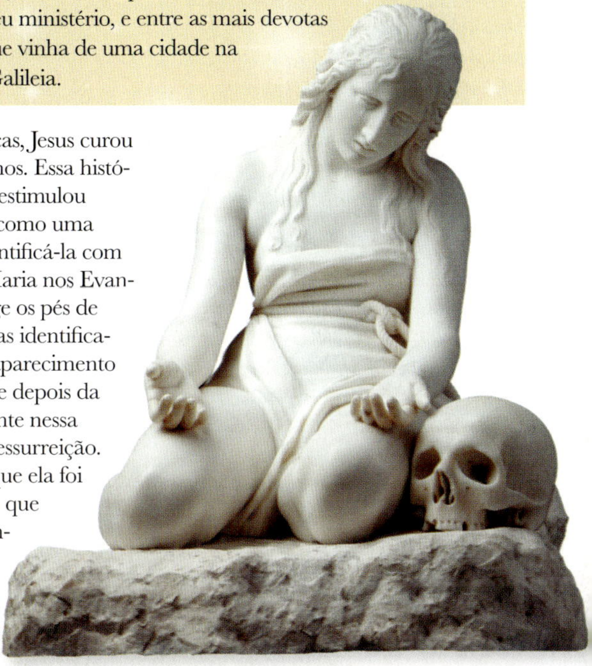

Maria Madalena é tradicionalmente associada à penitência na tradição católica romana.

Paulo

✦ Cristianismo 📖 Missionário cristão

Paulo nasceu numa família judaica em Tarso, na Cilícia, e originalmente chamava-se Saulo ou Saul, antigo nome hebreu. A princípio forte adversário do cristianismo, foi convertido e se tornou um dos maiores missionários cristãos.

A caminho de Damasco em perseguição a alguns judeus cristãos, Paulo teve uma experiência mística de conversão e abraçou o cristianismo.

Numa dedicada carreira de trabalho missionário, fez três viagens durante as quais percorreu a Ásia Menor e a Grécia, fundando muitas igrejas, antes de ser martirizado em Roma. A história de sua vida é contada nos Atos dos Apóstolos, mas sabemos mais sobre suas crenças pelas cartas que escreveu às várias igrejas que fundou. Essas cartas (ou epístolas) constituem muitos dos últimos livros do Novo Testamento. As cartas de Paulo aos cristãos em Roma, Corinto, Éfeso e outras comunidades mediterrâneas enfatizam que a humanidade é redimida pela graça de Deus através da fé em Jesus Cristo. Ele aborda questões problemáticas como o livre-arbítrio e a predestinação, fornecendo material teológico que desde então vem sendo discutido e expandido por pensadores cristãos.

Hud

✦ Islã
🕮 Profeta

Hud foi um profeta enviado por Deus ao povo de 'Ad, uma tribo extinta provavelmente no sul da Arábia. O povo de 'Ad era importante, uma das tribos árabes perdidas. É mencionado muitas vezes no Corão e provavelmente viveu num lugar chamado Irã dos Pilares.

A advertência de Hud ao povo de 'Ad é mencionada três vezes no Corão. Como muitos povos primitivos da Península Arábica, eles seguiam uma religião politeísta. Hud lhes disse que deveriam cultuar o Deus Uno, mas eles se recusaram a ouvi-lo, e não abandonaram os deuses cultuados por seus pais. Quando rejeitaram a mensagem de Hud, Deus os destruiu. Assim como Hud advertiu o povo de 'Ad, assim também sua história adverte pessoas de tempos mais recentes de que devem cultuar apenas o Deus Uno.

Salih

✦ Islã
🕮 Profeta

O profeta Salih foi enviado ao povo de Thamud, provavelmente o povoado nabateu de Mada'in Salih ("as cidades de Salih") no norte da Arábia. Anunciou que deveriam adorar o Deus Uno, adotando um camelo fêmea (símbolo da resistência e da submissão a Deus) como emblema. Não atendendo à sua mensagem, o povo estropiou o animal em vez de lhe dar água e aceitá-lo como uma dádiva valiosa de Deus. Em consequência, foi punido por Deus com um terremoto.

O profeta muçulmano Salih cria um camelo a partir de uma rocha. Foi um milagre de Deus cujo significado não foi percebido pelo povo.

Set

✦ Islã
🕮 Profeta

Filho de Eva (*p.294*), nascido depois que Caim matou Abel (estes os outros dois filhos de Adão e Eva). Sua chegada é descrita no Gênesis, onde se diz que Eva o viu como um substituto de Abel, dado por Deus. Embora relativamente pouco importante no judaísmo e no cristianismo, Set é visto como um profeta no islã e entre os cristãos gnósticos. Segundo o Livro do Gênesis, ele chegou aos 912 anos de idade e foi o pai de Enós, outra figura que alcança uma idade patriarcal.

Shu'ayb

✦ Islã
🕮 Profeta

Por vezes identificado com Jetro, sogro de Moisés, Shu'ayb foi um profeta enviado ao povo de Midiã. Ele lhes falou sobre o Deus Uno e lhes mostrou como levar uma vida mais decente. Sua mensagem ensinava a ser generoso ao comerciar e a não furtar ou roubar. Mas os chefes de Midiã eram muito orgulhosos e não lhe deram ouvidos, ameaçando expulsar o profeta e seus companheiros de crença. Mais uma vez, Deus enviou um terremoto para destruir os que rejeitavam sua mensagem.

Maomé

✦ Islã 🕮 Profeta

Nascido em 570 d.C., o profeta Maomé, o mensageiro de Deus, foi a pessoa a quem Deus revelou as palavras do Corão, que formam a base da fé islâmica. É o último e o mais importante na linhagem dos profetas islâmicos e o fundador da primeira comunidade muçulmana.

Membro da tribo dos coraixitas, Maomé foi criado pelo avô porque seu pai morrera antes de seu nascimento. Sempre teve profundo interesse por assuntos espirituais.

Quando jovem, foi empregado por uma viúva, Khadijah, para conduzir caravanas de camelos à Síria; aos 25 anos, casou-se com ela. Sofreu grande influência dos hanifs, povo que seguia uma fé monoteísta por eles atribuída a Abraão (*p.295*). Suas viagens para comerciar o punham também em contato com judeus e cristãos; seu próprio povo em Meca, porém, cultuava muitos deuses. Maomé passou um tempo sozinho meditando sobre a verdade, e começou a ter revelações após receber do anjo Jibrail a ordem: "Recita!" Essas revelações produziram as palavras do Corão. Quando Maomé disse à sua família que só podia haver um único Deus, sua mulher Khadijah, seu primo 'Ali e seu criado Zayd tornaram-se crentes, assim como Abu Bakr. Mas não foram bem acolhidos na Meca politeísta. Convidado a ir a Yathrib (mais tarde chamada Medina), Maomé se mudou para lá em 622. Os muçulmanos enfrentaram oposição de Meca e as duas comunidades lutaram. Maomé derrotou Meca e livrou a cidade de ídolos em 630. Uma das experiências posteriores do profeta foi a Viagem Noturna, durante a qual foi levado para Jerusalém e depois para o Céu por uma criatura chamada Al-Buraq. Maomé morreu em 632.

Al-Buraq, o corcel alado que levou o profeta Maomé de Meca para Jerusalém na noite em que ele ascendeu ao Céu.

AS RELIGIÕES INDIANAS

Entre estas, o hinduísmo se destaca por ter milhares de divindades; algumas, como as apresentadas aqui, são proeminentes. Variedades do budismo indiano reconhecem muitos Budas e bodisatvas, mestres e seres iluminados.

Xiva

✦ Induísmo 📖 Deus do Trimúrti

Junto com Visnu e Brama, é um dos três principais deuses hindus, coletivamente chamados de Trimúrti. Conhecido como "o destruidor", Xiva é também uma poderosa força criativa, pois recria o que destrói. Em geral é um dos mais cultuados de todos os deuses hindus.

Xiva tem nada menos que 1.008 epítetos, ou expressões que o descrevem como uma personalidade paradoxal. Ele tanto destrói quanto cria; é rápido para julgar e no entanto misericordioso; caprichoso em seus movimentos, mas defensor da imobilidade presente na meditação.

As muitas pinturas de Xiva em templos e santuários hindus o representam de várias maneiras. Em geral é mostrado como uma figura humanoide masculina – um belo rapaz ou um mendigo. Seu corpo pode ser coberto de cinzas e o cabelo emaranhado para indicar desapego dos cuidados mundanos. Às vezes tem no cabelo uma lua, que representa a efemeridade do tempo. Seu rosto frequentemente é mostrado com três olhos, que significam o Sol, a Lua e o fogo; este último é um símbolo de sua força destrutiva mas também de sua grande sabedoria.

Objetos ligados a Xiva são a ampulheta, o machado e contas de oração. Uma imagem comum é a do Xiva dançante: ele é a divindade que põe fim à dança da vida, mas também a reinicia.

Xiva, o segundo deus do Trimúrti hindu, é representado muitas vezes com sua montaria, o touro branco Nandi. Por vezes sua esposa Devi aparece a seu lado.

Visnu

✦ Hinduísmo 📖 Deus do Trimúrti

Visnu é o primeiro deus do Trimúrti hindu (os outros dois são Xiva e Brama). É conhecido geralmente como "o preservador", e para seus seguidores é uma divindade poderosa e sensível, cheia de bondade e generosidade.

Como Xiva, Visnu apresenta muitas qualidades opostas: poderoso e gentil, destemido e afável. Esses traços complementares condizem com uma divindade cujo objetivo principal é manter o equilíbrio da vida. Quando o mal se torna excessivamente dominante no mundo, diz-se que Visnu vem à Terra para corrigir as coisas, e o faz adotando uma de dez formas, ou avatares. Os avatares de Visnu são: Matsya (o peixe), Kurma (a tartaruga), Varaha (o javali), Narasimha (o leão-homem), Vamana (o anão); e os cinco que tomam forma humana: Parashurama, Rama, Krisna, o Buda e Kalkin (que ainda está por aparecer). Desses todos, dois em particular são amplamente cultuados: Rama, o nobre herói do Ramayana (*p.171*), e Krisna, o deus que narra os ensinamentos do Bhagavad-gita (*p.170*).

Vários símbolos estão associados a Visnu, entre os quais o disco (representando a velocidade de seu pensamento) e a clava (símbolo de seu poder).

Brama

✦ Hinduísmo 📖 Deus do Trimúrti

Diferentemente de Xiva e Visnu, Brama, o outro deus do Trimúrti, é uma figura imprecisa. Criador do universo, sua excelsa posição o torna um tanto distante e faz com que não seja muito cultuado – há apenas dois templos dedicados a ele na Índia.

Brama só existe para criar – não tem o papel destrutivo de Visnu ou Xiva – e sustentar o universo. Sua característica mais admirável é ter quatro cabeças. Segundo um relato, eram originalmente cinco, mas durante uma briga Xiva cortou uma fora. As quatro restantes, que permitem a Brama ver em todas as direções simultaneamente, representam sua natureza onisciente, os quatro Vedas e as quatro castas hindus. O nome de Brama se parece com o de Brâman, a realidade última ou absoluta, força primal da qual ele é uma espécie de incorporação.

Imagens de Brama por vezes exibem objetos como um vaso com um bico, representando a Terra que ele criou. Aparece também com contas de oração e um livro: os Vedas.

Brama é o deus menos cultuado do Trimúrti, mas para os hindus é o criador e a essência de todas as coisas.

Rama

✦ Hinduísmo
Avatar de Visnu

Rama é o sétimo avatar do deus Visnu (*p.307*). Ele é, com Krisna, um dos avatares mais populares e cultuados de Visnu. Herói do grande poema épico Ramayana (*p.171*), Rama salva sua esposa Sita das garras de Ravana, o rei demônio de Lanka, livrando o mundo de uma força maléfica. O poema atribui a Rama qualidades notavelmente humanas. Suas emoções, sua vulnerabilidade e o sofrimento que enfrenta ao perder Sita fazem dele um ser com quem os devotos se identificam facilmente. Da mesma forma, suas ações nobres e sua lealdade e fidelidade à esposa o tornam digno de respeito.

Krisna

✦ Hinduísmo
Avatar de Visnu

Oitavo avatar de Visnu, atrai ampla devoção entre os hindus. Seu caráter é retratado de vários modos. No Purana (uma coleção de mitos hindus), ele é uma criança travessa, mas encantadora. No Bhagavad-gita (*p.170*), é um mestre sábio e poderoso que instrui Arjuna no darma e no poder e bondade de Brâman (*p.168*). Em muitas histórias, é um matador de demônios e livra o mundo do mal; outros relatos enfatizam seu amor pela esposa Radha, visto como uma imagem do amor de Deus pela alma humana. Krisna é portanto cultuado sob muitas formas: como criança, amante e mestre sábio.

Ganexa

✦ Hinduísmo
Deus

Filho de Xiva (*p.306*), Ganexa é reconhecível pela cabeça de elefante. Consta que, ao voltar de uma viagem, Xiva encontrou um jovem guardando o quarto de sua esposa Parvati. Quando o rapaz se recusou a deixá-lo entrar, o deus cortou-lhe a cabeça. Ao se dar conta de que decapitara o próprio filho, Xiva ordenou que lhe fosse dada, em substituição, a cabeça da primeira criatura que aparecesse – que foi um elefante. Como compensação, Ganexa foi designado o deus da boa sorte, que supera obstáculos e ajuda as pessoas a lidar com o desafio e a mudança.

Hanuman

✦ Hinduísmo
Deus

O popular deus-macaco Hanuman é mais conhecido como um importante personagem do poema épico Ramayana, em que ajuda Rama a resgatar a esposa Sita. Os poderes sobrenaturais do deus-macaco incluem a mudança de forma e saltos que desafiam a distância, convenientes para ajudar Rama a vencer o cruel Ravana. Figura extremamente ativa, Hanuman é também um modelo de devoção religiosa, passando grande parte de seu tempo a cultuar Rama e a cantar hinos em seu louvor.

Hanuman, o deus-macaco, reuniu um exército de macacos para ajudar no resgate de Sita.

Durga

✦ Hinduísmo
📖 Deusa

Uma das encarnações mais complexas de Devi, a esposa de Xiva. Como o marido, Durga é uma personalidade ambivalente. Ela destrói muitos demônios, o que se reflete em estátuas que a mostram montada num leão, com uma expressão temível no rosto. Mas é também um caráter alentador, renomada por cultivar plantas, como ervas curativas. Durga é muito cultuada, em especial no festival de Navaratri.

A deusa hindu Durga montada num leão, com a aparência de deusa destruidora.

Laksmi

✦ Hinduísmo
📖 Deusa

Esposa do deus Visnu, Laksmi é uma deusa da criação e da Terra. Quando Visnu aparece num de seus avatares, Laksmi está a seu lado, pois ela também tem várias formas, como Radha, a esposa de Krisna, e Sita, a esposa de Rama. Ela atribui grande valor à conduta correta, à veracidade e à harmonia doméstica, o que inclui a manutenção da casa limpa e arrumada. Laksmi é uma deusa popular, com muitos adeptos, em especial entre as mulheres, e na festa anual das luzes, Diwali (*p.174-5*).

Parvati

✦ Hinduísmo
📖 Deusa

Em sua forma mais benévola a mulher de Xiva é chamada Parvati, que significa "filha da montanha", porque teria nascido nos Himalaias. Gentil e atenciosa, seu papel é sobretudo acompanhar Xiva e lhe servir de contrapeso. Assim, quando Xiva se dedica ao ascetismo e se desvincula do mundo, Parvati o leva de volta à realidade e fornece a força ativa para que ele intervenha na vida. Símbolo da esposa ideal, em geral ela é representada ao lado do marido.

Kali

✦ Hinduísmo
📖 Deusa

Temível encarnação da esposa de Xiva, Kali dança em cemitérios, bebe sangue e mata demônios. Sua imagem é cruel e tem pele escura (seu nome significa "negro"); sua expressão é aterrorizante e sua língua goteja sangue. Apesar disso, Kali é também uma figura de mãe, e uma deusa capaz de libertar pessoas do ciclo de morte e renascimento ensinando aos devotos que precisam aceitar a morte em vez de tentar livrar-se dela.

Devotos fazem por vezes vultosos sacrifícios à aterrorizante e destrutiva deusa Kali.

Buda

✦ Budismo 📖 Buda; mestre iluminado

Nascido Sidarta Gautama, o Buda foi outrora um príncipe que vivia uma vida resguardada. Quando finalmente viu o sofrimento humano, começou a buscar maneiras de superá-lo. Hoje seus ensinamentos inspiram milhões de adeptos.

O príncipe Siddhartha Gautama iniciou sua busca para superar o sofrimento abandonando o luxo do palácio de sua família, bem como sua bela esposa, e adotando a vida de um asceta. Logo descobriu, porém, que nem mesmo essa existência não mundana, contemplativa, liberta uma pessoa do sofrimento. Depois, meditando sob uma árvore, que ficou conhecida como a árvore *bodhi*, descobriu por fim a verdade sobre o sofrimento e como livrar-se dele. Com essa descoberta, alcançou o estado exaltado de consciência espiritual conhecido como iluminação, ou nirvana.

O Buda passou o resto da vida (c.40 anos ao todo) como um mestre errante, atraindo um crescente grupo de adeptos a quem explicava as Quatro Nobres Verdades sobre o sofrimento e o Nobre Caminho Óctuplo que as pessoas deviam trilhar para romper o ciclo de morte e renascimento. Durante as estações chuvosas, o Buda e seus adeptos viviam juntos como uma comunidade. Esse ritual é a origem do costume devoto do budismo teravada (*p.206*) em que leigos passam pelo menos parte de suas vidas num mosteiro.

Os budistas veem o Buda não como um deus, mas como um mestre iluminado que revelou verdades vitais sobre o sofrimento no mundo e as formas de superá-lo. Contudo, em razão da importância de seus ensinamentos e da natureza exemplar de seu caráter, os budistas lhe são devotados e o honram em rituais como o "Tríplice Refúgio" (*p.197*). Para todos os budistas, o Buda está no cerne de suas crenças e seu ensinamento guia suas vidas, embora em alguns ramos do budismo outras figuras, como os muitos bodisatvas, possam ser também cultuados de maneira independente.

As proezas do Buda estão amplamente documentadas em escritos e obras de arte. Seus feitos, como montar um cavalo voador, fazem parte da tradição budista.

Amitabha

✦ Budismo
📖 Buda

O Buda da Luz Infinita, Amitabha é uma figura capital no budismo maaiana, especialmente em comunidades chinesas e no Japão. Nesses lugares, ele é venerado como o soberano da Terra Pura, um Céu budista que ficaria no Ocidente. Consta que Amitabha foi um monge chamado Dharmakara, que fez uma série de votos e prometeu não chegar ao nirvana até cumprir todos eles. O carma positivo que acumulou graças ao cumprimento desses votos lhe permitiu criar o paraíso da Terra Pura. O 18º voto era que quem acreditasse nele poderia residir na Terra Pura até alcançar o nirvana. Amitabha é muitas vezes representado como uma flor de lótus, com um halo de luz.

Avalokitesvara

✦ Budismo
📖 Buda

O mais popular, acessível e cultuado de todos os Budas, Avalokitesvara é conhecido sobretudo por sua compaixão. Ele sempre responderá ao apelo dos necessitados e ajudará os devotos a reconhecer a natureza inata de Buda em si mesmos. O sexo de Avalokitesvara varia de uma cultura para outra, gerando confusão. Na China ele se torna a deusa Kuan Yin (*p.314*); no Tibete é masculino e reencarna em vários reis compassivos da região. No budismo da Terra Pura, acompanha Amitabha e acolhe as almas no Paraíso. Avalokitesvara é representado de várias maneiras. Pode ter 11 cabeças, simbolizando suas principais virtudes, ou mil braços, representando seus muitos poderes.

Bodhidharma

✦ Budismo
📖 Bodisatva

Figura histórica, Bodhidharma foi um monge budista que teria nascido no sul da Índia e navegado para a China, ali chegando por volta de 527 d.C. Ele ensinou um tipo meditativo de budismo, e teria dito ao imperador da China que a iluminação não se alcança com boas obras, mas com a meditação. Seu budismo ficou conhecido na China como ch'an, e ao chegar ao Japão tornou-se zen. Budistas ch'an e zen honram Bodhidharma como seu fundador. Consta que ele passou nove anos meditando, tendo com isso inutilizado suas pernas. É visto também como uma figura sorridente que traz boa sorte e proteção.

Maitreya

✦ Budismo
📖 Buda; bodisatva

O "Buda por vir", figura que aguarda num céu especial, o Tusita, o momento em que virá à Terra e assumirá o papel hoje desempenhado pelo próprio Buda. Isso ocorrerá depois de um longo período em que o budismo perderá o prestígio e deixará de ser praticado, o que significa que os budistas em geral veem Maitreya como uma espécie de figura messiânica. O nome Maitreya significa "o amistoso" e esse bodisatva é especialmente popular no Tibete, na China e no Japão, onde assume a forma do "Buda Feliz".

Os adeptos de Maitreya creem que um dia ele virá à Terra renovar a fé no budismo.

AS RELIGIÕES ORIENTAIS

As divindades das religiões orientais vão desde os fundadores de fés como o confucianismo e o taoismo às centenas de imortais que povoam o panteão da religião popular chinesa e aos incontáveis espíritos ou *kami* do xintoísmo.

O Imperador de Jade

✦ Taoismo, religião popular chinesa 🕮 Rei dos deuses

O Imperador de Jade é o mais excelso deus do panteão chinês. Graças a seu papel eminente, tem extrema importância tanto na mitologia do taoismo quanto na religião popular chinesa, mas é na verdade uma figura arredia com a qual o comum dos mortais nunca entra em contato.

Como é costume com as divindades taoistas, uma história explica como o Imperador de Jade, cujos vários nomes em chinês são Yü Huang, Shang Ti e Yü Ti, se tornou um imortal. Ele era filho de um rei e uma rainha que por muito tempo não tiveram herdeiros. Quando os deuses finalmente lhes deram um filho, o menino cresceu e tornou-se sábio e belo. No devido tempo ele sucedeu ao pai no poder, mas abdicou do trono para meditar. Com isso, alcançou grande conhecimento e dedicou o resto da vida a curar os doentes. Quando morreu, suas qualidades notáveis lhe valeram o papel de soberano dos imortais. Sua esposa era Hsi Wang Mu e dizia-se que a corte que assistia ao casal no céu era uma imagem especular da corte imperial na Terra.

O Imperador de Jade foi intitulado soberano do Céu sob o imperador Chen Tsung (998-1023 d.C.) da dinastia Sung, que encomendou uma estátua do deus e a instalou em sua corte, tornando-o a principal divindade imperial. Até hoje ele é considerado a mais eminente divindade taoista.

A corte de justiça infernal taoista, em que as almas indignas são condenadas ao Inferno, é presidida pelo Imperador de Jade.

Confúcio

✦ Confucianismo 🕮 Mestre, fundador do confucianismo

Pouco se conhece da vida do grande sábio chinês Confúcio, exceto que nasceu em meados do séc.VI a.C. no pequeno estado de Lu e foi um funcionário subalterno que dedicou sua vida ao ensino.

As conversas e opiniões de Confúcio estão registradas nos Analectos, escritos no séc.III a.C. O texto revela que Confúcio era um homem de grande respeito pela tradição; muitos de seus princípios morais vigoravam na China muito antes de seu nascimento. Apesar disso, seu ideal moral era tornar-se uma pessoa benevolente, e esse valor preponderava sobre tudo que transmitiu aos seus adeptos. Segundo ele, o caminho para se alcançar essa virtude era o amor aos semelhantes e o comportamento íntegro em todas as coisas.

Grande sábio e mestre, Confúcio atraiu muitos adeptos, que difundiram suas ideias pela China. Ele era muito pouco reconhecido na corte de Lu, mas quando morreu, o duque de Lu mandou construir um templo em sua memória. Desde então, embora tenha sido fundamentalmente um filósofo e mestre de ética, Confúcio é visto também como um dos imortais chineses.

Lao-tse

✦ Taoismo, religião popular chinesa 🕮 Mestre, fundador do taoismo

Pouco se sabe sobre sua vida, embora um relato diga que ele foi um arquivista na corte Chou em Loyang, que era capital da China. É possível que tenha sido o autor do Tao Te Ching, mas nem isso é certo.

Lao-tse está estreitamente identificado com o conceito do Tao (*p.254-5*) como o fundamento absoluto de todas as coisas. Por causa de sua importância, e de seu status como imortal taoista, várias lendas notáveis cresceram a seu redor. Segundo uma delas, Lao-tse nasceu do lado esquerdo de sua mãe após uma gravidez que durou oito anos. Lendas como essa têm especial importância para os adeptos da religião popular chinesa. A maioria dos taoistas está mais interessada na filosofia de Lao-tse.

Segundo se conta, Lao-tse, que aparece aqui montado em seu boi, teve cabelo branco e uma longa barba desde o momento em que nasceu.

Kuan Yin

✦ Budismo, taoismo, religião popular chinesa 📖 Bodisatva

É a forma feminina chinesa do Buda indiano masculino Avalokitesvara (*p. 311*). Além de ser uma figura proeminente no budismo oriental, é uma das deusas mais cultuadas na religião popular chinesa.

O nome Kuan Yin significa "ouvindo o grito", e essa misericordiosa bodisatva (por vezes deusa) é famosa por seu zelo e compaixão e amada porque atende aos apelos de todos que estão em dificuldade. Kuan Yin é particularmente solícita para com os casais sem filhos, em especial os que desejam tê-los. Diz-se que ajuda as mulheres a suportar as dores e o trauma do parto, e cuida das crianças quando estão doentes. Os devotos recorrem a ela também quando enfrentam uma crise familiar que envolve crianças. Muitos a veem como protetora dos viajantes e marinheiros, e costumam lhe fazer oferendas antes de iniciar uma viagem.

Conhecida como Kannon no Japão, ela é popular em todo o Oriente, e há muitos santuários e templos dedicados a seu culto. Costuma ser representada com a cabeça um pouco inclinada para baixo, olhando e zelando pelo mundo. Às vezes é mostrada com muitos braços, numa referência à história de que Buda Amidha lhe deu mil braços com que dispensar misericórdia aos milhares de pessoas que lhe pedem ajuda.

Pa Hsien

✦ Taoismo, religião popular chinesa 📖 Oito Imortais

Os Pa Hsien ou Oito Imortais são um grupo de divindades taoistas que estão entre as mais populares e conhecidas nas comunidades chinesas. Suas imagens são comuns nos templos, nas casas e na ópera chinesa. Como grupo, abarcam pessoas velhas e jovens, ricas e pobres, homens e mulheres.

O grupo inclui oito pessoas que foram imortalizadas em razão de suas boas obras. Os abnegados eremitas Chung-li Ch'üan, Ts'ao Kuo-chiu e Lan Ts'ai-ho viveram como mendigos, distribuindo a maior parte do que lhes era dado; Lü Tung-pin e Li T'ieh-kuai aprenderam o caminho do Tao do próprio Lao-tse, ganhando a imortalidade por serem grandes pensadores; e os outros se imortalizaram graças a algum poder especial: Chang-kuo Lao era mágico; Han Hsiang-tzu fazia flores brotarem de um torrão; e Ho Hsien-ku, era uma imortal capaz de flutuar sobre a terra.

Um acessório teatral que mostra os Oito Imortais cruzando o mar sugere como essa lenda taoista é popular.

Tsao Chün

✦ Taoismo, religião popular chinesa
🕮 Deus do lar, deus da cozinha

Tsao Chün tem um papel muito específico na religião popular chinesa. Ao longo de todo o ano ele observa o comportamento das pessoas e depois faz um relatório anual sobre a conduta delas para o Imperador de Jade. As famílias penduram uma gravura com a imagem do deus ou uma placa com seu nome sobre o fogão. Alguns dias antes do Ano-Novo, fazem uma oferenda ao deus e depois queimam a gravura, para que a fumaça leve o deus e sua mensagem até o Imperador de Jade. No ano seguinte, o ritual recomeça, com uma nova imagem ou placa.

Zhong Kui

✦ Taoismo, religião popular chinesa
🕮 Destruidor de demônios

Com uma expressão temível e olhos saltados, roupas desleixadas e botas surradas, Zhong Kui é uma das divindades chinesas mais apavorantes. Isso é adequado, porque seu trabalho é ajudar as pessoas destruindo os demônios que causam infortúnios e doenças. Sua lenda diz que, quando era mortal, ele foi injustiçado nos exames para o serviço público e não alcançou uma nota suficientemente alta por causa de sua feia aparência. Por isso suicidou-se e, uma vez imortal, dedicou-se a vagar pelo mundo derrotando os demônios malfazejos.

Fu Lu Shou

✦ Taoismo, religião popular chinesa 🕮 Três deuses da felicidade

Representados como um grupo de anciãos, os Fu Lu Shou, ou "três deuses da felicidade", são talvez as mais conhecidas de todas as divindades chinesas tradicionais. São comuns na maioria das comunidades chinesas, e bem conhecidos pelos ocidentais por imagens em estabelecimentos comerciais chineses.

Os Fu Lu Shou são: Fu Hsing, o deus da felicidade, Lu Hsing, o deus da prosperidade material e Shou Hsing, o deus da longevidade. O elemento "Hsing" de seus nomes é por vezes substituído por "Shen", que significa "espírito", o que sugere seres que nunca foram mortais, em contraste com humanos deificados que compõem grande parte do panteão chinês. Juntos, esses deuses representam os três atributos que os chineses mais desejam para si e suas famílias. Embora sejam em geral representados juntos, o mais popular deles é Fu Hsing. Sua imagem mostra um ancião calvo com uma testa alta, carregando um cajado e um pêssego, o emblema da imortalidade.

Os deuses taoistas da felicidade, da prosperidade e da longevidade representam os atributos mais desejados na cultura chinesa.

Amaterasu

✦ Xintoísmo 🕮 Deusa do Sol

Deusa do Sol, filha de Izanami e Izanagi, Amaterasu é uma das divindades mais importantes do xintoísmo. Além de controlar a força vivificante do Sol, ela se tornou a principal divindade do xintoísmo estatal, representando o elo vital entre a família imperial e os deuses.

Várias histórias sobre Amaterasu descrevem os problemas que ocorrem quando ela briga com o irmão Susano, o deus da tempestade. Numa delas, Susano jogou um cavalo esfolado no quarto em que Amaterasu tecia. Ela ficou tão irritada que tomou o caminho do exílio, lançando a Terra na escuridão. Os outros deuses tramaram um plano para trazê-la de volta, criando tantas distrações do lado de fora da caverna onde ela se escondia que ela emergiu, cheia de curiosidade.

Para assegurar que a paz reinasse sobre a Terra no futuro, a deusa do Sol enviou Ninigi, seu neto, para reinar ali. Ele fundou a dinastia imperial, dando aos imperadores japoneses uma linhagem que remontava aos deuses. A afirmação de que a família imperial descendia dos deuses foi finalmente abandonada pelo imperador Hirohito após a II Guerra Mundial.

No mito da origem do Japão, Amaterasu, a deusa do Sol, é atraída para fora de uma caverna por uma dança cômica e impetuosa de sua irmã, Ama-no-uzume.

Susano

✦ Xintoísmo

🕮 Deus da tempestade

Quando Susano nasceu, depois que o deus-criador Izanagi soprou em seu nariz, foi-lhe dado o mar para reinar. Isso o decepcionou, porque seus irmãos, Amaterasu e Tsukiyomi, haviam recebido, respectivamente, o Sol e a Lua. Por isso Susano causava frequentes tempestades, perturbando os outros deuses e até matando a deusa da aurora, Wakahirume. Acabou sendo expulso do Céu. Comportou-se melhor na Terra, fazendo a chuva ajudar as plantações a crescer e plantando fios de seu cabelo em montes, onde cresceram como árvores.

Tsukiyomi

✦ Xintoísmo

🕮 Deus da Lua

O deus japonês da Lua nasceu das gotas de água que caíram dos olhos de Izanagi quando ele se lavava após visitar o mundo subterrâneo. Acompanhando o previsível crescimento e diminuição da Lua, as pessoas acharam que Tsukiyomi era um deus capaz de prever o futuro. Sacerdotes observavam detalhes das fases da Lua para fazer previsões. Eles usavam grandes espelhos de bronze para olhar a Lua, temendo que, se fitassem Tsukiyomi diretamente no rosto, a visão os enlouqueceria.

Izanami e Izanagi

✦ Xintoísmo 📖 Criador de divindades

A deusa Izanami e o deus Izanagi são os criadores da mitologia xintoísta. Eles receberam de outros deuses e deusas a missão de "solidificar" a Terra e povoá-la com vida. Geraram também os deuses da natureza.

Vários relatos da criação contam como Izanami e Izanagi ficaram contemplando o oceano primal do alto de um arco-íris, de uma ponte celeste ou da Via Láctea. Izanagi pegou a lança adornada com pedras preciosas do Céu, mergulhou-a na água e mexeu. Quando a puxou, gotas de água salgada pingaram dela e se solidificaram, formando a primeira ilha.

Em seguida o casal de divindades fez amor, e Izanami deu à luz as 14 ilhas do Japão. Ela pariu também uma outra geração de divindades, que se tornaram deuses das águas doce e salgada, dos ventos e de outros fenômenos naturais.

A última dessas divindades, Kagutsuchi, foi o deus do fogo. Quando estava nascendo, ele queimou Izanami, matando-a, e ela desceu para o mundo subterrâneo. Izanagi queria Izanami de volta, mas quando viajou ao mundo subterrâneo ficou tão enojado com sua carne putrefata que o casal se apartou, e dali em diante os mundos dos vivos e dos mortos ficaram separados para sempre.

Inari

✦ Xintoísmo

📖 Deus do arroz

Inari é o deus xintoísta do arroz e grande controlador da provisão de alimentos. Ele assumiu essa responsabilidade após a morte de Ukemochi. Inari é visto também como deus da prosperidade no Japão, porque aqueles que puderem cultivar um bom arrozal ficarão ricos.

Sua imagem é bastante difundida na cultura japonesa. Em geral é representado como um ancião benevolente, sentado sobre uma saca de arroz, e às vezes distribuindo comida. As imagens de Inari costumam mostrá-lo com um casal de raposas, que lhe servem de mensageiras.

Estátuas de raposa (*kitsune*) celebram as companheiras de Inari. Alguns creem que elas são uma forma terrestre assumida pela divindade do arroz.

Ukemochi

✦ Xintoísmo

📖 Deusa da comida

A princípio a deusa xintoísta da comida era Ukemochi. Ela era casada com Inari, originalmente um ferreiro e hábil artesão celeste. Mas um dia ocorreu um desastre. Tsukiyomi, o deus da Lua e esposo de Amaterasu, matou Ukemochi. Isso causou perturbação entre os deuses. Amaterasu e Tsukiyomi brigaram e dali em diante o Sol e a Lua ficaram separados para sempre, nunca mais aparecendo juntos no céu.

Enquanto isso, a provisão de comida na Terra ficou ameaçada porque já não havia uma deusa para proteger a colheita de arroz. Desolado com a perda de Ukemochi e a ameaça de fome, Inari tornou-se ele mesmo o deus do arroz.

QUADROS

QUADROS

Esta seção contém informações de referência rápida sobre variados tópicos, desde nomes e papéis das principais divindades nas religiões do mundo antigo até os principais santos cristãos. Há também diagramas de referência das fés mundiais e dos novos movimentos religiosos.

DIVINDADES GREGAS E ROMANAS

NOME GREGO	NOME ROMANO	PAPEL
Afrodite	Vênus	Deusa do amor
Apolo	Apolo	Deus do Sol e das artes
Ares	Marte	Deus da guerra
Ártemis	Diana	Deusa da caça
Asclépio	Esculápio	Deus da cura
Atena	Minerva	Deusa da sabedoria
Deméter	Ceres	Deusa da colheita
Dioniso	Baco	Deus do vinho
Eros	Cupido	Deus do amor
Eos	Aurora	Deusa da aurora
Hefesto	Vulcano	Deus do fogo
Hera	Juno	Rainha dos deuses
Hermes	Mercúrio	Mensageiro; deus das finanças
Héstia	Vesta	Deusa da lareira e do lar
Pã	Fauno	Deus dos campos, matas e pastores
Posídon	Netuno	Deus do mar
Zeus	Júpiter	Deus do céu; soberano dos deuses

Pensava-se que o imprevisível sentimento do amor era inspirado pela flecha de Cupido, um deus travesso.

ANTIGAS DIVINDADES NÓRDICAS

NOME	PAPEL
Aegir	Deus do mar
Freia	Deusa da fertilidade
Freir	Deus da abundância e da fertilidade
Frigg	Deusa da chuva
Hel	Rainha dos mortos
Idun	Deusa da primavera
Loki	Deus trapaceiro
Njord	Deus do vento
Nornas	Deusas do destino
Odin	Deus da guerra, soberano de Asgard
Thor	Deus do trovão
Tyr	Deus do céu

No folclore nórdico, Thor é um deus temível que brande um martelo.

ANTIGAS DIVINDADES CELTAS

NOME	PAPEL
Andraste	Deusa da vitória
Belenus	Deus do fogo e da luz
Cernunnos	Deus da fertilidade
Epona	Deusa da terra
Grannus	Deus das fontes e do Sol
Marte	Deus da guerra
Nantosuelta	Esposa de Sucellus
Nehalennia	Deusa dos marinheiros
Sucellus	Rei dos deuses; deus da fertilidade
Taranis	Deus do trovão
Tríplice Mãe	Deusas da abundância e da maternidade

Epona

DIVINDADES AMERICANAS ANTIGAS	
NOME	**PAPEL**
MAIAS	
Ah Puch	Deus da morte
Chac	Deus da chuva
Hun Hunahpu	Deus do milho
Itzamma	Deus da criação, do dia e da noite
Ixchel	Deusa da fertilidade e do parto
Kinich-Ahau	Deus do Sol
Tohil	Deus do fogo e do sacrifício
ASTECAS	
Chalchiuhtlicue	Deusa dos rios, lagos e fontes
Huitzilopochtli	Deus da guerra
Mictlantecuhtli	Deus da morte
Quetzalcoatl	Deus da vida e do vento
Tezcatlipoca	Deus da criação
Xipe Totec	Deus da primavera
Xolotl	Deus do jogo de bola
INCAS	
Ilyap'a	Deus do trovão
Inti	Deus do Sol
Mama Cocha	Deusa da água e da chuva
Mama Kilya	Deusa da Lua
Pacha Mama	Deusa da Terra
Viracocha	Deus da criação

Chichen Itza, lugar sagrado maia em Iucatã, México. A pirâmide é chamada o *Castillo*.

RAMOS DO BUDISMO

O diagrama mostra as duas principais linhagens do budismo: a teravada, mais antiga, e a maaiana, que abarca diferentes crenças e é a principal fonte de ramos tão diversos quanto o budismo tibetano e o zen-budismo.

Monges noviços moram em mosteiros teravada na Tailândia e outros lugares como parte importante de sua educação.

BUDISMO

- **TERAVADA**: Tailândia, Mianmar, Sri Lanka, Laos
- **MAAIANA**: China, Japão, Tibete, Mongólia, Butão, Coreia, Vietnã
  - **TÂNTRICO**: Tibete
  - **TERRA PURA**: China, Japão
  - **ZEN**: Japão
  - **SHINGON**: Japão
  - **NICHIREN**: Japão

OS GURUS SIQUES

NO.	NOME	FEITOS PRINCIPAIS
1	Guru Nanak (1469-1539)	Fundou o siquismo
2	Guru Angad (1504-1552)	Criou a escrita gurmukhi
3	Guru Amar Das (1479-1574)	Introduziu rituais siques de nascimento e fúnebres
4	Guru Ram Das (1534-1581)	Fundador de Amritsar
5	Guru Arjan (1563-1606)	Construtor do Templo de Ouro
6	Guru Hargobind (1595-1644)	Proclamou o papel militar do líder sique
7	Guru Har Rai (1630-1661)	Viveu de modo simples numa aldeia na montanha
8	Guru Har Krishnan (1656-1664)	Sucedeu ao pai, mas morreu ainda menino
9	Guru Tegh Bahadur (1621-1675)	Fundou o centro sique de Anandpur
10	Guru Gobind Singh (1666-1708)	Fundou a Khalsa

O guru Nanak com os companheiros Bala, um hindu, e Mardana, um muçulmano, num afresco em Amritsar, Índia.

LIVROS DA BÍBLIA

ANTIGO TESTAMENTO	LIVROS
Pentateuco Os cinco primeiros livros da Bíblia, conhecidos pelos cristãos como o Pentateuco, também compõem a Torá judaica. Descrevem a criação do cosmo, a Queda da humanidade, os ancestrais de Israel, o cativeiro dos judeus no Egito e sua fuga, ou Êxodo, e a revelação da lei de Deus a Moisés.	*Gênesis* *Êxodo* *Levítico* *Números* *Deuteronômio*
Livros históricos Esses livros contam a história do povo judeu depois que chegam à Terra Prometida, o povoamento de Israel e o estabelecimento da monarquia, a destruição de Israel e Judá pelos impérios da Assíria e Babilônia e o retorno dos judeus do exílio em Babilônia.	*Josué* *Juízes* *Rute* *1 Samuel* *2 Samuel* *1 Reis* *2 Reis* *1 Crônicas* *2 Crônicas* *Esdras* *Neemias* *Ester*
Livros da sabedoria Entre os escritos mais poéticos da Bíblia, os livros da sabedoria tratam de diversas questões ligadas à vida humana e à fé. Seus textos incluem temas como sofrimento (Jó e Eclesiastes), amor (Cântico dos Cânticos), vida cotidiana (Provérbios). Os Salmos são uma série de hinos de louvor e lamentos	*Jó* *Salmos* *Provérbios* *Eclesiastes* *Cântico dos Cânticos*
Profetas Os antigos profetas agiam como porta-vozes de Deus. Seus ditos guiavam as pessoas de vários modos: ajudando em dramas do dia a dia (p.ex. recuperando animais desaparecidos de uma fazenda) ou fazendo previsões sobre o futuro do povo judeu. Para os cristãos, muitos deles antecipam a vinda de Jesus.	*Isaías* *Jeremias* *Lamentações* *Ezequiel* *Daniel* *Oseias* *Joel* *Amós* *Obadias* *Jonas* *Miqueias* *Naum* *Habacuque* *Sofonias* *Ageu* *Zacarias* *Malaquias*

Rute e o marido, Boaz, em meio a seus trigais. O Livro de Rute realça o valor da compaixão e da conduta bondosa.

O profeta Amós é comumente representado soprando uma corneta, pois comparou o assombroso poder de Deus a um retumbante toque de trombeta.

NOVO TESTAMENTO	LIVROS
Evangelhos Os quatro Evangelhos descrevem o nascimento, a vida, o ministério, a crucificação e a ressurreição de Jesus. Os três primeiros, de Mateus, Marcos e Lucas, têm muito em comum e são conhecidos como os Evangelhos Sinópticos; o de Marcos talvez tenha sido o primeiro a ser escrito, e pode ter sido usado como fonte por Mateus e Lucas. O de João difere dos outros, enfatizando o sentido espiritual da história de Jesus.	*Mateus* *Marcos* *Lucas* *João*
Atos dos Apóstolos O Livro dos Atos conta a reação dos apóstolos à ressurreição de Jesus, e como exerceram seu ministério, fundando depois a Igreja cristã. Descreve várias viagens missionárias dos primeiros cristãos pelo Mediterrâneo, em especial as de Pedro, Filipe, Barnabé e Paulo.	*Atos dos Apóstolos*
Epístolas São uma série de cartas enviadas aos cristãos (indivíduos ou comunidades inteiras) pelos primeiros chefes da Igreja no mundo mediterrâneo. Elas mantiveram as comunidades cristãs em contato e permitiram aos seus autores explicar pontos importantes da doutrina. As cartas de são Paulo estão entre os textos cristãos mais lidos. O último livro da Bíblia, o Apocalipse, descreve visões do céu e do fim do mundo.	*Romanos* *1 Coríntios* *2 Coríntios* *Gálatas* *Efésios* *Filipenses* *Colossenses* *1 Tessalonicenses* *2 Tessalonicenses* *1 Timóteo* *2 Timóteo* *Tito* *Filêmon* *Hebreus* *Tiago* *1 Pedro* *2 Pedro* *1 João* *2 João* *3 João* *Judas* *Apocalipse*

O cristianismo chegou ao Novo Mundo com os colonizadores europeus e continua forte em países como o Brasil, onde se ergue essa estátua de Cristo.

SANTOS CRISTÃOS		
NOME	**DIA**	**PATRONATO**
Agostinho de Hipona	28 ago	
Ana	26 jul	Grã-Bretanha, Canadá
André	30 nov	Escócia, Rússia
Antão	17 jan	Monges
Bartolomeu	24 ago	Curtidores
Benedito de Núrsia	11 jul	Europa
Bernadete	16 abr	
Catarina de Alexandria	25 nov	
Cecília	22 nov	Músicos
Cristóvão	25 jul	Viajantes
Domingos	8 ago	
Dunstan	19 mai	Joalheiros
Estêvão	26 dez	Pedreiros, diáconos
Filipe	3 mai	
Francisco de Assis	4 out	Ecologia
Gregório Magno	3 set	
Inácio de Loiola	31 jul	Exercícios espirituais e retiros
Jerônimo	30 set	Eruditos
Joana d'Arc	30 mai	França
João Batista	29 ago	
João o Apóstolo	27 dez	Escritores
Jorge	23 abr	Inglaterra
José	19 mar	Pais e famílias
Luzia	13 dez	Cegos
Marcos	25 abr	Secretários
Mateus	14 mai	Contadores
Patrício	17 mar	Irlanda
Paulo	29 jun	Grécia, Malta
Pedro	29 jun	Papas
Santiago Maior	25 jul	Peregrinos
Santiago Menor	3 mai	
Virgem Maria		Vários

João Batista

A morte de são Francisco

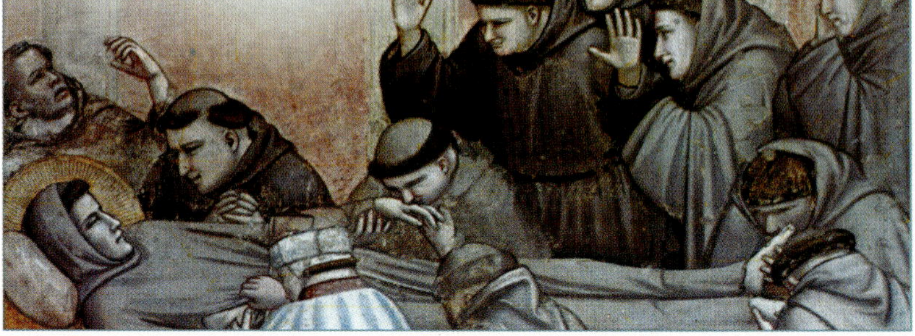

PAPAS NOTÁVEIS

Por quase 2.000 anos, desde a época de são Pedro, os papas chefiaram a Igreja Católica. Os primeiros possuíam grande poder terreno, influenciando os destinos de nações e soberanos. Hoje, eles se consideram líderes espirituais do vasto rebanho católico.

NOME	DATAS DO PONTIFICADO	PRINCIPAIS REALIZAÇÕES
Leão I (o Grande)	440–461	Promoveu a doutrina da encarnação; fez tratados com os hunos e os vândalos para proteger Roma; canonizado.
Gregório I (o Grande)	590–604	Reformou a administração, as cerimônias e o ritual da Igreja; enviou Agostinho para converter os ingleses; tentou extinguir a escravidão; sistematizou os cantos usados na igreja; canonizado.
Gregório VII	1073–1085	Entrou em conflito com o sacro imperador romano, Henrique IV, contestando sua prática de nomear seus protegidos para posições de mando na Igreja.
Urbano II	1088–1099	Lançou a Primeira Cruzada, uma tentativa de pôr fim ao domínio muçulmano do Mediterrâneo oriental que levou a uma série de guerras lamentáveis entre cristãos e muçulmanos.
Inocêncio III	1198–1216	Reprimiu abusos da Igreja; estimulou os frades; elevou os poderes espiritual e terreno do papado ao mais alto grau.
Bonifácio VIII	1294–1303	Afirmou o supremo poder do papado, mas teve sua autoridade desafiada pelo rei francês Filipe IV, que mandou prendê-lo; logo o papado se mudou para Avignon.
Gregório XI	1370–1378	Libertou o papado da influência política francesa levando-o de volta para Roma, contra a vontade dos franceses.
Martinho V	1417–1431	Encerrou um período de divisão conhecido como Grande Cisma, durante o qual papas rivais reinaram de Roma, Avignon e Pisa.
Júlio II	1503–1513	Liderou esforços políticos e militares para restaurar o poder papal na Itália; tornou-se um extraordinário patrono das artes, empregando Rafael e Michelangelo.
Paulo III	1534–1549	Iniciou a Contrarreforma, movimento de oposição às reformas protestantes; excomungou o rei Henrique VIII da Inglaterra; instituiu a Ordem dos Jesuítas.
Pio IX	1846–1878	Empreendeu muitas e amplas reformas, p.ex. nas relações com os judeus e no governo da Igreja. Perdeu poder político com a transferência dos Estados Papais para o novo reino da Itália em 1870.
Pio X	1903–1914	Condenou o modernismo na teologia, mas apoiou reformas sociais e reformou a lei canônica; canonizado.
João XXIII	1958–1963	Buscou promover a unidade entre as várias Igrejas cristãs e modernizar a Igreja Católica, com relativo sucesso.
João Paulo II	1978–2005	Viajou e pregou extensamente; defendeu a Igreja em áreas onde ela estava ameaçada, como nos países comunistas; promoveu boas relações com outras Igrejas.

NOVOS MOVIMENTOS RELIGIOSOS (A PARTIR DO SÉC.XX)			
NOME	**FUNDADOR, DATA**	**ORIGEM**	**RAÍZES**
Igreja Batista Nazareth	Isaiah Shembe, 1911	África	C
Iglesia ni Cristo	Felix Manalo, 1914	Filipinas	C
Igreja Nativa Americana	1918	EUA	
Kimbanguismo	Simon Kimbangu, 1921	África	C
Movimento Sufi	Hazrat Inayat Khan, 1923	Holanda	I
Reiyukai	Kubo Kakutaro, 1924	Japão	B
Igreja Cristã do Sião	Engenas Barnabas Lekganyane, 1924	África	C
Cao Dai	Ngo Van Chieu, 1926	Vietnã	
Rastafarianismo	Haïlé Selassié I, 1930	África/Caribe	C
Seicho-No-Ie	Masaharu Taniguchi, 1930	Japão	
Soka Gakkai	Tsunesaburo Makiguchi, 1930	Japão	B
Nação do Islã	Fard Muhammad, 1931	EUA	I
Sekai Kyusiekyo (orig. Dai Nihon Kannonkai)	Mokichi Okada, 1935	Japão	
Brahma Kumaris	Prajapita Brahma, 1936	Sindh, Índia (hoje Paquistão)	H
Shinnyoen	Shinjo Ito, 1936	Japão	B
Rissho Koseikai	Nikkyo Niwano, 1938	Japão	B
Hao Hoa	Huynh Phu So, 1939	Vietnã	B
Kodo Kyodan	Okano Shodo, 1939	Japão	B
Igreja de Shaiva Siddhanta	Gurudeva, 1949	Sri Lanka/ EUA	H
Satya Sai Baba Society	Satya Sai Baba, 1950	Índia	H
Igreja da Cientologia	L. Ron Hubbard, 1954	EUA	
Federação das Famílias para Unificação e Paz Mundial (Ig. da Unificação)	Sun Myung Moon, 1954 (como Ig. da Unificação)	Coreia	C
Meditação Transcendental	Maharishi Mahesh Yogi, 1957	Índia	H

NOME	FUNDADOR, DATA	ORIGEM	RAÍZES
Mahikari	Okana Kotama, 1959	Japão	X
Sociedade Internacional para a Consciência de Krisna (ISKCON)	Abhay Charan De (Prabhupada), 1965	Índia	H
Osho	Rajneesh Chandra Mohan, 1966	Índia	B
Friends of the Western Buddhist Order (FWBO; antes FWO)	Dennis Lingwood (Sangharakshita), 1967	Reino Unido	B
A Família (Meninos de Deus)	David Brandt Berg, 1968 (como Meninos de Deus)	EUA	C
Bawa Muhaiyaddeen Fellowship	Bawa Muhaiyaddeen, 1971	EUA	I
Elã Vital (antiga Missão da Divina Luz)	Prem Pal Singh Rawat (Maharaji), 1971	Índia/EUA	
Movimento Santi Asoke	Bodhirak, 1973	Tailândia	B
Gush Emunim	Tzevi Yehudah Kook (Rav Kook), 1974	Israel	J
Fundação Dhammakaya	Luang Phaw Sot, 1977	Tailândia	B
Falun Gong	Li Hongzhi, 1999	China	

Legenda: B=Budismo C=Cristianismo H=Hinduísmo I=Islã J=Judaísmo X= Xintoísmo

Membro da ISKCON faz uma oferenda num templo Hare Krisna. Para a IKSCON, devoção ao deus Krisna e disciplina moral estrita são o caminho para a salvação.

PRINCIPAIS RELIGIÕES DO MUNDO			
NOME	**LUGAR, DATA**	**FUNDADOR**	**DEUS**
Bahaísmo	Teerã, Irã, 1863	Baha'u'llah	Um só Deus, revelado através de várias religiões
Budismo	Nordeste da Índia, c.520 a.C.	Siddartha Gautama, o Buda	Não teísta na tradição teravada; politeísta na tradição maaiana
Cao Dai	Vietnã, 1926	Ngo Van Chieu	Um só Deus; fundadores de outras religiões (como budismo, taoismo, cristianismo) também reverenciados
Religião tradicional chinesa	Desconhecido, pré-histórica	Nativa	Muitas divindades, forças gêmeas de yin e yang
Cristianismo	Israel, c.30 d.C.	Jesus Cristo	Um só Deus, na forma da Santíssima Trindade (Pai, Filho e Espírito Santo)
Igreja de Cristo (Cientista)	Massachusetts, EUA, 1879	Mary Baker Eddy	Um só Deus, não há Santíssima Trindade
Igreja de Jesus Cristo dos Santos dos Últimos Dias (Mórmons)	Nova York, EUA, 1830	Joseph Smith	Três seres separados: Deus Pai; Jesus Cristo o Filho; o Espírito Santo

VIDA APÓS A MORTE	TEXTOS	ADEPTOS
A alma viaja rumo a Deus ou para longe d'Ele	Escritos de Baha'u'llah	5-7 milhões
Reencarnação; iluminação suprema	Cânone páli, sutras maaiana etc.	376 milhões
Reencarnação, nirvana supremo ou Céu	Cânone Cao Dai	8 milhões
Reencarnação ou inferno temporário; paraíso supremo	–	400 milhões
Céu ou Inferno eternos	Bíblia (Antigo e Novo Testamentos)	2 bilhões
Céu como estado mental divino	Bíblia; Ciência e saúde com a chave das Escrituras	Até 400.000
Retorno ao Mundo dos Espíritos; depois ressurreição	Bíblia; Livro de Mórmon	13 milhões

O papa Bento XVI celebra a cerimônia da Santa Missa na abertura da XI Assembleia Geral Ordinária do Sínodo dos Bispos. O Sínodo, que congrega bispos católicos do mundo inteiro, reúne-se uma vez a cada três anos e discute um tópico escolhido pelo papa.

PRINCIPAIS RELIGIÕES DO MUNDO

NOME	LUGAR, DATA	FUNDADOR	DEUS
Confucianismo	China, sécs. VI/V a.C.	Confúcio	–
Taoismo	China, c.550 a.C.	Lao-tse	O Tao penetra tudo; yin e yang
Falun Gong	China, 1992	Li Hongzhi	Muitos deuses e seres espirituais
Federação das Famílias para Unificação e Paz Mundiais (antiga Igreja da Unificação)	Coreia do Sul, 1954	Sun Myung Moon	Um só Deus, muitas vezes expresso como um ser dual
Hinduísmo	Índia, pré-histórica	Nativa	Muitas divindades, todas manifestações de uma só realidade suprema
Islã	Arábia Saudita, revelada no séc. VII d.C.	–; Maomé é profeta	Um só Deus
Jainismo	Índia, c.550 a.C.	Mahavira	Muitos deuses

No festival hindu Dussehra, uma indiana faz oferenda de flores de lótus a uma estátua da deusa do rio, Ganga. Dussehra celebra a subjugação do mal, em especial por figuras como Rama e a deusa Durga.

VIDA APÓS A MORTE	TEXTOS	ADEPTOS
–	Clássicos confucianos	5–6 milhões
Reversão ao estado de não ser	Tao Te Ching: Zhuangzi	20 milhões
–	Escritos do mestre Li, entre os quais Zhuan Falun	10 milhões
Eterna	Sun Myung Moon, O Princípio Divino	3 milhões (número oficial)
Reencarnação; iluminação suprema	Os Vedas, Upanixades e épicos sânscritos	900 milhões
Paraíso ou Inferno	Corão (escritura); Hadith (tradição)l	1,5 bilhão
Reencarnação; liberação suprema	Ensinamentos de Mahavira	4 milhões

PRINCIPAIS RELIGIÕES DO MUNDO			
NOME	**LUGAR, DATA**	**FUNDADOR**	**DEUS**
Judaísmo	Israel, c.1300 a.C.	Abraão, Moisés	Um só Deus
Rastafarianismo	Jamaica, anos 1930	Haïlé Selassié I	Um só Deus, Jah, encarnado em Jesus e Haïlé Selassié
Igreja da Cientologia	Califórnia, EUA, 1954	L. Ron Hubbard	–
Xintoísmo	Japão, pré-histórica	Nativa	Muitos deuses e espíritos (*kami*)
Siquismo	Punjab, Índia, 1.500 d.C.	Guru Nanak	Um só Deus
Tenrikyo	Japão, 1838	Nakayama Miki	Deus Pai
Zoroastrismo	Irã, séc.VI a.C.	Zoroastro	Um Deus (Aúra-Masda), mas dualismo também adotado
Vodu	África Ocidental, desconhecida	Nativa	Muitos deuses e espíritos
Wicca	Grã-Bretanha, anos 1950, mas baseada em crenças antigas	Gerald Gardner	Em geral dois: a Deusa e o Deus

Sacerdotes xintoístas numa grande cerimônia num santuário. Eles são responsáveis por uma série de rituais, que incluem ritos de nascimento, maioridade e casamento (normalmente, não ritos fúnebres), além de cerimônias que celebram festas sazonais.

VIDA APÓS A MORTE	TEXTOS	ADEPTOS
Mundo Vindouro	Bíblia hebraica, Talmude	15 milhões
Em alguns casos	Holy Piby	1 milhão
Reencarnação	Dianética, Cientologia e outros escritos de L. Ron Hubbard	Ignorado
Alguns seres humanos tornam-se *kami* após a morte	Kojiki, Nihon-gi	3–4 milhões
Reencarnação; fusão final com Deus	Adi Granth	23 milhões
n/a	Mikagurauta, Ofudesaki, Osashizu	1 milhão
Céu ou Inferno (temporário)	Avesta	200.000
Como espírito	–	8 milhões
Reencarnação, "Summerland" ["Terra do Verão"] suprema	–	1–3 milhões

FESTAS E DIAS SANTOS

Estas páginas dão as datas de alguns dos mais importantes dias santos e festas das principais religiões do mundo. Várias fés usam calendários próprios, que diferem do calendário ocidental ou gregoriano; além disso, algumas festas, como a Páscoa cristã, ocorrem em dias diferentes a cada ano, e por isso as datas ocidentais dadas aqui são as de 2009.

JUDAÍSMO

O calendário judaico é lunissolar: há 12 meses lunares de 29 ou 30 dias cada um, e em alguns anos um mês extra é acrescentado para compensar a diferença entre os anos lunar e solar. Por isso, as datas dos dias santos judaicos variam em relação ao calendário gregoriano.

DATA OCIDENTAL	EVENTO	CALENDÁRIO HEBRAICO
10 mar	Purim	14 de adar
9 abr	Pessach	15–21 ou 15–22 de nissan
29 mai	Shavuot (Pentescostes)	6–7 de sivan
19 set	Roch Hashanah (Ano-Novo)	1 de tishrei
28 set	Yom Kippur (Dia da Expiação)	10 de tishrei
3 out	Sucot (Tabernáculos)	15–20 de tishrei
11 out	Simchat Torá (Regozijo da Torá)	22 ou 23 de tishrei
12 dez	Hanukkah (Festa das Luzes)	25 de kislev

CRISTIANISMO

DATA E/OU MÊS	EVENTO
Fev/mar/abr	Quaresma (40 dias)
10 abr	Sexta-Feira Santa
12 abr	Domingo de Páscoa
21 mai	Ascensão
31 mai	Pentecostes
29 nov	Domingo do Advento (começo do Advento)
25 dez	Natal

Maria com Jesus

ISLÃ

Os dias santos islâmicos são celebrados em datas fixas no calendário islâmico, que usa um ano lunar cerca de 11 dias mais curto que o ano solar usado no calendário gregoriano. Por isso, os dias santos islâmicos costumam se deslocar para 11 dias antes a cada ano gregoriano. As datas no calendário islâmico estão sujeitas também à visão local da lua nova.

DATA E/OU MÊS	EVENTO	CALENDÁRIO ISLÂMICO
9/14 mar	Mawlid an-Nabi (Aniversário do Profeta)	12 Rabi' Al-Awwal
19 jul	Laylat al-Mi'raj (A Viagem Noturna)	27 de rajab
22 ago	Início do mês de jejum	ramadã
16 set	Laylat al-Qadr (Noite da Descida do Corão)	27 de ramadã
21 set	'Id al-Fitr (Banquete da quebra do jejum)	1 de shawwal
18 dez–15 jan	Mês da Peregrinação	dhu l-hijjah
28 nov	'Id al-Adha (Banquete do Sacrifício)	10 de dhu l-hijjah

HINDUÍSMO	
DATA E/OU MÊS	**EVENTO**
Mar/abr	Holi
3 abr	Ram Navami (Aniversário de Rama)
Jul/ago	Krisna Janamastami (Aniversário de Krisna)
Set	Ganesh Chaturthi (Celebração de Ganexa)
19 set/17 out	Navaratri ou Durga Pujá (Festa da deusa Durga)
28 set	Dussehra (Celebração da morte do rei demônio Ravana)
17 out	Diwali (Festa das Luzes)

BUDISMO	
DATA E/OU MÊS	**EVENTO**
9 mai	Vesak (Nascimento, Iluminação e Morte do Buda)
Jul em diante	Vassa (Estação chuvosa)
Out/nov	Kathina (Agradecimento aos monges)
Out/nov	Asalha Puja (O Buda pronuncia seu primeiro sermão)

Buda reclinado

SIQUISMO	
DATA E/OU MÊS	**EVENTO**
2 nov	Aniversário do guru Nanak (data alternativa 14 de abril)
24 nov	Martírio do guru Tegh Bahadur
5 jan	Aniversário do guru Gobind Singh
11–13 mar	Hola Mohalla (versão sique de Holi)
13 abr	Ano-Novo punjabi
16 jun	Martírio do guru Arjan

O Guru Granth Sahib

CRESCIMENTO DAS RELIGIÕES

Apesar das críticas feitas à religião por cientistas e ateus, o número de pessoas que professa algum tipo de crença religiosa está na verdade crescendo no mundo todo. O cristianismo e o islã, por serem religiões proselitistas (empenhadas em recrutar novos adeptos), e por terem sido amplamente absorvidas em áreas como a África e a Ásia ocidental, são hoje esposados por mais da metade da população mundial. Outras fés, como o hinduísmo, também se expandiram. As religiões se expandem por razões de toda sorte: atividades missionárias de seus adeptos, aumento das populações, e a necessidade de preencher "vácuos de crença" que ocorrem quando religiões primais ou outras religiões locais declinam. Os resultados desse crescimento variam amplamente. Enquanto muitas pessoas na África abandonaram crenças primais para abraçar as muitas novas Igrejas cristãs fundadas por lá, na Europa a insatisfação com o cristianismo e a maior abertura para ideias do Oriente levaram a um modesto crescimento do budismo e outras religiões orientais. Novos movimentos religiosos, pequenos se comparados a fés mais antigas, também proliferaram. A religião está se mostrando adaptável a necessidades sociais de mudança.

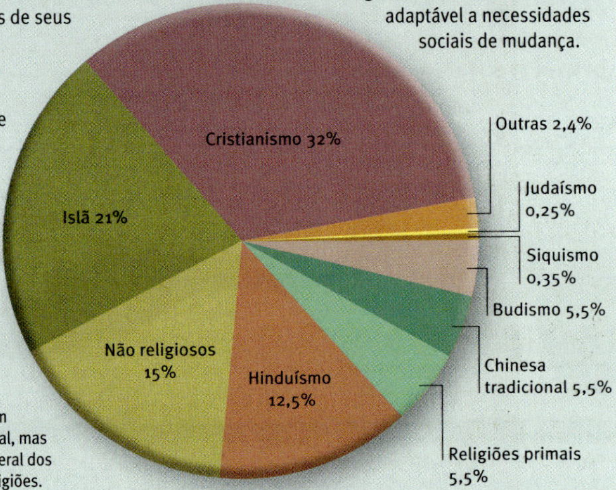

Este diagrama mostra os números aproximados dos adeptos das maiores religiões como porcentagens da população mundial, juntamente com os dos que não têm filiação religiosa. Não há como estimar esses números com precisão numa escala global, mas o diagrama dá uma ideia geral dos tamanhos relativos das religiões.

Este diagrama mostra os números aproximados (em milhões) de membros ativos das maiores religiões do mundo nas últimas décadas. Os números, especialmente os estimados, variam, mas o crescimento da adesão à maioria das fés tem tendido a ser maior que o crescimento global da população.

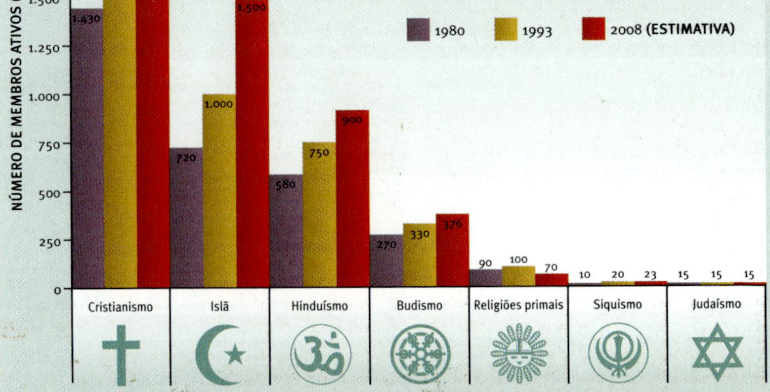

GLOSSÁRIO

Legenda:
(**B**) Budismo
(**C**) Cristianismo
(**H**) Hinduísmo
(**I**) Islã
(**J**) Judaísmo
(**Jn**) Jainismo
(**S**) Siquismo
(**T**) Taoismo e outras religiões chinesas
(**X**) Xintoísmo
(**Z**) Zoroastrismo

ADI GRANTH (**S**) *Ver* Guru Granth Sahib

ADUR (**Z**) O fogo sagrado que arde em templos zoroastristas e lugares sagrados; também conhecido como *atar*.

ADVENTO (**C**) Período de cerca de quatro semanas que precede o Natal no calendário cristão.

AHIMSA (**H**) (**B**) (**Jn**) Doutrina de não violência tanto no pensamento quanto na ação.

AKHAND PATH (**S**) Recitação completa, ininterrupta e em voz alta do Guru Granth Sahib.

ALÁ (**I**) O nome do Deus Uno.

ALIANÇA (**J**) Pacto firmado entre Deus e o povo judaico e que identifica os judeus como o grupo escolhido para desempenhar um papel especial na relação entre Deus e a humanidade.

AMRIT (**S**) Água benta adoçada usada em cerimônias religiosas; a cerimônia sique de iniciação específica.

ANATTA (**B**) Estado de "não eu" ou de libertação do eu a que os budistas aspiram.

ANUNCIAÇÃO (**C**) O anúncio feito à Virgem Maria pelo anjo Gabriel de que ela seria a mãe do Filho de Deus.

ASQUENAZES (**J**) Judeus provenientes da Europa central e oriental, e seus descendentes que vivem em outras partes do mundo.

ASSUNÇÃO (**C**) Doutrina que afirma que, quando a Virgem Maria morreu, seu corpo e sua alma foram levados para o céu.

ATAR (**Z**) *Ver* Adur.

ATMÃ (**H**) O eu individual

ATOS DOS APÓSTOLOS (**C**) Quinto livro do Novo Testamento, no qual se descrevem os primórdios da Igreja cristã em Jerusalém e na Palestina, a pregação do Evangelho a não judeus, e a conversão e parte do trabalho missionário de são Paulo.

AVATAR (**H**) Encarnação de uma divindade hindu particular; especialmente as várias encarnações do deus Visnu.

BAR MITZVAH (**J**) Literalmente, "filho do mandamento". A cerimônia que assinala a admis são do menino judeu na comunidade religiosa adulta; marca também seu ingresso na maioridade religiosa. O equivalente para meninas, celebrado em algumas congregações judaicas, é bat mitzvah.

BAT MITZVAH (**J**) *Ver* bar mitzvah.

BATISMO (**C**) O sacramento em que uma pessoa é admitida na Igreja Cristã através de um ritual que envolve o borrifamento com água ou a imersão nela.

BEM-AVENTURANÇAS (**C**) Promessas de bênção, em particular a série de declarações feitas por Jesus e lembradas no Evangelho de Mateus, e que começam por "Bem-aventurados os pobres de espírito".

BÍBLIA (**B**) A coleção de livros que constitui o texto sagrado do cristianismo. A Bíblia cristã compõe-se do Antigo Testamento, que inclui os livros judaicos da lei, da história judaica e dos profetas, e do Novo Testamento, que trata da vida e da obra de Jesus e seus seguidores. *Ver também* Bíblia hebraica.

BÍBLIA HEBRAICA (**J**) Coleção de escritos sagrados que formam a base do judaísmo, incluindo a Torá, os Profetas e outros textos sagrados; o equivalente do Antigo Testamento na Bíblia cristã.

BODISATVA (**B**) Indivíduo prestes a se tornar um buda que adia a iluminação final para ajudar outras pessoas a alcançarem o mesmo estado.

BRÂMAN (**H**) O ser supremo. Todos os outros deuses são aspectos de Brâman.

BUDA (**B**) Um ser iluminado. Acredita-se que todas as pessoas têm o potencial de alcançar esse estado.

CAMINHO ÓCTUPLO (**B**) O caminho de existência disciplinada que os budistas seguem na esperança de escapar do ciclo de morte e renascimento. Um seguidor diligente do caminho almeja alcançar compreensão, intenção (ou pensamento), fala, conduta, ocupação, esforço, atenção plena e concentração corretos.

CANONIZAÇÃO (**C**) Processo pelo qual a Igreja declara que uma pessoa é um santo.

CANTOR ou LEDOR DE SINAGOGA (**J**) Pessoa preparada para liderar o serviço de preces numa sinagoga.

CARDEAL (**C**) Sacerdote de categoria superior na Igreja Católica Romana designado pelo papa como membro do "Colégio" que o auxilia no governo da Igreja. Quando o papa morre, o Colégio dos Cardeais elege seu sucessor.

CARMA (**B**) (**H**) A lei de causa e efeito moral que influencia nosso renascimento.

CATEDRAL (**C**) Igreja cristã que é a sede de um bispado ou arcebispado e contém sua *cathedra* ou trono.

CHASSIDE (**J**) Membro de um grupo judaico fundado no séc.XVIII que dá forte ênfase ao misticismo.

CHAURI (**S**) Espécie de espanador que se agita sobre o Guru Granth Sahib em sinal de respeito.

CONFIRMAÇÃO (**C**) Ritual em que aqueles que foram batizados (amiúde quando bebês) confirmam sua fé cristã.

CORÃO (**I**) As palavras de Deus, reveladas ao profeta Maomé e mais tarde escritas para formar o texto sagrado do islã.

CRISTO (**C**) Literalmente, "o ungido"; título dado a Jesus.

DARMA (**H**) Caminho ou padrão subjacente que caracteriza o cosmo e a Terra. Designa também o caminho moral que uma pessoa deve seguir.

DÁRSANA (**H**) Culto de um deus ou deusa mediante a contemplação de sua imagem.

DIÁSPORA (**J**) A dispersão da população judaica pelo mundo, principalmente em decorrência de perseguição.

DIOCESE (**C**) A área sujeita à administração espiritual de um bispo.

ENCARNAÇÃO (**C**) Crença de que, na pessoa de Jesus Cristo, as naturezas divina e humana se uniram.

ESTUPA (**B**) Monumento em forma de sino no qual se guardam relíquias de um buda ou bodisatva e que muitas vezes constitui a parte principal de um templo.

EUCARISTIA (**C**) *Ver* Sagrada Comunhão.

EVANGELHOS (**C**) Os quatro livros do Novo Testamento da Bíblia, atribuídos aos apóstolos Mateus, Marcos, Lucas e João, que relatam a vida de Jesus e referem seus ensinamentos. O termo "Evangelho" também designa a doutrina cristã.

GRAÇA (**C**) O poder de Deus, que pode penetrar nas pessoas, permitindo-lhes fazer o bem ou alcançar a salvação.

GRANTHI (**S**) Pessoa que cuida do Guru Granth Sahib e do *gurdwara* em que ele é guardado. Designa também um perito na leitura do livro sagrado.

GURDWARA (**S**) Templo sique; local onde se guarda o Guru Granth Sahib.

GURMUKHI (**S**) Sistema de escrita em que os textos sagrados siques estão redigidos, criado pelo guru Argand.

GURU (**S**) Um dos dez líderes-fundadores do siquismo.

GURU GRANTH SAHIB (**S**) O livro sagrado sique, também conhecido como o Adi Granth.

HADITH (**I**) Narrativas tradicionais dos feitos e ensinamentos do profeta Maomé; a segunda fonte da lei e da orientação moral islâmicas depois do Corão.

HAGADÁ (J) Corpo de ensinamentos dos primeiros rabinos, contendo lendas, narrativas históricas e preceitos éticos.

HAJJ ou HADJ (I) Peregrinação a Meca. Todo muçulmano espera fazer essa viagem em algum momento da vida, e a peregrinação é o quarto dos Cinco Pilares do islã.

HALAL (I) Conduta permitida; especificamente, o método autorizado para abater animais e se consumir a carne dos animais corretamente abatidos.

ÍCONE (C) Imagem sagrada, em geral representando Cristo ou um dos santos, usada para aumentar a devoção, especialmente nas igrejas ortodoxas.

IMAME (I) Homem que dirige as preces numa mesquita; ou um dos doze grandes chefes da comunidade muçulmana nos primórdios da fé.

IOGA (H) Disciplina que envolve exercícios físicos, trabalho mental e práticas espirituais, destinado a propiciar mocsa.

ISRAEL (J) Pátria do povo judeu no leste do Mediterrâneo.

JINA (JN) *Ver* Tirthankara

JODO (B) *Ver* Terra Pura

JUDAÍSMO DA REFORMA (J) Ramificação do judaísmo que reinterpreta a fé à luz da civilização moderna.

KACCHA (S) Calções longos usados debaixo de outras vestes pelos siques. Um dos "Cinco Ks" que distinguem o siquismo.

KAMI (X) Espírito ou divindade na religião xintoísta. Há muitos milhares de *kami* no panteão xintoísta.

KANGHA (S) Pequeno pente usado no cabelo pelos siques. Um dos "Cinco Ks" que distinguem o siquismo.

KARA (S) Bracelete de aço usado pelos siques. Um dos "Cinco Ks" que distinguem o siquismo.

KESH (S) Cabelo não cortado. Um dos "Cinco Ks" que distinguem o siquismo.

KHALSA (S) A comunidade de siques iniciados fundada pelo guru Gobind Singh.

KHANDA (S) Espada de dois gumes do tipo usado pelo guru Gobind Singh no ritual que assinalou a fundação da Khalsa; hoje, um símbolo do siquismo.

KIRPAN (S) Espada usada pelos siques. Um dos "Cinco Ks" que distinguem o siquismo.

KIRTAN (S) Entoação de hinos que forma uma parte importante do culto sique.

KOSHER (J) Termo que indica o alimento apropriado ao consumo, segundo as leis dietéticas judaicas.

LAMA (B) Mestre espiritual experiente no budismo tibetano, especificamente o que passou por uma formação especial iogue (ou de outra natureza) ou que é considerado a reencarnação de um líder espiritual anterior.

MANDALA (B) Diagrama sagrado, em geral representando o cosmo, usado como um foco para a meditação e em outros rituais, especialmente no budismo tibetano.

MATSURI (X) Festa ou ritual no xintoísmo. Muitas festas *matsuri* são marcadas por procissões públicas de devotos carregando sacrários.

MINARETE (I) Torre que faz parte de muitas mesquitas, da qual o almuadem ou muezim convoca os fiéis para as preces.

MIRABE (I) Nicho no salão de orações de uma mesquita, que indica a direção de Meca e por conseguinte para onde as pessoas devem se virar durante as preces.

MISSA (C) *Ver* Sagrada Comunhão.

MITZVAH (J) Mandamento dado por Deus; especificamente um dos dez mandamentos principais ou uma das 613 instruções encontradas na Torá.

MOCSA (H) Libertação do ciclo de vida, morte e renascimento.

MOOL MANTAR (S) Afirmação da crença sique na Unicidade de Deus, composta pelo guru Nanak; também chamada de Mool Mantra.

MUEZIM (I) Aquele que chama os muçulmanos para fazer as cinco orações do dia. Seu sinônimo é almuadem.

MULÁ (I) Doutor da lei islâmica que pode também pregar e conduzir orações numa mesquita.

MURTI (H) Imagem ou estátua de uma divindade, vista como sua residência ou corporificação.

NABI (I) Profeta. Muitas figuras judaicas notáveis são consideradas profetas no islã, como Jesus; Maomé é o último e maior profeta islâmico.

NIRVANA (B) Estado de libertação final do ciclo da morte e do renascimento.

PARÁBOLA (C) História usada para ilustrar ensinamento religioso, especialmente aquelas contadas por Jesus, das quais mais de 30 são relatadas nos Evangelhos.

PUJA (H) Culto.

QI (T) A energia ou força vital que anima as coisas no mundo segundo a filosofia chinesa tradicional.

RABINO (J) Mestre e líder espiritual de uma comunidade judaica.

RAK'A (I) Sequência de movimentos feitos durante as orações.

RAMADÃ (I) Nono mês do calendário islâmico, o mês do jejum.

REFORMA (C) Movimento para a reforma da Igreja Católica que teve início no século XVI e levou à fundação das Igrejas protestantes.

SABÁ (J) O dia de repouso da semana judaica, que dura do pôr do sol na sexta-feira ao pôr do sol no sábado.

SACRAMENTOS (C) Os ritos solenes do cristianismo. As Igrejas Católica e Ortodoxa reconhecem sete sacramentos: batismo, confirmação, missa, penitência, ordenação, casamento e unção (com óleo sagrado). As Igrejas protestantes reconhecem apenas o batismo e a eucaristia.

SADHU (H) Místico ou asceta que dedicou sua vida à procura de Deus.

SAGRADA COMUNHÃO (C) Rito em que se toma vinho e se come pão como o sangue e o corpo de Jesus; conhecido como Missa no catolicismo, Eucaristia na Igreja Anglicana e Liturgia nas várias Igrejas Ortodoxas.

SALÁ (I) Oração; este é o segundo dos Cinco Pilares do islã, e espera-se que os muçulmanos orem cinco vezes por dia.

SAMSARA (B) O ciclo de vida, morte e renascimento que marca a existência da maioria dos seres na Terra.

SANGHA (B) Ordem de monges e monjas budistas.

SANTÍSSIMA TRINDADE (C) O Deus trino, que consiste no Pai, Filho e Espírito Santo, três pessoas formando um só ser divino.

SAT GURU (S) O nome sique para Deus; literalmente, "verdadeiro Mestre".

SAWM (I) Jejum, especialmente durante o mês de ramadã; o quarto dos Cinco Pilares do islã.

SEFARDIS ou SEFARDITAS (J) Judeus provenientes da Espanha, de Portugal ou da África do Norte, ou seus descendentes.

SEVA (S) Serviço prestado aos outros, um dos princípios importantes do siquismo.

SHAHADAH (I) A profissão de fé muçulmana, traduzida como: "Não há nenhum deus senão Deus e Maomé é o Seu profeta." A *shahadah* é o primeiro e mais importante dos Cinco Pilares do islã.

SÍNODO (C) Encontro formal de chefes da Igreja, em particular bispos.

SIONISMO (J) Movimento em apoio ao Estado judaico de Israel. Teve origem no séc. XIX para estimular a fundação de um Estado judaico.

SUFISTA (I) Membro de um de vários grupos islâmicos místicos, cujas crenças se concentram numa relação pessoal com Deus. Associados com as danças religiosas extáticas dos dervixes.

SUNISMO (I) Um dos dois principais grupos de muçulmanos, seguidores daqueles que apoiavam um califado eleito. *Ver também* xiismo.

SURA OU SURATA (I) Capítulo ou versículo do Corão.

SUTRA (B) Coleção de ensinamentos, especialmente aforismos atribuídos ao Buda.

TALMUDE (J) Texto composto de um corpo de discussões e interpretações da Torá, compilado por estudiosos e rabinos, e fonte de instruções e conselhos éticos, especialmente para os judeus ortodoxos.

TANTRA (B) Texto usado em alguns tipos de budismo (principalmente no Tibete) para ajudar os crentes a alcançar a iluminação, ou práticas baseadas nesse tipo de texto.

TAO (T) Caminho ou via que um indivíduo pretende seguir; via ou padrão subjacente que governa o funcionamento da natureza.

TERRA PURA (B) Paraíso onde, segundo algumas formas do budismo, as almas dos crentes residem após a morte; conhecido no budismo japonês como *Jodo*.

TIRTHANKARA (Jn) Um dos 24 mestres espirituais ou *Jinas* que mostraram o caminho para a fé jainista.

TORÁ (J) Os primeiros cinco livros da Bíblia hebraica, vistos como representando o ensinamento dado por Deus a Moisés no monte Sinai.

TRIMÚRTI (H) Trio dos principais deuses hindus – Brama, Visnu e Xiva – ou imagem tríplice deles.

TRINDADE (C) *Ver* Santíssima Trindade.

UMMA' (I) A comunidade islâmica como um todo.

UPANIXADES (H) Textos sagrados que contêm ensinamentos filosóficos hindus.

VEDAS (H) Coleção de hinos e outros escritos em louvor das divindades hindus.

XARIÁ (I) O caminho a ser seguido na vida muçulmana e, portanto, a lei islâmica, baseada no Corão e no Hadith.

XIISMO (I) Um dos dois principais grupos de muçulmanos, congregando os que acreditam que 'Ali, primo de Maomé, era seu legítimo sucessor como califa. *Ver também* sunismo.

YANG (T) Um dos dois princípios fundamentais no cosmo, representando o aspecto masculino da vida; visto em termos de sua interação com yin.

YASASNA (Z) Ritual ou culto no zoroastrismo.

YHWH (J) No judaísmo, as quatro letras que representam o nome de Deus, considerado sagrado demais para ser proferido mas tradicionalmente pronunciado "Iavé".

YIN (T) Um dos dois princípios fundamentais no cosmo, representando o aspecto feminino da vida; visto em termos de sua interação com yang.

ZAKAT (I) Oferta de esmolas na forma de um tributo para ajudar os pobres; o Terceiro Pilar do islã.

ZURVAN (Z) Tempo; em algumas formas de zoroastrismo Zurvan é a essência primal do ser, da qual tanto o senhor sábio Aúra-Masda quanto o espírito hostil Angra Mainyu se teriam originado.

ÍNDICE

Números de página em **negrito** referem-se às entradas principais; números em *itálico* referem-se a ilustrações/legendas.

AGRADECIMENTOS

Agradecimentos do autor
Philip Wilkinson gostaria de agradecer a Zoë Brooks, John Brooks, Peter Ashley, Neil Philip, John Wilkinson e James Wills pelo apoio, e à equipe da Cobaltid pelo trabalho incansável.

Agradecimentos dos editores ingleses
Os editores gostariam de agradecer a Judy Barratt por sua cuidadosa colaboração editorial, ao Dr. Kim Bryan pela leitura dos originais, a Dorothy Frame pela indexação e a Charles Wills.

Créditos das ilustrações
Agradecemos a gentil autorização para reprodução a:

s = superior; i = inferior; c = centro; ex = extrema; e = esquerda; d = direita; t = topo

1 Corbis: Ajay Verma/Reuters (t). **2-3 iStockphoto.com:** Gianluca Fabrizio (c). **4 Getty Images:** John Henry Claude Wilson (c). **5 Corbis:** Michele Falzone/JAI (c). **6-7 Getty Images:** W.E. Garrett (c). **9 Corbis:** Steve Raymer (t). **iStockphoto.com:** Wong Yullang (c). iStockphoto.com (cd). **Dorling Kindersley:** Alan Hills © The British Museum (ci). **10-11 Getty Images:** joSon (c). **10-35 iStockphoto.com:** Elnur Amikishiyev (exte/extd). **12-13 iStockphoto.com:** Simon Podgorsek (t). **Alamy Images:** Eddie Gerald (c). **14-15 Corbis:** Antonio Dasiparu/epa (i). **15 Corbis:** Reuters (td). **16 Alamy Images:** Interfoto Pressebildagentur (ci). **16-17 Getty Images:** Martin Gray (t). **17 Alamy Images:** ArkReligion.com (td). **19 iStockphoto.com:** Adivin (t). **Alamy Images:** Chris Willson (ci). **20 Alamy Images:** ArkReligion.com (ct). **20-21 Getty Images:** Martin Puddy (i). **22 Corbis:** Nik Wheeler (ie). **23 Corbis:** Summerfield Press (i). **24 Alamy Images:** Sally and Richard Greenhill (i). **25 Corbis:** Elder Neville/ Corbis Sygma (td). **Getty Images:** Stock Montage/Contributor (c). **26-27 Corbis:** Dimitri Messinis/Pool/epa (i). **27 Corbis:** Richard Hamilton Smith (ct). **28 Alamy Images:** Photolocate (ct). **Corbis:** Abir Abdullah/epa (ie). **29 Getty Images:** Bridgeman Art Library (te) **30 Corbis:** Arte & Immagini srl (ct). **Alamy Images:** Israel images (ie). **31 Corbis:** Sherwin Crasto/Reuters (i). **32 iStockphoto.com:** Jeremy Edwards (ie). **33 Getty Images:** Keren Su (t). **36-37 Corbis:** Bruno Morandi (i). **38-39 Alamy Images:** World Pictures (i). **39 Dorling Kindersley:** Ray Moller © Dorling Kindersley, Courtesy of the Powell-Cotton Museum, Kent (ct). **40-55 iStockphoto.com:** Phil Scroggs (exte/extd). **World Religions Photo Library:** A. Humphery (ct). **41 Corbis:** Kevin Fleming (i). **42-43 iStockphoto.com:** Tony Sanchez-Espinosa (i). **43 Corbis:** Daniel Lainé (te). **44-45 Corbis:** Bob Krist (c). **46 Corbis:** Krause, Johansen/Archivo Iconografico. SA (c). **47 Corbis:** Gallo Images (t). **Alamy Images:** Penny Tweedie (i). **48-49 Alamy Images:** Images&Stories (i). **49 Getty Images:** David Edwards (td). **50 Alamy Images:** Christine Osborne Pictures (t). **Corbis:** Mariana Bazo/Reuters (ie). **51 Dorling Kindersley:** Lynton Gardiner © Dorling Kindersley, Cortesia The American Museum of Natural History (t). **Corbis:** Anders Ryman (i). **52 Dorling Kindersley:** Dave King © Dorling Kindersley, Cortesia Pitt Rivers Museum. Universidade de Oxford (t). **Corbis:** Patrick Durand (i). **53 Alamy Images:** Ian ML Jones (c). **54 Corbis:** Bob Krist (i). **55 Alamy:** Bill Bachman (te). **Corbis:** Werner Forman (i) **56-57 iStockphoto.com:** konradlew (t). **Alamy Images:** ImageState (i) **58-59 Alamy Images:** Dennis Cox (i). **58-157 iStockphoto.com:** Dean Turner (exte/extd). **59 Getty Images:** Joseph Asarfati (te) **60 Corbis:** Richard T. Nowitz (c). **61 iStockphoto.com:** Boris Katsman (t). **62 akg-images:** Erich Lessing (t) **62-63 Corbis:** Bojan Brecelj (i). **63 Alamy Images:** Russell Kord (te). **64 akg-images:** Michael Teller (t). **65 Corbis:** Richard T. Nowitz (t). **Alamy Images:** Mary Evans Picture Library (id). **66 akg-images:** Erich Lessing (i). **67 Alamy Images:** Eddie Gerald (t). **Getty Images:** AFP (i). **68 Corbis:** Dr. John C. Trever, Ph. D. (td). **68-69 Corbis:** Philippe Lissac/Godong (i). **69 Alamy Images:** Danita Delimont (t). **70-71 Getty Images:** Kenneth Garrett (c). **72 The Bridgeman Art Library:** Louvre, Paris, France (ie). **73 Corbis:** Ted Spiegel (i). **74 Corbis:** Richard T. Nowitz (i). **75 Alamy Images:** Mike Abrahams (te). **Corbis:** Richard T. Nowitz (id). **76 Alamy Images:** Israel images (t). **77 iStockphoto.com:** Chaim Danzinger (t). **77 Corbis:** Fred de Noyelle/Godong (i). **78 Corbis:** Robert Mulder/Godong (t). **79 Getty Images:** Jewish School (td). **Alamy Images:** Danny Yanai (i). **80 iStockphoto.com:** sterling-photo (cd). **Getty Images:** Getty Images (ie). **81 Getty Images:** Getty Images (cd). **82 Alamy Images:** Terry Smith Images' Arkansas Picture Library (td). **Corbis:** Silvia Morara (i). **83 Getty Images:** Time & Life Pictures (id). **84 Alamy Images:** Visual Arts Library (Londres) (c). **85 iStockphoto.com:** Felix Möckel (t). **86 iStockphotocom:** Vlaurice Lee Choong Min (td). **86-87 Getty Images:** Leonardo da Vinci (i). **87 Dorling Kindersley:** The British Museum (t). **88 Alamy:** Visual Arts Library (Londres) (i) **89 Corbis:** Phillipe Lissac/Godong (i). **90 Corbis:** Christophe Boisvieux (t). **Alamy Images:** Interfoto Pressebildagentur (id). **91 Corbis:** Arte & Immagini srl (id). **92-93 Corbis:** National Gallery Collection: com a gentil autorização de Trustees of the National Gallery. Londres (i). **94 Alamy Images:** Mary Evans Picture Library (t). **94-95 Alamy Images:** Visual Arts Library (Londres) (i). **95 Corbis:** Sucheta Las/Reuters (td). **96 Alamy Images:** Profimedia International s.r.o. (td). **The Bridgeman Art Library:** Dreweatt Neate Fine Art Auctioneers, Newbury, Berks, UK (td). **97 iStockphoto.com:** Wolfgang Steiner (i) **98-99 Corbis:** Angelo Benalcazar/Reuters (c). **100 iStockphoto.com:** Nina Shannon (t). **101 Corbis:** Philippe Lissac/ Godong (te). **Alamy Images:** Popperfoto (i). **I02 Alamy Images:** Peter Horree (t). **Corbis:** Phillipe Lissac/Godong (ie). **103 Corbis:** Fine Art Photographic Library (t). **104 iStockphoto.com:** Adeline Lim (t). **Corbis:** Vittoriano Rastelli (id). **105 Corbis:** Andrea Jemolo (t). John Gillmoure (i). **106 Alamy images:** North Wind Picture Archives (c). **Getty Images:** Vision (i). **108 Corbis:** Bettmann (td). Philippe Giraud/Goodlook (i). **109 Alamy Images:** Bob Pardue (i). **110 Alamy Images:** Mary Evans Picture Library (c). Konrad Zelazowski (i). **111 Alamy Images:** J Marshall. Tribaleye Images (i). **112 Alamy Images:** Jeff Greenberg (c). ClassicStock (i). **113 Alamy Images:** North Wind Picture Archives (c). **114 Alamy Images:** Robert Harding Picture Library Ltd (i). **115 Alamy Images:** Oliver Benn (c) **Corbis:** Arne Hodalic (i). **116 Alamy Images:** Tim Graham (c). TravelStockCollection, Homer Sykes (i). **117 Alamy Images:** Sally and Richard Greenhill (c). **118 Alamy Images:** Brian Harris (c). **Corbis:** Reuters (i). **119 Alamy images:** Steve Skjold (i). **120 Alamy images:** Mary Evans Picture Library (c). **121 Alamy Images:** dbimages (i). **122-123 Corbis:** Brooks Kraft/Sygma (i). **123 Corbis:** Ricardo Azoury (c). **124 Corbis:** Jane Sweeney/ Robert Harding World Imagery (i). **125 iStockphoto.com:** Mary Ann Shmueli (t). **126 The Art Archive:** Turkish and Islamic Art Museum Istanbul/HarperCollins Publishers (ct). Turkish and Islamic Art Museum Istanbul/Alfredo Dagli Orti (id). **127 Alamy Images:** Rolf Richardson (i). **128 Corbis:** Werner Forman (c). **128-129 Corbis:** Michele Falzone/JAI (i). **129 Alamy Images:** Visual Arts Library (Londres) (c). **130 World Religions Photo Library:** C. Osborne (c). **130-131 Alamy Images:** Tengku Mohd Yusof (i). **132 World Religions Photo Library:** C. Osborne (c). **132-133 Corbis:** Faisal Mahmood/Reuters (i). **133 iStockphoto.com:** Jodi Jacobson (t). **134 Alamy Images:** World Religions Photo Library (i). **135 iStockphoto.com:** Robert Churchill (t). **136 Corbis:** Penny Tweedle (i). **137 World Religions Photo Library:** C. Osborne (c). **Corbis:** Atlantide Phototravel (i). **138 Alamy Images:** Charles O. Cecil (t). **139 Corbis:** Kazuyoshi Nomachi (i). **140 Corbis:** Danilo Krstanovic/Reuters (t). **141 Alamy Images:** Gary Roebuck (td). Sally and Richard Greenhill (ie). **142-143 Corbis:** Kazuyoshi Nomachi (c). **144 The Bridgeman Art Library:** Coleção particular. The Stapleton Collection (c). **145 Corbis:** Kazuyoshi Nomachi (i). **146 The Art Archive:** Topkapi Museum Istanbul/Gianni Dagli Orti (c). **Corbis:** Warren Clarke/epa (i). **147 Getty Images:** Hulton Archive (c). **148 Alamy Images:** Felipe Trueba (c). **149 Corbis:** Paul Almasy (t). **150 iStockphoto.com:** Graeme Gilmour (c). **Corbis:** Roger Wood (i). **151 Corbis:** Reuters (t). **152 Alamy Images:** F. Jack Jackson (c). **153 Alamy Images:** Massimo Pizzotti (i). **154-155 Getty Images:** AFP (i). **155 Corbis:** Paul Almasy (te). **156 World Religions Photo Library:** Paul Gapper (ct). **Getty Images:** AFP (ie). **156-157 Alamy Images:** Dinodia Images (i). **158-159 iStoekphoto.com:** Robert Churchill (t). **Alamy Images:** Jeremy Horner (i). **160 Alamy Images:** World Religions Photo Library (c). **160-161 Corbis:** Robert Holmes (i). **160-232 iStockphoto.com:** iStockphoto.com (exte/extd). **162 Alamy Images:** ArkReligion. com (c). **163 Alamy images:** Wolfgang Kaehler (t). **164 Alamy Images:** Robert Harding Picture Library Ltd (ct). Eye Ubiquitous (id). **165 Alamy Images:** Simon Reddy (i). **166 The Bridgeman Art Library:** Bristol City Museum and Art Gallery. UK (td). **167 Alamy Images:** John Warburton-Lee Photography (i). **Corbis:** Underwood & Underwood (t). **168 World Religions Photo Library:** C. Osborne (ct). **169 iStockphoto.com:** Nilesh Bhange (i). **170 Corbis:** Francis G. Mayer (ct). **Alamy Images:** Dinodia Images (ie). **170-171 Corbis:** Robert Maass (i). **172 Corbis:** Christophe Boisvieux (i). **173 World Religions Photo Library:** Louise B. Duran (i). **174 Corbis:** Anders Ryman (ct). **Corbis:** Bob Krist (i). **175 Corbis:** FAYAZ KABLI/Reuters (i). **176-177 Getty Images:** Panoramic Images (c). **178 iStockphoto.com:** Keith

Molloy (t). **Alamy Images:** Dinodia Images (id). **179 Corbis:** Alen MacWeeney (ct). Rafiqur Rahman/Reuters (i). **180 Alamy Images:** Eddie Gerald (td). **181 Corbis:** Christophe Boisvieux (i). **182 Corbis:** Alen MacWeeney (c). **183 iStockphoto.com:** Micha Rosenwirth (t). **184 Corbis:** Leonard de Selva (i) **185 Alamy Images:** Maciej Wojtkowiak (td). **Dorling Kindersley:** Steve Teague (i). **186 Alamy Images:** dbimages (i). **187 Corbis:** Tim Page (t). **iStockphoto.com:** Dusan Zidar (i). **188 akg-images:** British Library (ct). **188-189 Corbis:** Jon Hicks/Corbis (i). **189 Alamy Images:** Maciej Wojtkowiak (t). **190 Alamy Images:** Maciej Wojtkowiak (td). **iStockphoto.com:** Kathy Konkle (i). **191 iStoekphoto.com:** Adrian Hillman (i). **192 World Religions Photo Library:** G.B. Mukherji (i). **193 Corbis:** Christine Kolisch (cd). **194 Alamy Images:** Simon Attrill (td). **194-195 Alamy Images:** Iain Masterton (i). **196 Corbis:** Alison Wright (ie). **196-197 Alamy Images:** Fredrik Renander (i). **197 Dorling Kindersley:** Steve Teague © Dorling Kindersley (ct). **198-199 Corbis:** STR/epa (c). **200 Corbis:** Rungroj Yongrit/epa (i). **201 Alamy Images:** Chris Wong (td). **202 Corbis:** Lindsay Hebberd (ct). Catherine Karnow (i). **203 Alamy Images:** Frederick Fearn (td). **204 Alamy Images:** Sherab (ct). **204-205 Alamy Images:** D. Hurst (i). **205 iStockphoto.com:** Fiona Mark (td). **206 Corbis:** Tim Page (id). **207 Alamy Images:** Gianni Muratore (c). **208 Corbis:** Munish Sharma/Reuters (c). **209 Alamy Images:** ArkReligion.com (t). **210 Alamy Images:** ArkReligion.com (c). **210-211 Alamy Images:** Pakistan Images (i). **211 Corbis:** Kapoor Baldev/Sygma (td). **Alamy Images:** Interfoto Pressebildagentur (t). **214 Alamy Images:** ArkReligion.com (ct). **Corbis:** Gunter Marx Photography (ie). **215 Corbis:** Michael Freeman (t). **216-217 Getty Images:** Narinder Nanu AFP (i). **217 Alamy Images:** World Religions Photo Library (c). **218 Corbis:** Noshir Desai (cd). **218-219 Alamy Images:** Indiapicture (i). **220-221 Alamy Images:** Paul Doyle (c). **222-223 Corbis:** Lindsay Hebberd (i). **223 Corbis:** Ashley Cooper (te). **224 Corbis:** Manjunath Kiran/epa (c). **225 Alamy Images:** Blaine Harrington III (t). **226-227 Corbis:** Peter Guttman (i). **228 Corbis:** Angelo Hornak (ct). Charles & Josette Lenars (id). **228-229 Corbis:** Christophe Boisvieux (t). **230-231 Corbis:** Gideon Mendel (i). **231 Corbis:** Werner Forman (ct). **232 World Religions Photo Library:** Louise B. Duran (ie). **233 Alamy Images:** Dinodia Images (t). **234-235 iStockphoto.com:** Arnold Lee (t). **Corbis:** David Ball (i). **236 Getty Images:** Bridgeman (ct). **236-237 Corbis:** Frank Lukasseck (i). **236-271 iStockphoto.com:** Anne de Haas (exte/extd). **238 Alamy Images:** Iain Masterton (c). **239 Alamy Images:** Martin Norris (t). **241 Corbis:** Bettmann (te). **Mary Evans Picture Library:** Mary Evans Picture Library (id). **242 Mary Evans Picture Library:** Mary Evans Picture Library (ie). **243 iStockphoto.com:** Hector Joseph Lumang (t). **244 Mary Evans Picture Library:** Mary Evans Picture Library (ct). **245 Alamy Images:** dbimages (i). **246-247 Getty Images:** DAJ (c). **248 Alamy Images:** Expuesto, Nicolas Randall (i). **249 Corbis:** Lowell Georgia (i). **250 Getty Images:** Rex Butcher (c). **251 iStockphoto.com:** Manuel Velasco (t). **252 Corbis:** Liu Liqun (td). **252-253 Corbis:** Free Agents Limited (i). **253 Dorling Kindersley:** Dorling Kindersley/Ashmolean Museum, Oxford (ct). **254 Alamy Images:** Lordprice Collection (ct). **iStockphoto.com:** Orr Zahavi (id). **256-257 Corbis:** Angelo Cavalli/zefa (i). **258-259 Alamy Images:** David Noton Photography (i). **259 Corbis:** Michel Setboun (te). **260-261 Getty Images:** AFP (i). **261 Alamy Images:** David Seawell (te). Mark Harwood (i). **262 Corbis:** Yuriko Nakao/Reuters (c). **263 Corbis:** David Higgs (t). **264 Alamy Images:** Ei Katsumata (ie). **265 Alamy Images:** SAV (td). **Corbis:** Michael Freeman (i). **266 Alamy Images:** The Photolibrary Wales (ct). **Corbis:** Michael S. Yamashita (i). **267 Alamy Images:** blitzjp (t). **268-269 Corbis:** Tibor Bognár (i). **269 Alamy Images:** Jochen Tack (te). **270 Corbis:** Reuters (i). **271 Alamy Images:** FilterEast (te). **iStockphoto.com:** Japan Things (i). **272-273 iStockphoto.com:** Manfred Konrad (t). Anna Ceglinska (i). **274-275 Corbis:** Wilfried Krecichwost/zefa (i). **274-289 iStockphoto.com:** Jess Wiberg (exte/extd). **275 Corbis:** Christophe Boisvieux (td). **276 iStockphoto.com:** iStockphoto.com (t). **Alamy Images:** Artur Gora (i). **277 Alamy Images:** Phillip Augustavo (t). World Religions Photo Library: Nick Dawson (i). **278 Tenrikyo Europe** (td). **Corbis:** Robert Holmes (i). **279 Alamy Images:** Jon Arnold Images Ltd (c). **280 Alamy Images:** PCL (td). **iStockphota.com:** Joy Powers (i). **281 Corbis:** Régis Bossu/Sygma (id). **282-283 Getty Images:** Shaul Schwarz (c). **284 Corbis:** Underwood & Underwood (t). **iStockphoto,com:** Lucian (i). **285 Getty Images:** AFP (i). **286 iStockphoto.com:** Baloncici (ct). **286-287 Alamy Images:** Robert Harding Picture Library Ltd (i). **287 Alamy Images:** Bildarchiv Monheim GmbH (te). **288 Corbis:** Bettmann (t). **Alamy Images:** Everynight Images (i). **289 Corbis:** Rainer Holz/zefa (c). **290-291 Alamy Images:** Rachael Bowes (t). **Corbis:** John Heseltine (i). **292-293 Corbis:** Blaine Harrington III (i). **292-317 iStockphoto.com:** iStockphoto.com (exte/extd). **293 Corbis:** Leonard de Selva (ct). **294 Alamy Images:** Visual Arts Library (Londres) (ie). **295 Alamy Images:** Vova Pomortzeff (td). Visual Arts Library (Londres) (ie). **296 Alamy Images:** The Print Collector (ct). **Corbis:** Images.com (ce). **297 Alamy Images:** Rough Guides (td). **298 Corbis:** Ali Meyer (ct). **Alamy Images:** Visual Arts Library (Londres) (ci). **299 Corbis:** Alinari Archives (id). **300 Alamy Images:** Photolocate (ci). **301 Alamy Images:** Peter Barritt (i). **303 Corbis:** Araldo de Luca (td). **iStockphoto.com:** iStockphoto.com (ie). **304 The Bridgeman Art Library:** Edinburgh University Library, Escócia, com a gentil autorização da Universidade de Edimburgo (cd). **305 The Bridgeman Art Library:** Archives Charmet (i). **306 Alamy Images:** ArkReligion.com (ie). **307 Alamy Images:** Peter Horee (i). **308 World Religions Photo Library:** Louise B. Duran (ci). **309 World Religions Photo Library:** Louise B. Duran (ct). Claire Stout (ci). **310 Corbis:** Leonard de Selva (i). **iStockphoto.com:** Joris Van Ostaeyen (te). **312 Bridgeman:** Archives Charmet (id). **313 iStockphoto.com:** Gautier Willaume (te). **akg-images:** Visioars (id). **314 Corbis:** Ron Chapple Stock (te). Zeng Nian (id). **315 The Bridgeman Art Library:** The Bridgeman Art Library (id). **316 Corbis:** Asian Art & Archaeology, Inc. (td). **317 Alamy Images:** Tibor Bognar (ic). **318-319 Alamy Images:** wael hamdan (t). **Corbis:** Olivier Martel (i). **320 Corbis:** Araldo de Luca (i). **320-352 iStockphoto.com:** iStockphoto.com (exte/extd). **321 akg-images:** akg-images (t). **Alamy Images:** Visual Arts Library (Londres) (id). **322 Alamy Images:** World Pictures (i). **323 iStockphoto.com:** btrenkel (td). **Alamy Images:** ArkReligion.com (i). **324 The Bridgeman Art Library:** Dahesh Museum of **Alamy Images:** Visual Arts Library (Londres) (ie). **325 Alamy Images:** camhi franck (id). **326 Alamy Images:** Visual Arts Library (Londres) (td). The Print Collector (i). **329 World Religions Photo Library:** C. Osborne (i). **330-331 Corbis:** Gianni Giansanti (i). **332-333 Corbis:** Jayanta Shaw/Reuters (t). **334-335 Corbis:** Kimimasa Mayama/epa (i). **336 Dorling Kindersley:** Kim Sayer Dorling Kindersley © Bowness, Hepworth Estate (cd). **337 Dorling Kindersley:** Gary Ombler © Dorling Kindersley, cortesia Central London Ghurdwara (i).

Todos os esforços foram feitos para identificar as fontes das imagens aqui reproduzidas. Estamos prontos a incluir eventuais omissões em futuras edições.